"十四五"职业教育国家规划教材

"十三五"职业教育国家规划教材

汽车空调保养与维修

主　编　周树文　王增茂　赵继洪
参　编　刘　海　谷冬冬
主　审　胡　坚

机械工业出版社
CHINA MACHINE PRESS

本书是"十四五"职业教育国家规划教材，是依据教育部颁布的《中等职业院校制冷和空调设备运行与维护专业教学标准》中对汽车空调课程的基本要求编写的。本书内容包括汽车空调系统组成结构、使用与日常维护，汽车空调制冷系统的结构与拆装检修，汽车空调供暖系统、配气系统、通风与空气净化系统的结构与拆装检修，汽车空调控制系统的结构与检修，汽车空调典型故障的诊断与排除五个单元。每个单元分为几个课题，每个课题都围绕着工作过程展开，旨在培养学生进行汽车空调系统维护保养和常见故障的诊断与维修的能力。

为便于教学，本书配套有电子教案，选择本书作为教材的教师可来电（010-88379193）索取，或登录 www.cmpedu.com 网站注册后免费下载。

本书可作为中等职业学校制冷和空调设备运行与维护专业和汽车类相关专业教学用书，还可供从事空调运行与管理的人员参考，也可作为工程技术人员自学和培训用书。

图书在版编目（CIP）数据

汽车空调保养与维修/周树文，王增茂，赵继洪主编. —北京：机械工业出版社，2017.6（2025.8重印）

"十三五"职业教育国家规划教材

ISBN 978-7-111-57933-5

Ⅰ.①汽…　Ⅱ.①周…　②王…　③赵…　Ⅲ.①汽车空调-保养-中等专业学校-教材②汽车空调-维修-中等专业学校-教材　Ⅳ.①U463.85②U472.41

中国版本图书馆 CIP 数据核字（2017）第 219356 号

机械工业出版社（北京市百万庄大街 22 号　邮政编码 100037）
策划编辑：汪光灿　责任编辑：汪光灿　张丹丹　责任校对：郑　婕
封面设计：张　静　责任印制：常天培
河北虎彩印刷有限公司印刷
2025 年 8 月第 1 版第 8 次印刷
184mm×260mm·12.75 印张·306 千字
标准书号：ISBN 978-7-111-57933-5
定价：39.80 元

电话服务　　　　　　　　　　网络服务
客服电话：010-88361066　　　机　工　官　网：www.cmpbook.com
　　　　　010-88379833　　　机　工　官　博：weibo.com/cmp1952
　　　　　010-68326294　　　金　书　网：www.golden-book.com
封底无防伪标均为盗版　　机工教育服务网：www.cmpedu.com

关于"十四五"职业教育
国家规划教材的出版说明

为贯彻落实《中共中央关于认真学习宣传贯彻党的二十大精神的决定》《习近平新时代中国特色社会主义思想进课程教材指南》《职业院校教材管理办法》等文件精神，机械工业出版社与教材编写团队一道，认真执行思政内容进教材、进课堂、进头脑要求，尊重教育规律，遵循学科特点，对教材内容进行了更新，着力落实以下要求：

1. 提升教材铸魂育人功能，培育、践行社会主义核心价值观，教育引导学生树立共产主义远大理想和中国特色社会主义共同理想，坚定"四个自信"，厚植爱国主义情怀，把爱国情、强国志、报国行自觉融入建设社会主义现代化强国、实现中华民族伟大复兴的奋斗之中。同时，弘扬中华优秀传统文化，深入开展宪法法治教育。

2. 注重科学思维方法训练和科学伦理教育，培养学生探索未知、追求真理、勇攀科学高峰的责任感和使命感；强化学生工程伦理教育，培养学生精益求精的大国工匠精神，激发学生科技报国的家国情怀和使命担当。加快构建中国特色哲学社会科学学科体系、学术体系、话语体系。帮助学生了解相关专业和行业领域的国家战略、法律法规和相关政策，引导学生深入社会实践、关注现实问题，培育学生经世济民、诚信服务、德法兼修的职业素养。

3. 教育引导学生深刻理解并自觉实践各行业的职业精神、职业规范，增强职业责任感，培养遵纪守法、爱岗敬业、无私奉献、诚实守信、公道办事、开拓创新的职业品格和行为习惯。

在此基础上，及时更新教材知识内容，体现产业发展的新技术、新工艺、新规范、新标准。加强教材数字化建设，丰富配套资源，形成可听、可视、可练、可互动的融媒体教材。

教材建设需要各方的共同努力，也欢迎相关教材使用院校的师生及时反馈意见和建议，我们将认真组织力量进行研究，在后续重印及再版时吸纳改进，不断推动高质量教材出版。

机械工业出版社

前　言

本书是"十四五"职业教育国家规划教材，是依据最新教学标准和课程大纲要求，对接《汽车运用与维修》1+X证书中汽车电子与空调舒适系统技术——初级相关标准要求以及岗位需求而编写的。旨在培养学生进行汽车空调系统维护保养和常见故障诊断与维修的能力。在编写过程中，我们与汽车空调行业、企业专家一起对汽车空调使用保养维修的工作内容和工作过程进行研究分析，提炼了典型工作任务，并对典型的工作任务进行梳理形成学习任务。

党的二十大报告中指出"实施科教兴国战略，强化现代化建设人才支撑"，将"大国工匠"和"高技能人才"纳入国家战略人才行列，本书采用理论与实践一体化的编写模式，以培养技能型人才为目标，以真实的工作任务为学习内容，以真实的工作环境为学习背景，以真实的汽车空调设备为学习载体，以真实的工作过程为学习过程。将每个学习单元分为几个学习课题，每个学习课题按照任务描述、任务目标、任务分析、任务实施、任务评价、知识链接等环节围绕着工作过程展开。任务实施是整个课题的核心，是培养学生理论知识和实践技能的关键点。全书内容包括汽车空调系统组成结构、使用与日常维护，汽车空调制冷系统的结构与拆装检修，汽车空调供暖系统、配气系统、通风与空气净化系统的结构与拆装检修，汽车空调控制系统的结构与检修，汽车空调典型故障的诊断与排除五个单元。

本书由周树文、王增茂、赵继洪任主编，赵继洪对全书进行统稿，参加本书编写的还有刘海、谷冬冬。在本书的编写过程中得到了南昌汽车机电学校胡坚副校长的大力支持，同时企业专家张世奇和深圳市松大科技有限公司提供了科技信息及相关资料，在此表示衷心的感谢。

由于编者水平有限，书中难免存在一些缺点和不足之处，敬请各位专家和广大读者批评指正，以期再版时加以完善。

编　者

目　录

单元一

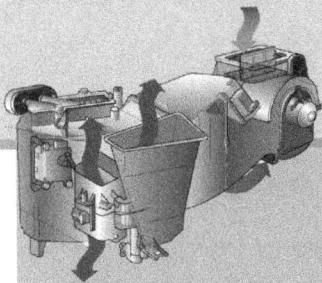

汽车空调系统组成结构、使用与日常维护

单元概述

　　汽车空调是对汽车室内空气进行调节的装置，要对其进行维修方面的操作，首先要对整个汽车空调系统有一个总体认识，图1-1所示为汽车空调总体结构图。本单元要求汽车空调维修人员认识汽车空调系统的组成结构，以及能掌握汽车空调正确使用和日常维护操作的方法。同时，作为起始课程，要帮助学生逐步养成勤劳、艰苦朴素的品质，以及认真求知、用于创新的意识。

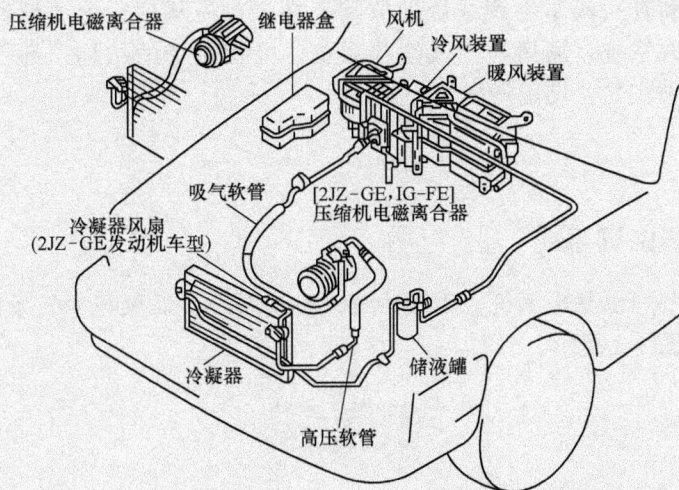

图 1-1　汽车空调总体结构图

单元学习目标

知识目标

1. 掌握汽车空调各系统的作用以及结构。
2. 掌握正确使用与维护汽车空调的注意事项。

能力目标

1. 能就车识别汽车空调各系统的结构。
2. 能熟练完成日常使用和维护汽车空调的操作。

课题一　认识汽车空调的总体结构

任务描述

作为一名汽车空调维修人员，首先要求能对汽车空调系统的结构有充分的了解。本任务的主要学习内容为汽车空调的各系统结构组成及部件辨别，帮助学者奠定汽车空调维修基础。

任务目标

1. 知道汽车空调的基本组成及各系统的功能。
2. 知道汽车空调各系统组成部件的名称和安装位置。
3. 能就车识别汽车空调系统的组成部件。
4. 能就车找到汽车空调各系统组成部件的安装位置。

任务分析

要能准确分析和查找汽车空调系统的故障所在，首先从理论上了解汽车空调的制冷系统、供暖系统、配气系统、通风与空气净化系统、电控系统的结构、部件组成及安装位置后，再进行就车识别实物，巩固所学。

任务实施

一、认识汽车空调系统

汽车空调系统一般由制冷系统、供暖系统、配气系统、通风与空气净化系统、电控系统五大部分组成，如图 1-2 所示。

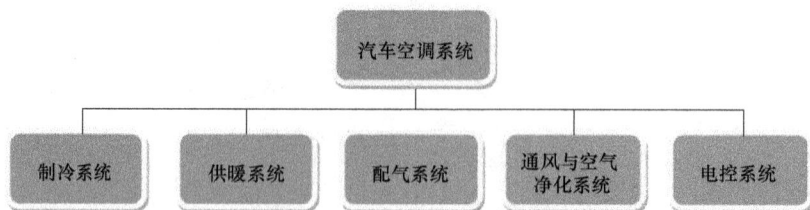

图 1-2　汽车空调系统的组成

1. 认识汽车空调的制冷系统

制冷系统的作用是对车内空气进行冷却和除湿，使车内空气变得凉爽舒适。制冷系统由压缩机、冷凝器、蒸发器、储液干燥器、膨胀阀及辅助部件组成，如图 1-3 所示。

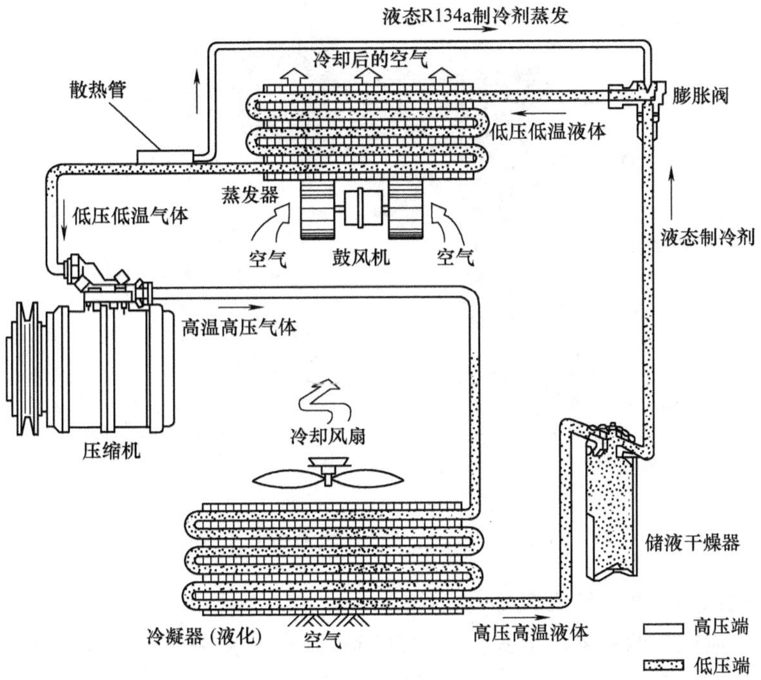

图 1-3　制冷系统的组成结构

2. 认识汽车空调的供暖系统

供暖系统是对车内空气进行加热，达到取暖除湿的目的。汽车空调供暖系统的主要作用是与蒸发器一起将空气调节到乘员舒适的温度。在冬季向车内提供纯暖气，提高车内环境温度；当车上玻璃结霜和结雾时，可以输送热风用来除霜和除雾。供暖系统由加热器、热水阀、水管、发动机、膨胀水箱、水泵、风扇和散热器等组成。常见的供暖系统的组成结构如图 1-4 所示。

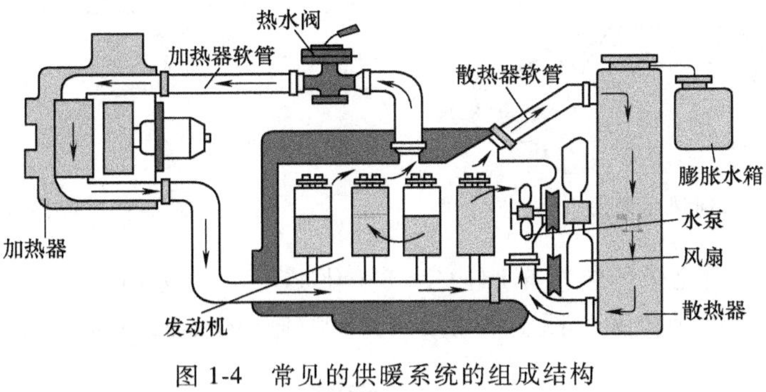

图 1-4　常见的供暖系统的组成结构

3. 认识汽车空调的配气系统

配气系统的作用是将外部一定量的新鲜空气吸进车内，通过通风管道使空气按一定方式送达车内各空调送风口，并及时将车内的污浊空气排出车外，使得车内空气的清洁度和温度达到一定的要求，为车内提供舒适的环境，起到通风、换气和除霜的作用。配气系统由各式风口风门、鼓风机、导风管、暖风交换器等组成，如图 1-5 所示。

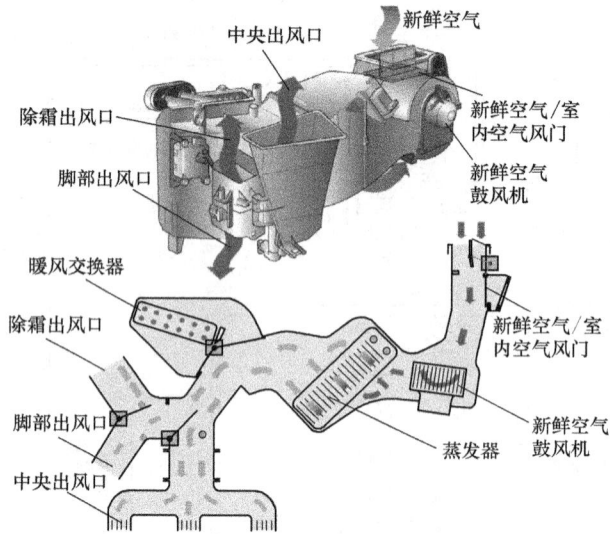

图 1-5 汽车空调的配气系统示意图

4. 认识汽车空调的通风与空气净化系统

目前汽车上的通风有两种基本方式，一种是利用汽车行驶中产生的动压进行通风，如图 1-6 所示；另一种是利用车上的鼓风机进行强制通风，如图 1-7 所示。通风系统的作用是将车外的新鲜空气引入车内，将车内的污浊空气排出车外，同时通风系统还具有风窗除霜的作用。

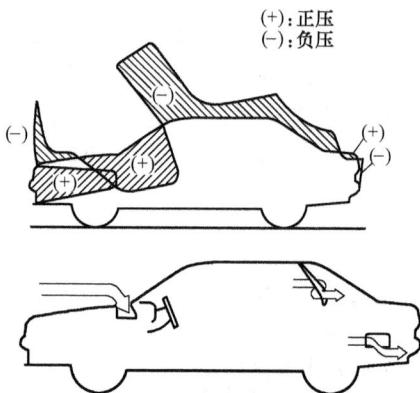

图 1-6 动压通风示意图

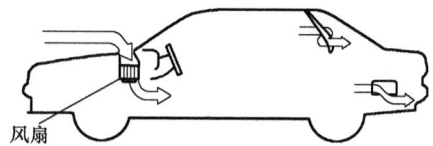

图 1-7 强制通风示意图

汽车空调的空气净化循环包括车厢内空气净化循环（简称内循环）和车厢外空气净化循环（简称外循环）两种方式。图 1-8a 所示为内循环，图 1-8b 所示为外循环。

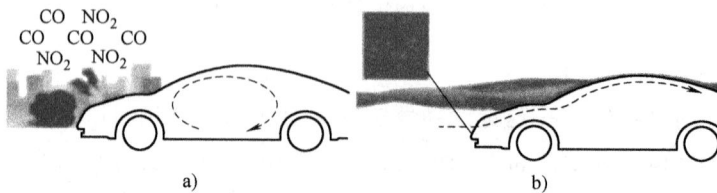

图 1-8 空气净化循环示意图
a) 内循环　b) 外循环

一般来讲，装备在高级轿车上的通风与空气净化系统由炭罐、空气滤清器和静电除尘净化器等组成。在普通轿车上，空气净化由蒸发器直接完成。

静电集尘式通风与空气净化系统的示意图如图1-9所示。

5. 认识汽车空调的电控系统

空调控制系统的功能是保证空调制冷系统正常运转，同时也要保证空调系统工作时发动机正常运转。空调控制系统主要是通过控制压缩机电磁离合器的接合与分离实现温度控制与系统保护，通过对鼓风机的转速控制调节制冷负荷。

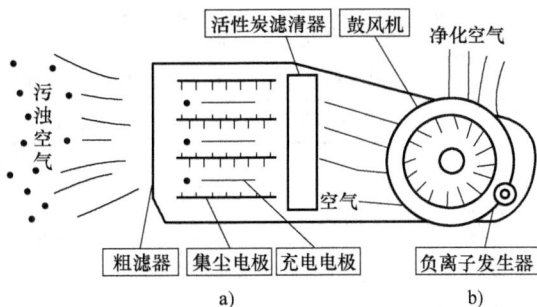

图 1-9 静电集尘式通风与空气净化系统的示意图
a）微粒子带电 b）微粒子集尘

汽车空调的电控系统是由冷凝风扇（即电子扇）、蒸发器风扇（即鼓风机）、电控离合器、真空电磁阀、空调开关等诸多元件组成的。控制电路包括点火开关、A/C开关、电磁离合器、鼓风机开关及调速电阻器、各种温度传感器、制冷剂高低压开关、温度控制器、送风模式控制、各种继电器、控制计算机等。电器控件的位置如图1-10所示。

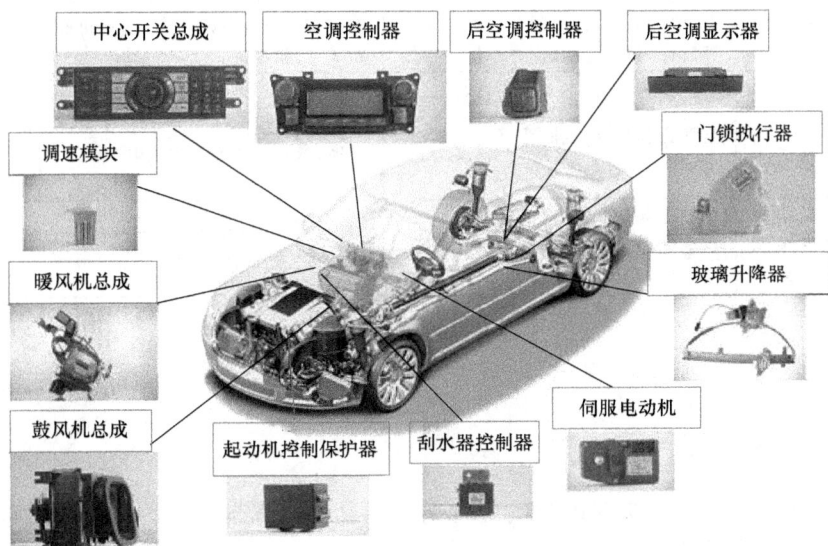

图 1-10 电器控件的位置

二、汽车空调各系统组成部件的就车查找

请在所提供的车或汽车空调实训装置上找出表1-1中各部件的安装位置，并制作部件标签粘贴在相应部件上。

表 1-1 汽车空调各系统组成部件明细表

序 号	系统名称	部件名称
1	制冷系统	压缩机、冷凝器、蒸发器、储液干燥器、膨胀阀、辅助部件
2	供暖系统	加热器、水阀、水管、发动机、水泵、膨胀水箱、风扇、散热器

（续）

序　号	系统名称	部件名称
3	配气系统	除霜出风口、脚部出风口、中央出风口、鼓风机、导风管、暖风交换器
4	通风与空气净化系统	进风口、出风口、炭罐、空气滤清器、静电除尘净化器
5	电控系统	电子扇、鼓风机、电控离合器、真空电磁阀、空调开关、点火开关、A/C开关、电磁离合器、控制计算机、鼓风机开关、调速电阻器、温度传感器、制冷剂高低压开关、继电器

任务评价

考核评价表

序　号	考核内容	考核要点	配　分	评分标准	扣　　分	得　　分
1	就车找出制冷系统组成部件	压缩机、冷凝器、蒸发器、储液干燥器、膨胀阀	20	识别快速准确得20分；每遗漏一项，或不正确扣4分，扣完为止		
2	就车找出供暖系统组成部件	加热器、水阀、水管、发动机、水泵、膨胀水箱、风扇、散热器	20	识别快速准确得20分；每遗漏一项，或不正确扣2分，扣完为止		
3	就车找出配气系统组成部件	除霜出风口、脚部出风口、中央出风口、鼓风机、导风管、暖风交换器	20	检查操作规范、全面记录清晰准确得20分；每遗漏一项，或不正确扣3分，扣完为止		
4	就车找出通风与空气净化系统组成部件	进风口、出风口、炭罐、空气滤清器、静电除尘净化器	20	识别快速准确得20分；每遗漏一项，或不正确扣3分，扣完为止		
5	就车找出电控系统组成部件	电子扇、鼓风机、电控离合器、真空电磁阀、A/C开关、调速电阻器等	20	识别快速准确得20分；每遗漏一项，或不正确扣3分，扣完为止		

知识链接

一、汽车空调的定义

汽车空调就是指对汽车车厢内空气进行调节的设备，汽车空调的作用是对车厢内的空气进行冷却、加热、净化或过滤后达到一定的温度、湿度、气流速度、空气洁净度使人和乘客感到舒适，并除去风窗玻璃上的雾和霜等，保证驾驶人和乘客的身体健康和行车安全。

汽车空调示意图如图1-11所示。

二、汽车空调的功能

1. 调节车厢内的空气温度

调节车厢内的空气温度是汽车空调

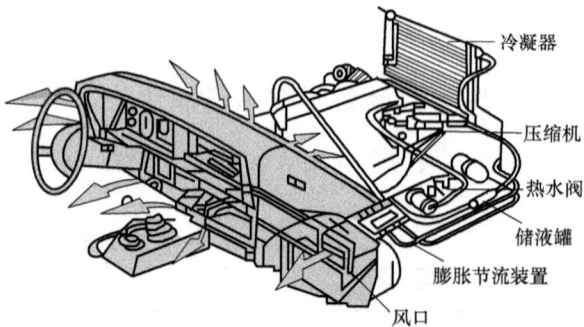

图1-11　汽车空调示意图

最主要的功能，在汽车空调的众多指标中，温度是最重要的指标之一。当车内温度在 20 ~ 28℃ 时，人们会感到非常舒适；当温度超过 28℃ 时，人就会觉得燥热，并且温度越高，越会觉得头昏脑胀，精神集中不起来，思维迟钝，因而容易造成事故；超过 40℃，就称为有害温度，对人的身体健康会造成损害；当温度低于 14℃ 时，人就会感觉到冷，且温度越低，越觉得手脚僵硬，不能灵活操作机器。通过汽车空调的调节可使夏季车内温度保持在 25℃ 左右，冬季温度保持在 18℃ 以上。

2. 调节车厢内的空气湿度

湿度对车内乘员的舒适感有很大影响。汽车车厢内的湿度是用相对湿度来表示的，当相对湿度为 50% ~ 60% 时，人体感觉最舒适，湿度过高，就会觉得闷，这是由人体皮肤的水分不能蒸发，干扰了人的正常新陈代谢过程造成的。普通汽车空调不具备调节车内湿度的功能，只有通过使用通风装置或打开车窗靠车外空气来调节车内湿度。高级豪华汽车采用的冷暖一体化空调器通过制冷和采暖的共同作用，才能对车内的湿度进行适当的调节。

3. 调节车厢内的空气流速

车厢内的空气流速和方向对人的舒适感影响也很大。试验表明，人头部的舒适温度比足部的要低 1.5 ~ 2℃，因此，空气流动方向要形成上凉下暖的环境。汽车空调可以根据乘客的生活环境、年龄、健康状况及冷热习惯等适当改变空气流速的大小。一般来讲，夏季舒适的气流速度为 0.25m/s 左右，不宜超过 0.5m/s；冬季舒适的气流速度为 0.15 ~ 0.20m/s，不宜超过 0.35m/s。

4. 过滤净化车厢内的空气

车厢内空气的质量是驾乘舒适的重要保证。由于车内空间小，乘员密度大，且乘客呼出的 CO_2、非金属材料味、大气中悬浮物的污染物及环境异味等，都将严重影响乘员的舒适性。因此，汽车空调必须具有补充足够新鲜空气的功能，具有对空气过滤吸附的功能，以保证车内空气的清新度。

三、汽车空调的特点

了解汽车空调的特点，有利于进行汽车空调的使用与维修。概括地说，汽车空调主要有以下几个特点：

1. 汽车空调动力来源于发动机或辅助发动机

汽车空调不使用电力作为动力源，对于轿车、轻型汽车、中小型客车及工程机械，空调所需的动力和驱动汽车前进的动力来自同一发动机；对于大型客车和豪华中大型客车，由于所需制冷量和暖气量大，一般采用辅助发动机驱动制冷系统的压缩机和设立的供暖设备。

2. 汽车空调制冷量大、降温速度快

为了使汽车减轻自重，因此隔热层应较薄，同时，汽车的门窗多、面积大，将导致隔热性能差，热量流失严重，加上车内乘员密度大，产生的热量多、热负荷大，且要求汽车空调在短短几分钟内就能够达到人们所需要的舒适温度，因而汽车空调的制冷量很大。

3. 汽车空调工作环境恶劣，但抗冲击力强

由于汽车空调需要承受剧烈、频繁的振动和冲击，因此汽车空调的各个零部件应有足够的强度和抗振能力，接头应牢固并防漏。若各连接处连接不牢，汽车空调的制冷系统将极易发生制冷剂泄漏的情况，从而破坏整个空调系统的工作条件，甚至破坏制冷系统的部件。因

此，各部件的连接要牢固，并应经常检查空调系统内的制冷剂量。

4．汽车空调结构紧凑，质量小

由于汽车本身的特点，汽车空调的结构要紧凑，以便在有限的空间进行安装，且要求不会使汽车增重太多而影响其他性能，现代汽车空调的总重已经比 40 年前下降了 40%，体积是原始空调的 1/4，而制冷能力却增加了 50%。

四、汽车空调的工作原理

汽车空调的工作原理如图 1-12 所示。

当汽车空调工作时，从蒸发器流出的低压气态制冷剂经压缩机变成高压气体，经过冷凝器散热管降温冷却变成高压中温的液体，再经过储液干燥器除湿与缓冲，然后以较稳定的压力和流量流向膨胀阀节流和降压，最后流向蒸发器。制冷剂一遇低压环境即蒸发，同时吸收大量热能。车厢内的空气不断流经蒸发器，车厢内温度也就因此降低。液态制冷剂流经蒸发器后再次变成低压气体，又重新被吸入压缩机进行下一次的循环工作。

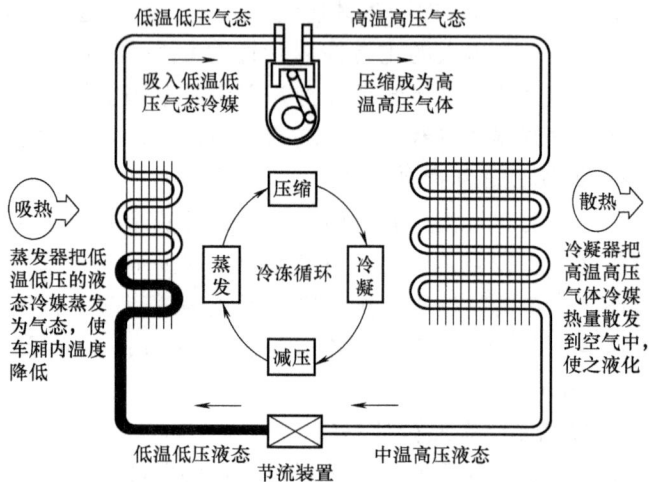

图 1-12　汽车空调的工作原理

在整个系统中，膨胀阀是控制制冷剂进入蒸发器的关键，若制冷剂进入蒸发器太多则不易蒸发，太少冷气又会不够，因此，膨胀阀是系统的调节中枢。而压缩机是系统的心脏，是系统循环的动力源泉。

尽管汽车空调的制冷原理与其他空调系统相同，但汽车空调是移动式车载空调装置，与固定式空调相比，运转条件更恶劣。随汽车行驶的颤振，汽车空调的制冷剂比固定式空调更容易泄漏，其维修与保养也比固定式空调频繁。汽车空调风路系统在吸入新风时常常会将尘土吸入，堵塞过滤网及蒸发器，而在清洗过程中又往往会把制冷剂泄放到大气中，造成臭氧层损耗，破坏了环境。

五、汽车空调的分类

1．按驱动方式分类

汽车空调系统按驱动方式的不同可分为非独立式汽车空调系统和独立式汽车空调系统。

（1）非独立式汽车空调系统　这种空调的制冷压缩机由汽车本身的发动机驱动，汽车空调系统的制冷性能受汽车发动机工况的影响较大，工作稳定性较差，尤其是低速时制冷量不足，高速时制冷量又过剩，并且消耗功率较大，进而影响发动机的动力性能，这种类型的汽车空调系统一般用于制冷量相对较小的轿车上。

（2）独立式汽车空调系统　这种空调的制冷压缩机由专用的空调发动机（也称为副发

动机）驱动，因此汽车空调系统的制冷性能不受汽车主发动机工况的影响，其工作稳定，制冷量大，但由于加装一台发动机，因此不仅成本会增加，而且体积和质量也会增加，这种类型的汽车空调系统多用于商用客车上。

2. 按结构形式分类

汽车空调按结构形式的不同可分为整体式空调、分体式空调和分散式空调。

（1）整体式空调　这种空调是将副发动机、压缩机、冷凝器和蒸发器通过传动带、管道连接成一个整体安装在专用机架上，构成一个独立总成，由副发动机带动，通过车内通风管将冷风送入车内。

（2）分体式空调　这种空调是将压缩机、冷凝器、蒸发器及独立式空调部分、副发动机部分分开布置或全部分开布置，用管道连接成一个制冷系统。

（3）分散式空调　这种空调是将蒸发器、冷凝器及压缩机等各部件分散安装在汽车各个部位并用管道相连接。

3. 按送风方式分类

按送风方式的不同可分为直吹式空调和风道式空调两种。

（1）直吹式空调　这种空调的气流直接从空调送风面板吹出，因此又称为仪表板式空调。其结构简单，送风阻力小，但车内送风均匀性差。这种类型的汽车空调主要用于非独立式空调系统。

（2）风道式空调　这种空调是将气流用鼓风机送到塑料风道，再由风道送到车顶或座位下的出风口。风道式空调送风均匀，但结构复杂且送风阻力大，主要用于独立式空调系统。

4. 按功能分类

汽车空调按功能的不同可分为冷暖分开型空调、冷暖合一型空调和全功能型空调。

（1）冷暖分开型空调　这种空调制冷与供暖完全分开，各自独立控制，结构分开布置。这种空调占用空间较多，主要用于早期的汽车上，现已淘汰。

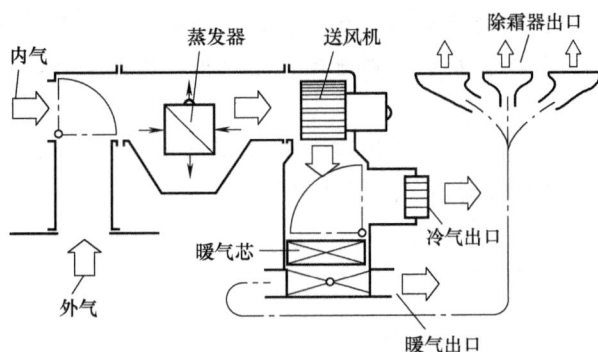

图 1-13　冷暖合一型空调

（2）冷暖合一型空调　如图 1-13 所示，这种空调是在制冷系统的基础上增装加热器及暖气出口，但制冷与供暖不能同时工作。

（3）全功能型空调　这种汽车空调集制冷、供暖、除霜、去湿、通风及净化等功能于一体。因其功能完善，提高了乘员的舒适性，因此越来越多的汽车空调采用了这种形式。全功能型汽车空调系统如图 1-14 所示。

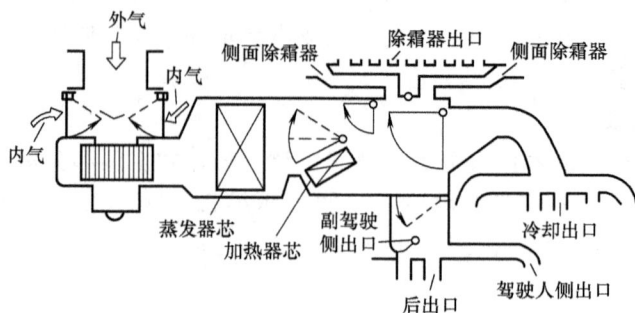

图 1-14　全功能型汽车空调系统

巩 固 练 习

一、填空题

1. 汽车空调一般由 ＿＿＿＿＿＿、＿＿＿＿＿＿、＿＿＿＿＿＿、＿＿＿＿＿＿、＿＿＿＿＿＿五大系统组成。

2. 汽车空调即汽车室内空气调节的简称，它用以调节车内的 ＿＿＿＿＿＿、＿＿＿＿＿＿、＿＿＿＿＿＿、＿＿＿＿＿＿等参数，从而为乘员创造清新舒适的车内环境。

3. 汽车空调制冷系统一般由 ＿＿＿＿＿＿、＿＿＿＿＿＿、＿＿＿＿＿＿、＿＿＿＿＿＿和辅助部件组成。

4. 汽车空调配气系统由各式＿＿＿＿＿＿、＿＿＿＿＿＿、＿＿＿＿＿＿和暖风交换器等组成。

二、判断题

1. 一般来讲，装备在高级轿车上的通风与空气净化系统由蒸发器直接完成。　　（　　）

2. 全功能型汽车空调集制冷、供暖、除霜、去湿、通风及净化等功能于一体。（　　）

3. 制冷系统是对车内空气进行降温、加热，达到制冷除湿的目的。　　　　　（　　）

4. 直吹式汽车空调的气流直接从空调送风面板吹出，因此又称为仪表板式空调。

（　　）

5. 分体式汽车空调是将压缩机、冷凝器、蒸发器及独立式空调部分、副发动机部分分开布置或全部分开布置，用管道连接成一个制冷系统。　　　　　　　　　（　　）

三、简答题

1. 简述汽车空调制冷系统的工作原理。

2. 简述汽车空调的功能。

课题二　　汽车空调系统的使用与日常维护

任务描述

汽车空调系统的使用与日常维护是汽车空调维修中的一个重要基础环节，作为一名汽车空调维修人员在维修之前必须认真学会如何正确使用汽车空调和怎样对汽车空调进行日常维护。

任务目标

1. 熟悉汽车空调控制面板的正确使用方法。
2. 知道汽车空调日常维护与保养的注意事项。
3. 能就车熟练完成对汽车空调系统的正确使用。
4. 能就车正确完成对汽车空调维护作业。

任务分析

汽车空调的正确使用与日常保养维护对于保证和延长汽车空调寿命具有非常重要的意义，首先要能熟练使用汽车空调，在熟悉使用它的基础上进行日常维护保养工作。

任务实施

一、汽车空调的控制面板

在汽车空调系统中，车内的温度控制与风量的调节是由空调操作面板来实现的，根据空调系统自动化程度的不同，空调操作面板分为人工、半自动和全自动三种形式。此处只介绍人工和全自动控制这两种形式。

1. 人工控制面板操纵键的功能及使用

图 1-15 所示为某一汽车空调人工控制面板的外观。对于不同类型的汽车空调，人工控制面板的控制键和形式有所不同，但其功能键控制内容基本相同。汽车空调人工控制面板如图 1-16 所示。

图 1-15　人工控制面板的外观

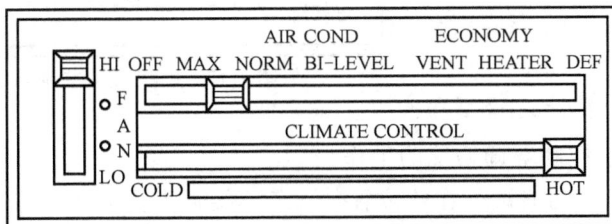

图 1-16　汽车空调人工控制面板

（1）功能选择键　功能选择键置于不同位置用以控制空调系统取暖、制冷、通风和除霜。功能选择键的移动可通过拉绳或真空开关控制各个风门的开关位置，从而调节空气温度与流向。运行模式分为两种：空调运行模式（AIRCOND）和经济运行模式（ECONOMY）。功能选择键处于两种模式下的不同位置，可以获得不同的运行工况，见表 1-2。

表 1-2 空调系统操纵键及含义

键 的 位 置	名 称	运 行 工 况
OFF	停止	停止运转
MAX	最凉	空调气温最低,空气流出仪表板上各风口,还有微量冷气流出地板风口,风机速度在任何一档都如此
NORM	正常空调	空调空气经仪表板风口吹出,地板风口也有微量冷空气吹出
BI-LEVEL	双层风口出风	空调空气直指仪表板风口和地板风口,化霜风口也有少量空调空气吹出
VENT	通风	压缩机不开动,车外空气经仪表板风口进入车厢,也有少量空气经过地板风口进入车厢
HEATER 或 FLOOR	暖风	压缩机不开动,进入的车内新风80%经过地板风口,20%经过化霜风口流出,具体比例取决于设计
DEF	化霜	空调空气的80%经过化霜风口,20%经过地板风口流出,具体比例取决于设计
FAN	风机速度控制键	HI:风量大,LO:风量小,M1:风量中等1,M2:风量中等2

（2）温度键 温度键主要用于控制调温门的位置。当其位于冷端（COLD 或者 COOL）或暖端（HOT 或者 WARM）时,调温门在拉索作用下分别关闭或打开流经加热器的空调风道。当其位于两者中间任意位置时,可得到不同比例的暖气与冷空气的混合空气。

（3）调风键（FAN） 调风键主要用于控制空调器内鼓风机的转速,一般有四个调速档。

（4）后窗除霜键（DEF） 后窗除霜键相当于一个电路开关,用于控制后风窗除霜电热丝电源的通断,指示灯用于提醒乘员不要忘记切断电源。

2. 自动控制面板操纵键的功能及使用

（1）普通自动空调控制面板操纵键 图 1-17 所示为电控气动空调系统控制面板。

控制面板左侧是温度选择键,中间是空调功能选择键,这些功能键的控制形式与手动调节的略有不同。

1）温度选择键。温度选择键可以控制温度从 18.3~29.4℃ 中任意选择,只要选定一个温度以及功能键,空调器即会为达到这个设定温度而自动地工作。

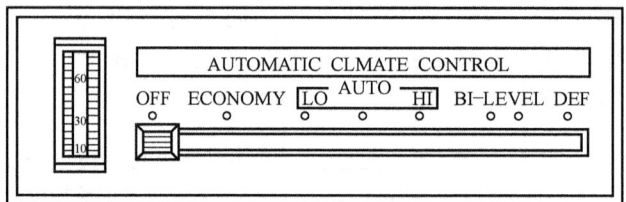

图 1-17 电控气动空调系统控制面板

2）功能选择键。功能选择键可处在七个不同的位置,控制空调系统的工作。

① OFF（停止）。当功能键处在此位置时,若不接通点火开关,空调系统不工作。若接通点火开关,压缩机不工作,但当车内温度高于 26.7℃ 时,空调器的风扇会自动地低速运转吹入微风。当车内温度低于 26.7℃ 且发动机冷却液温度高于 82℃ 时,空调器的风扇也会自动吹入自然风。

② LO-AUTO（低速-自动）。当功能键置于此位置时,风扇低速运行。当发动机冷却液温度高于 82℃ 且车内温度低于设定温度时,空气先经蒸发器再经加热器,送出暖风。若车内温度高于设定温度时,空气经蒸发器冷却后不通过或部分通过加热器,冷空气从中间门吹出,而加热空气从下风口吹出,形成头冷脚暖的环境。

③ AUTO（自动）。当功能键置于此位置时，空调器的工作情况与 LO-AUTO 位置相同，只是风机不限于低速运行，而是根据车内的温度自动选择转速。若车内温度比设定温度高得较多，需要最快降温时，风机会自动进入高速运行，将蒸发器冷却后的冷空气尽快送到车内，同时促使蒸发器最大限度制冷。若车内温度与设定温度相差不多，风机自动降低其转速。

④ HI-AUTO（高速-自动）。当功能键置于此位置时，空调器的工作情况与 LO-AUTO 和 AUTO 位置相同，只是风机在高速运转。如果车内温度达到设定温度，风机会自动降低转速，但在此位置时，热水阀关闭，加热器不工作，从各风口吹出的是冷空气。

⑤ 当 VENT 功能键置于此位置时，是自然通风。风机低速运行，把车外的空气吸入经中风门吹进车内。此时，取暖、制冷系统不工作，故吹进来的风是未经加热和冷却的自然风。若车内温度高，风机高速运转；温度低，风机自动转入低速运转。

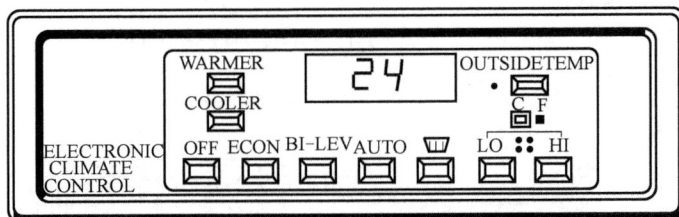

图 1-18　全自动空调系统的控制面板

⑥ BI-LEVEL（双向）。当功能键置于此位置时，风机可以在任意一个转速工作，自动控制系统能按照设定温度和车内温度分别从中风口吹出冷气，从上下风口吹出暖气用于除霜和暖脚。

（2）微型计算机控制自动空调控制面板操纵键　全自动空调系统的控制面板如图 1-18 所示。

操纵键的用法如下：

按动面板上的控制按键，若其上面指示灯亮说明该键已被按下。

1）OFF 键。按下此键就关掉了空调，也停止了新鲜空气的供应。

2）ECON 键（经济按键）。按下该键，空调压缩机被关掉，只有新鲜空气或暖风通过鼓风机吹入车内；温度、鼓风机转速、暖风及新鲜空气的分配都是自动的。

3）AUTO 自动键。按下此键，适合所有的天气状态，一旦达到显示的内部温度，空调鼓风机将以最低的转速运转；一旦温度发生变化，调节系统会通过改变鼓风机的转速和调节温度门进行调节。当天气寒冷时，暖空气从脚风道吹出，少部分暖空气吹到风窗玻璃上进行除霜。当天气温暖时，冷风从中央出风口吹出。

4）BI-LEV 按键是混合气按键。其工作位置、温度、鼓风机转速的调节与 AUTO 方式相同。但空气的分配不同，冷风和暖风按给定的线路以相同的流量从中央出风口和吹脚部出风口吹出，只有少量空气吹到风窗玻璃上。

5）除霜键。按下除霜键，大部分空气通向风窗玻璃进行除霜除雾，此时空调鼓风机以高速运转。

6）WARMER 和 COOLER 键。按键 WARMER 和 COOLER 是用来选择车内温度，范围在 18~29℃。按一下 WARMER 键温度可升高 1℃，超过 29℃时显示"HI"；按下 COOLER 键温度下降 1℃，低于 18℃时显示"LO"。HI 和 LO 分别对应于全自动空调的最大采暖和最大制冷能力，在这两个位置上温度自动调节不起作用。

7）LO、HI 按键是两个辅助功能键，为降低或提高鼓风机转速而设置，按下 LO 或 HI 按键，空调鼓风机的转速就会下降或提高；如果要使 LO 或 HI 按键回位，取消其辅助作用，只要按一下其他任何一个按键即可。

8）OUTSIDE TEMP 键。按键 OUTSIDE TEMP 为外部温度按键。按下此键将显示外界温度值，同时该键左侧的检查指示灯亮。当天气寒冷时，鼓风机只有当发动机冷却液加温到 50℃时，才开始运转，这种设计是为了保证良好的加热性。如果点火开关打开后约 1min，OUTSIDE TEMP 键左边的指示灯闪亮了，这就表示空调系统有故障。如果在行驶中有故障出现，发光二极管同样也会有所显示。

图 1-19、图 1-20 所示为其他两种常见的全自动空调系统的控制面板。

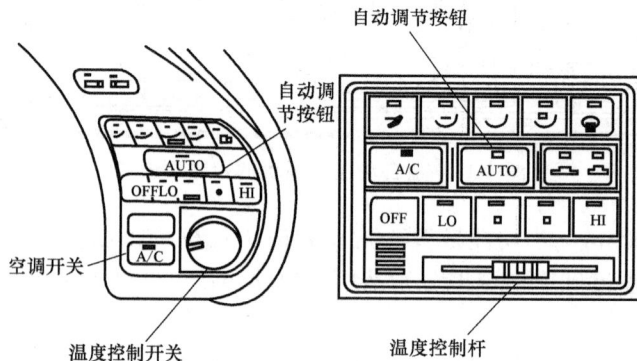

图 1-19 空调控制面板（一）

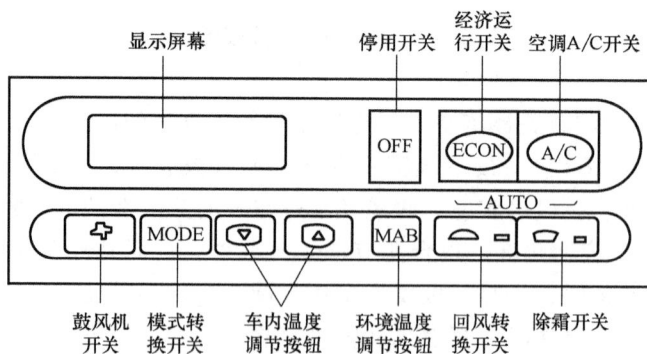

图 1-20 空调控制面板（二）

3. 汽车空调使用的实训操作

（1）识别汽车空调操作面板的各按钮并了解其作用 请在汽车实训装置上找出各部件的位置，将表 1-3、表 1-4 带有部件名称的标签粘贴到对应操作按钮上；并将下列两个表格填写完整。

表 1-3　汽车空调系统人工控制面板部件表

控 制 类 型	部 件 名 称	作　用
汽车空调系统手动控制	后风窗玻璃除霜按钮	
	A/C 按钮	
	内/外循环转换按钮	
	温度调节旋钮	
	空调开关指示灯	
	鼓风机调节旋钮	
	送风模式旋钮	

表 1-4　汽车空调系统自动控制面板部件表

控 制 类 型	部 件 名 称	作　用
汽车空调系统手动控制	温度分区调节旋钮(DUAL)及驾驶人座椅温度调节旋钮(TEMP)	
	鼓风机调节按钮	
	送风模式按钮(MODE)	
	乘员座椅温度调节旋钮(PASSTEMP)	
	自动空调启动按钮(AUTO)	
	空调关闭按钮(OFF)	
	前风窗玻璃除霜按钮(FRONT)	
	后风窗玻璃除霜按钮(REAR)	
	内/外循环转换按钮	
	A/C 按钮	

（2）就车操作控制面板　请在汽车实训装置上开启空调系统，按表 1-5 操作项目内容的提示进行操作，将表格填写完整。

表 1-5　就车操作表

操 作 项 目	操 作 方 法	结　果
起动发动机,用手动控制模式开启制冷系统,设定温度为 Cool,用手感知是否有热风从风口吹出		送风口有无热风吹出 _____
将送风模式设为头部送风模式		气流从空调哪个送风口出 _____
将送风模式设为脚部送风模式		气流从空调哪个送风口出 _____
将送风模式设为脚部送风模式/前风窗玻璃除霜送风		气流从空调哪个送风口出 _____

(续)

操 作 项 目	操 作 方 法	结　　　果
将送风模式设为前风窗玻璃强制除霜吹风		气流从空调哪个送风口出___
将空气循环模式在内、外循环间切换		体会当模式切换时鼓风机声音有什么不同___
启动后风窗玻璃除霜功能		用手触摸后风窗玻璃的温度有何发现___
关闭空调系统		各送风口有何现象 显示屏有何现象___

二、汽车空调的日常维护与保养

1. 汽车空调日常检查方法

汽车空调的日常维护保养主要是通过看、听、摸、测等方法进行检查，如图 1-21 所示。

1）检查、清洗轿车空调的冷凝器。要求散热片内清洁、片间无堵塞物。若有，应及时清理。

2）检查制冷系统的制冷剂量。在空调机组正常工作时，用肉眼观察储液干燥器顶部的观察窗，正常情况下观察窗内应没有气泡，仅在增加或降低发动机转速时出现少量的气泡，说明制冷剂适量；若不论怎样调节发动机转速，始终看到有混浊状的气泡流动，则说明管路内制冷剂不足，应予补充；若不论怎样调节发动机转速，始终看不到气泡，则说明制冷剂过量，应排放至规定量，如图 1-22 所示。

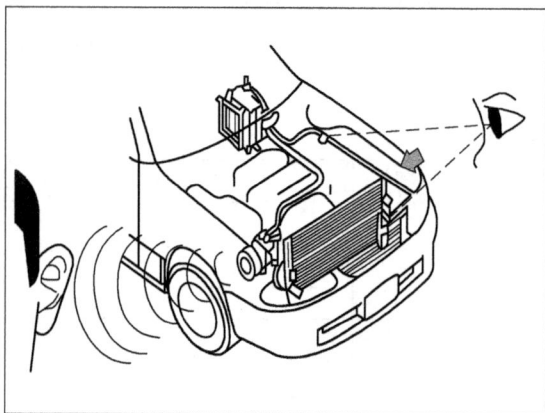

图 1-21　直观检查示意图

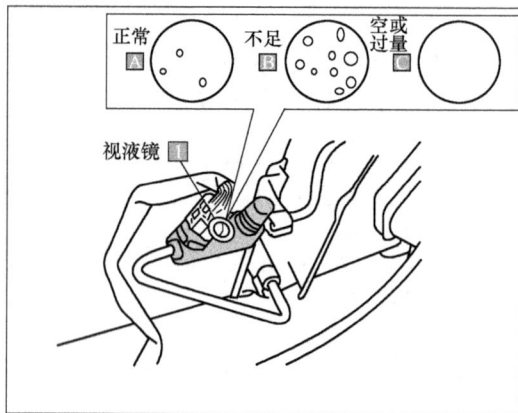

图 1-22　检查制冷剂示意图

3）检查传动带。压缩机与发动机之间的传动带应张紧。

4）用听和闻的方法检查空调有无异常响声和异常气味。

5）用手摸压缩机附近高、低压管，感觉是否有温差。在正常情况下，低压管路呈低温状态，高压管路呈高温状态。

6）用手摸冷凝器进口和出口处，正常情况下是前者较后者热。

7）用手摸膨胀阀前后应有明显温差，正常情况是前热后凉。

8）检查制冷系统软管外观是否正常，各接头处连接是否牢靠，接头处有无油污，有油污表明有微漏，应进行紧固。

9）检查制冷系统电路连接是否牢靠，是否有断路脱接现象。

10）此外，空调系统运行状态是否可靠，也可通过歧管压力表组的指示压力来进行判断。可将歧管压力表组接到压缩机的高、低压管接头上。

2. 进行汽车空调日常检查，填写运行检查与记录

在汽车空调的使用过程中，要经常检查和调整空调压缩机传动带的张紧度；保持冷凝器清洁，及时清理冷凝器上的泥污及杂物等；检查空调空气滤清器是否被灰尘或杂物堵塞，保持气流通畅；通过观察储液干燥器的观察窗，检查制冷剂量是否充足；检查制冷系统管路各接头处是否有油迹，如果有油迹，则可能发生制冷剂泄漏，要及时检修；检查空调系统控制电路各接头处是否牢靠；在空调运行时，检查送风口排出的冷风有无异常，如果发现制冷不足，则应在排除部件故障后，检查空调压缩机出入口的温差是否正常，如果不正常，要及时予以检修。

查阅实训车辆的空调维修手册，完成表 1-6 所列的汽车空调日常维护检查项目。

表 1-6　汽车空调日常维护检查项目

检查项目	检查内容	检查结果	处理措施
系统软管	空调系统各软管有无磨损、老化，各接头是否牢靠，管路是否与其他零部件相碰，接头是否泄漏		
冷凝器	翅片是否脏堵或损伤		
冷凝器风扇	是否运转，运转方向是否正确		
压缩机传动带	压缩机传动带的张紧力是否合适		
压缩机安装支架	压缩机安装支架是否松动		
蒸发器出水管	蒸发器出水管是否堵塞		
空调系统电路连接	空调系统电路连接是否牢靠，是否有脱线，电线绝热层是否破损等		
空调空气滤清器	空调空气滤清器是否阻碍空气流通		

任务评价

考核评价表

序　号	考核内容	考核要点	配　分	评分标准	扣　分	得　分
1	识别汽车空调控制面板各控制按钮	人工控制面板和自动控制面板上按钮的名称、作用	25	检查操作规范、全面，记录清晰准确得 25 分；每遗漏一项，或不正确扣 3 分，扣完为止		
2	汽车空调控制面板的操作	人工控制面板和自动控制面板的使用和操作	25	检查操作规范、全面，记录清晰准确得 25 分；每遗漏一项，或不正确扣 3 分，扣完为止		
3	汽车空调的日常检查	检查方法、内容，注意事项	25	检查操作规范、全面，记录清晰准确得 25 分；每遗漏一项，或不正确扣 3 分，扣完为止		
4	汽车空调的日常维护操作保养	检漏、制冷剂的排放、回收及充注的方法步骤和注意事项	25	检查操作规范、全面，记录清晰准确得 25 分；每遗漏一项，或不正确扣 3 分，扣完为止		

知识链接

一、空调使用的注意事项

1. 非独立式空调正确使用的注意事项

非独立式汽车空调是指由汽车起动带动压缩机的空调系统，其操作使用是比较方便的，但能否正确使用对机组的空调性能及使用寿命、发动机的工作稳定性及功耗、乘员的舒适性都有很大的影响。为此，非独立式空调使用时应注意以下几点：

1）当起动发动机时，空调开关应处于关闭位置。

2）当发动机熄火后，应关闭空调，以免蓄电池损耗。

3）夏日应避免直接在阳光下停车曝晒，尽可能把车停在树荫下。

4）当夏日长时间停车后，车厢内温度很高，此时应先开窗、开通风扇（即空调不开只开风机）。将车内热空气赶出车厢，再关门窗开空调。

5）开空调后，车厢门窗应关闭，以降低热负荷。

6）在汽车怠速时，若需要开空调，应了解本车空调有无怠速提升装置；若无，则应将发动机怠速适当调高，以免开空调时熄火或汽车运行不稳定。

7）超车时，若本车空调无超速自动停转装置，则应关闭空调。超速停转装置的开关一般安放在加速踏板下面，可先试一下，若突然重重地踩下加速踏板，空调能停转（压缩机停转），则说明有此装置。

8）当长距离上坡行驶时，应暂时关闭压缩机，以免散热器"开锅"。

9）当使用空调时，若鼓风机开在低速档，冷气温度控制开关不宜调得过低。因为这样做不仅达不到使车内温度进一步降低的目的（蒸发器容易结霜，产生风阻），还有可能出现压缩机液击现象。

10）膨胀阀的过热度一般在出厂时已调定好，不宜再自行调整。应经常清洗冷凝器，清洗时用压缩空气或冷水冲洗，不可用热蒸气喷。

11）冬季不使用空调的季节，应经常起动压缩机，避免压缩机轴封处因冷冻机油不足而发生泄漏及避免转轴咬死。一般一个月应使压缩机转 1~2 次，每次约 10min。当冬季气温过低时，发动机会因空调的低温、低压，保护开关起作用而不能起动，此时可将保护开关电路短路，或将空调压缩机的电磁离合器短路，待保养运行完毕，再将这些电路恢复原样。

12）在空调运行时，若听到空调装置有异常响声，或发生其他异常情况，应立即关闭空调，并及时请维修人员检修。

13）应经常检查各管接头连接处、固定夹及各联接螺栓是否紧固；各电线接线柱是否连接可靠、是否松动；各电线、软管是否磨破、松弛，是否接触高温、旋转物体，软管是否鼓包；制冷剂量是否合适，是否有泄漏；管接头、冷凝器表面等处是否有不应出现的油迹，如有，则可能有泄漏，需立即更换。

2. 独立式空调正确使用的注意事项

对于安装独立式空调（指带有辅助发动机带动压缩机的空调装置）的汽车，应严格按使用说明书的规定起动和运行空调，因这类空调通过遥控装置控制辅助发动机的起动和运行，起动方法要比非独立式空调复杂。

独立式空调一般使用注意事项与非独立式空调大体相同，其不同之处如下：

1）由于其辅助发动机有时有单独的油箱，还要经常注意油箱的储油情况，并要检查发动机冷却液温度和油压等情况。

2）为延长辅助发动机的使用寿命，尽量做到低速起动、低速关机。有可能时，可加设卸载起动装置。同时，应保证发动机吸气的清洁度。

3）为了提高汽车空调的使用性能，有必要对汽车空调系统进行日常维护。压缩机传动带打滑，冷凝器外表脏污、堵塞，连接软管老化、破损，蒸发器出水管堵塞，空调滤清器的脏污、堵塞等都会影响汽车空调的使用效果，因此，在汽车空调的使用过程中要注意对压缩机传动带、冷凝器、空气滤清器、循环管路、管路连接接头等进行日常维护。

4）汽车空调的日常维护保养主要是采用看、听、摸、测等方法进行检查。

二、汽车空调的定期保养方法

汽车空调系统的定期维护，其方法一般有以下两种：

方法一：与车辆维护同步进行，汽车空调系统二级维护作业1见表1-7。

方法二：汽车空调系统二级维护作业2见表1-8。

表 1-7　汽车空调系统二级维护作业 1

类　别	序　号	作业项目	技　术　要　求
制冷剂循环系统	1	检查高、低压管道	高低压管道的管类码应齐全，螺栓紧固不松动。软管表面无起泡、老化或破损现象，硬管焊接处无裂纹或渗漏现象，管道上没有与其他机件发生碰擦现象
	2	检查膨胀阀	膨胀阀应无堵塞，感温包作用正常，膨胀阀能根据温度的变化而自动调节制冷剂的供给量
	3	检查储液干燥器	在制冷系统正常工作时，其表面应无露珠或挂霜现象。乘用车空调在正常使用情况下，一般每三年更换一只储液干燥器，如因使用不当使系统进入水分后应及时更换；另外，如系统管路被打开时一般也应更换储液干燥器
	4	检查、清洁蒸发器和冷凝器，检查、固定螺栓、螺母	蒸发器、冷凝器应无渗漏，散热片应无折弯、无尘土杂物堵塞现象。蒸发器、冷凝器座应无裂纹。各固定螺栓、螺母应齐全、坚固、可靠
	5	检查制冷剂量	当制冷系统工作时观察视液镜，应无气泡流动现象
	6	检查系统压力	在制冷装置进气门的空气温度为 30～35℃，发动机转速为 2000r/min，鼓风机以最高速旋转和制冷选用最强档的条件下，系统的工作压力应为：低压侧 0.147～0.2MPa，高压侧 1.4～1.5MPa

表 1-8　汽车空调系统二级维护作业 2

类　别	序　号	作业项目	技　术　要　求
压缩机	1	更换冷冻机油并清洁，或更换冷冻机油滤网	每年四至五月份更换一次冷冻机油，要求冷冻机油液面高度应达到视镜的上部边缘或原厂规定标准，油滤网应清洁、无杂物阻塞或缺损现象，磁铁应完好有效
	2	检查进、排气阀	进、排气阀开闭灵活，作用正常
	3	检查轴封	轴封处不应有渗漏现象

（续）

类　别	序　号	作 业 项 目	技 术 要 求
电控系统	1	检查蒸发器和冷凝器的鼓风机	各鼓风机工作应正常无异响，叶片无裂损，固定螺栓、螺母齐全、牢固、有效。冷凝器鼓风机与冷凝器散热片应无碰擦现象
	2	检查冷却液温度开关	冷却液温度开关在100(1±2)℃时，应能自动接通声光报警电器
	3	检查高、低压压力开关	高压开关在压力大于2.2MPa时，应能自动接通声光报警电路以及切断通向电磁离合器的电流，当压力小于2MPa时，应能自动复位 低压开关在压力小于0.2MPa时，应能自动接通声光报警电路以及切断通往电磁离合器的电流，使压缩机停转。当压力大于0.2MPa时应能自动复位
	4	检查除霜温度控制器和车内温度控制器	除霜温度控制器在2℃左右时应能自动接通旁通电磁阀，在7℃时自动断开车内温度控制器，在5~30℃的控制范围内作用应良好
	5	检查电磁离合器	电磁离合器离合应顺畅，无打滑现象出现，离合器轴承在旋转时应无偏摆、拖滞现象出现

巩 固 练 习

一、填空题

1. 汽车空调一般有＿＿＿＿、＿＿＿＿、＿＿＿＿三种控制方式。

2. 每年四至五月份更换一次＿＿＿＿，要求冷冻机油液面高度应达到＿＿＿＿的上部边缘或原厂规定标准，＿＿＿＿应清洁、无杂物阻塞或缺损现象，磁铁应完好有效。

3. 在制冷装置进气门的空气温度为30~35℃，发动机转速为2000r/min，鼓风机以最高速旋转和制冷选用最强档的条件下，系统的工作压力应为：低压侧＿＿＿＿MPa，高压侧＿＿＿＿、＿＿＿＿MPa。

4. 在不使用汽车空调的季节，应该＿＿＿＿开启汽车空调一次，让其工作＿＿＿＿min。不得在使用汽车空调的季节结束后拆下压缩机＿＿＿＿，但可以使其稍微松弛。

5. 汽车空调的日常维护保养主要是通过＿＿＿＿、听、＿＿＿＿、＿＿＿＿等方法进行检查。

二、判断题

1. 管道接头有油渍，则说明此处制冷剂泄漏。　　　　　　　　　　　（　　）

2. 独立式空调无需注意油箱的储油情况。　　　　　　　　　　　　　（　　）

3. 维修汽车空调系统时，要避免制冷剂弄到皮肤、眼睛里，应戴上手套和防护眼镜。
　　　　　　　　　　　　　　　　　　　　　　　　　　　　　　　（　　）

4. 膨胀阀的过热度一般在出厂时已调定好，不宜再自行调整。　　　　（　　）

5. 清洗冷凝器时，可用压缩空气、冷水、热蒸气喷冲。　　　　　　　（　　）

三、简答题

1. 简述汽车空调系统日常维护的注意事项。

2. 简述人工操作控制的汽车空调启停程序。

3. 简述汽车空调的日常检查维护内容。

单元二

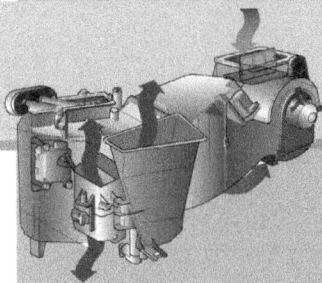

汽车空调制冷系统的结构与拆装检修

单元概述

　　汽车空调制冷系统由压缩机、冷凝器、蒸发器、膨胀装置、储液干燥器（或积累器、及其他辅助部件）等各部件由管路连接而成，如图2-1所示。本单元主要学习汽车空调制冷系统组成部件的各种类型、特点及其拆装检修等内容。

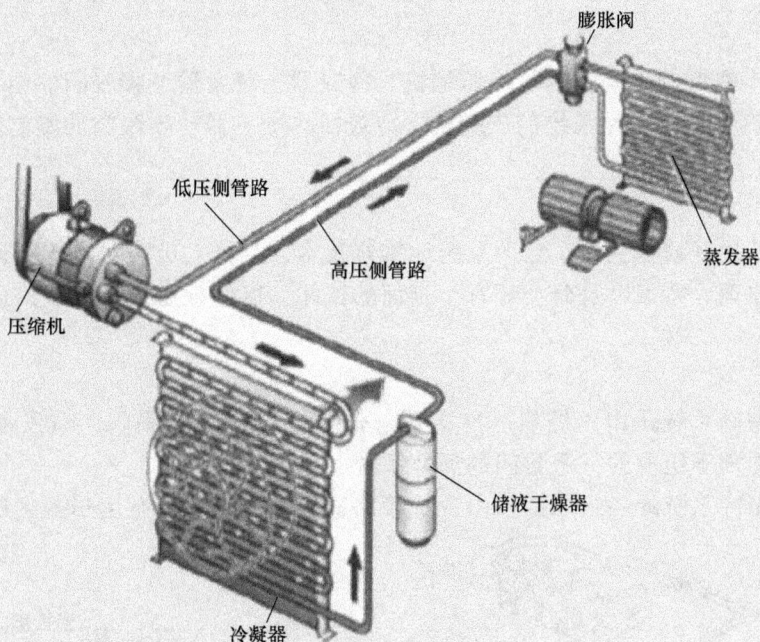

图 2-1　汽车空调制冷系统结构示意图

单元学习目标

知识目标

1. 知道汽车空调制冷系统组成部件的分类、特点、拆装的步骤和注意事项。

2. 知道常见的汽车空调制冷系统故障的检修方法。

能力目标

能熟练完成汽车空调制冷系统各部件的拆装检修操作。

职业道德目标

在完成汽车空调制冷系统检修过程中，逐步养成爱护工具设备、节约材料以及精益求精的工匠精神。

课题一　认识汽车空调的制冷系统

任务描述

本任务详细介绍了汽车空调制冷系统中的主要四大件（压缩机、冷凝器、蒸发器、膨胀阀）的分类、结构组成以及工作原理方面的理论知识，要求基本掌握，以便后续拆装检修内容的学习。

任务目标

1. 知道汽车空调制冷系统的主流压缩机、冷凝器、蒸发器、膨胀阀的结构和特点。
2. 能识别汽车空调制冷系统的压缩机、冷凝器、蒸发器、膨胀阀的类型和零件位置。

任务分析

若想更快、更好地学会汽车空调系统地维修技术，维修人员需对汽车空调系统的各组成部件的作用、原理、特点以及分类等有个全面的认知，以便确定故障部位进而排除故障。

任务实施

汽车空调制冷系统是由压缩机、冷凝器、储液干燥器、膨胀阀、蒸发器、鼓风机、风扇、管道、制冷剂等组成的一个封闭的循环系统，如图2-2所示。

汽车空调制冷系统的各组成部件由三种管路连接而成，主要有用于连接压缩机和冷凝器

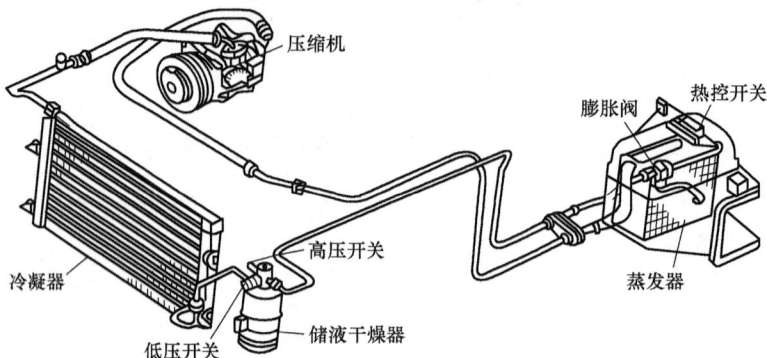

图 2-2　汽车空调制冷系统循环部分的组成

的高压管路，有用于连接冷凝器和蒸发器的液体管路，和用于连接蒸发器和压缩机的回气管路。汽车空调制冷系统以压缩机和膨胀阀或孔管为分界点将空调系统分成高、低压侧，即压缩机输出端、高压管路、冷凝器、储液干燥器和液体管路、膨胀阀构成高压侧，膨胀阀、蒸发器、气液分离器、回气管路、压缩机输入端和压缩机油池构成低压侧。

一、制冷系统的压缩机

压缩机是汽车制冷系统的心脏，是推动制冷剂在制冷系统中不断循环的动力源，压缩机具有重要功能：把气态制冷剂从低压压缩至高压，并使其温度升高。

1. 摇摆斜盘式压缩机

（1）普通摇摆斜盘式压缩机　普通摇摆斜盘式压缩机的组成结构及工作原理如图2-3~图2-5所示。

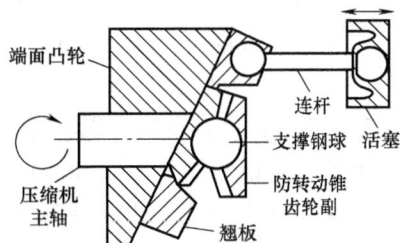

图2-3　摇摆斜盘式压缩机的工作原理

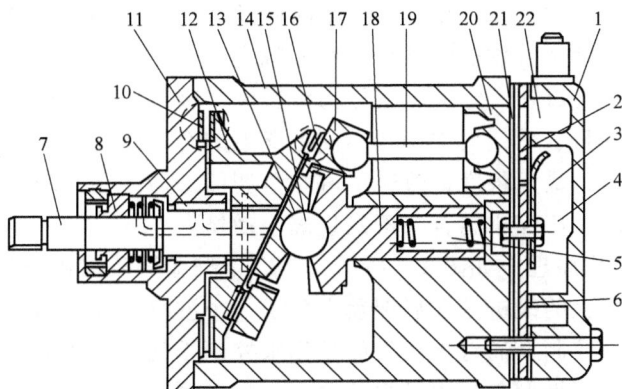

图2-4　摇摆斜盘式压缩机剖视图

1—后盖　2—阀板　3—排气阀片　4—排气腔　5—弹簧　6—后盖缸垫　7—主轴　8—轴封总成　9—滑动轴承　10—端面滚动轴承　11—前缸盖　12—楔形板　13、18—锥齿轮　14—缸体　15—钢球　16—摆盘滚子轴承　17—摆盘　19—连杆　20—活塞　21—阀板垫　22—吸气腔

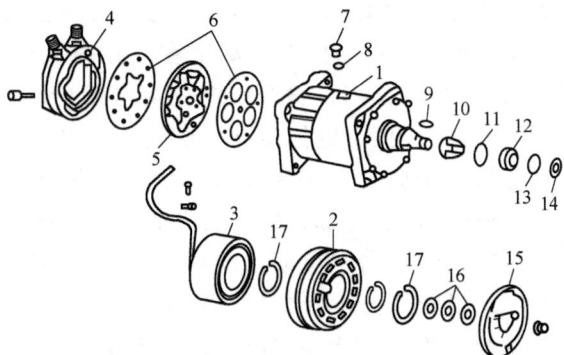

图2-5　SD-5型摆盘式压缩机的构造

1—气缸体　2—带轮　3—离合器线圈　4—后缸盖　5—阀板　6—缸垫　7、9—半月键　8—密封阀　10、11、12、13、14—密封组件　15—离合器驱动盘　16—垫片　17—卡环

各气缸均以压缩机的轴线为中心，均匀分布连杆连接活塞和摆盘，两端采用球形万向联轴器，使摆盘的摆动和活塞移动相协调而不致发生干涉。摆盘中心用钢球作为支承中心，并

23

用一对固定的锥齿轮限制摆盘只能摇动而不能转动（摆盘和传动板之间的摩擦力使摆盘具有转动的趋势，但是这种趋势被一对锥齿轮所限制，使得摆盘只能左右移动，并带动活塞在气缸内做往复运动），主轴和楔形的传动板连接在一起。当压缩机工作时，主轴带动传动板一起旋转。由于楔形传动板的转动，迫使摆盘以钢球为中心，进行左右摇摆移动，并带动活塞在气缸内做往复运动。SD-5 压缩机有 5 个气缸，主轴每转一周每个气缸都完成压缩、排气、膨胀和吸气的一个工作循环。

（2）变容量摆盘式压缩机

1）工作过程。当发动机转速降低时，蒸发器出来的蒸气压力较高，使波纹管压缩。当压力大于一定值时，控制阀开启低压通道。关闭高压通道，这时摆盘室的蒸气进入低压腔，使摆盘室内气压变低，活塞压缩时，两端的压差变大，导向器自动地调节增大摆盘倾角，活塞行程变长，排气量增多。这样在发动机低速运转时，仍能保持一定的制冷量。

当发动机高转速时，吸气腔的压力降低。当下降至某值时，控制阀打开高压通道。关闭低压通道，高压蒸气进入摆盘室，使活塞压缩时两端的压差变小，导向器自动地调节减小摆盘倾角。这样活塞行程缩短，排气量减少，耗能减小。

由于变容量摆盘式可以在一定的吸气压力范围内，吸气压力连续无级调节其输气量，从而实现了压缩机的制冷量、功耗与空调在不同工况下的合理匹配，不会因发动机转速的变化造成制冷量的较大波动，最大限度地改善了汽车空调的舒适性，并降低了能耗。在正常情况下压缩机是连续运转的，压缩机离合器不发生离合动作。

2）组成结构及工作原理。如图 2-6 所示，变容量摆盘式压缩机与普通摆盘压缩机相比，变容量摆盘式压缩机最大的改进是在后端盖上装了一个波纹管控制器和导向器，波纹管放在吸气腔内，受蒸气压力控制，通过波纹管的动作来控制排气腔和摆盘室、吸气腔和摆盘室之间的阀门通道，导向器根据摆盘室内压力的大小，自动调节摆盘倾斜角度的大小。摆盘倾角越大，活塞行程越长，排出的气体也越多；反之，摆盘倾角越小，活塞行程越短，排气量也越少，这样制冷量少，耗能也少。

2. 回转斜盘式压缩机

（1）回转斜盘式压缩机的结构　如图 2-7 所示，它是以斜盘主轴为中心，在同一圆周上均布了 3 个（或 5 个）活塞。通过斜盘的回转，活塞在气缸内进行往复运动，活塞的两边都是气缸，因而一个活塞起到双缸的作用，整个压缩机则起到 6 缸（或 10 缸）的作用，缸体两端都装有进、排气阀及气缸盖，两个缸体结合后形成进、排气两条通路。

（2）回转斜盘式压缩机的工作原理　如图 2-8 所示，当它处于图 2-8a 所示的位置时，活塞向右移动至极限位置，前缸内压力降低，低压腔内的制冷剂从吸气口被吸入到前缸；当斜盘转至图 2-8b 所示的位置时，活塞向左移动，前缸内压力升高，缸内气体被压缩；当斜盘转至图 2-8c 所示的位置时，制冷剂被压缩成高温高压的气体从排气口排出，至此，完成一个循环。由于此活塞为双向活塞，因此右端活塞（图中"后缸"）的工作原理与左端相同。

二、制冷系统的冷凝器

冷凝器是换热管和换热片组合一体的换热装置。它的作用是把来自压缩机的高温高压气态制冷剂通过管壁和翅片将其中的热量传递给冷凝器周围的空气，从而使气态制冷剂冷凝成

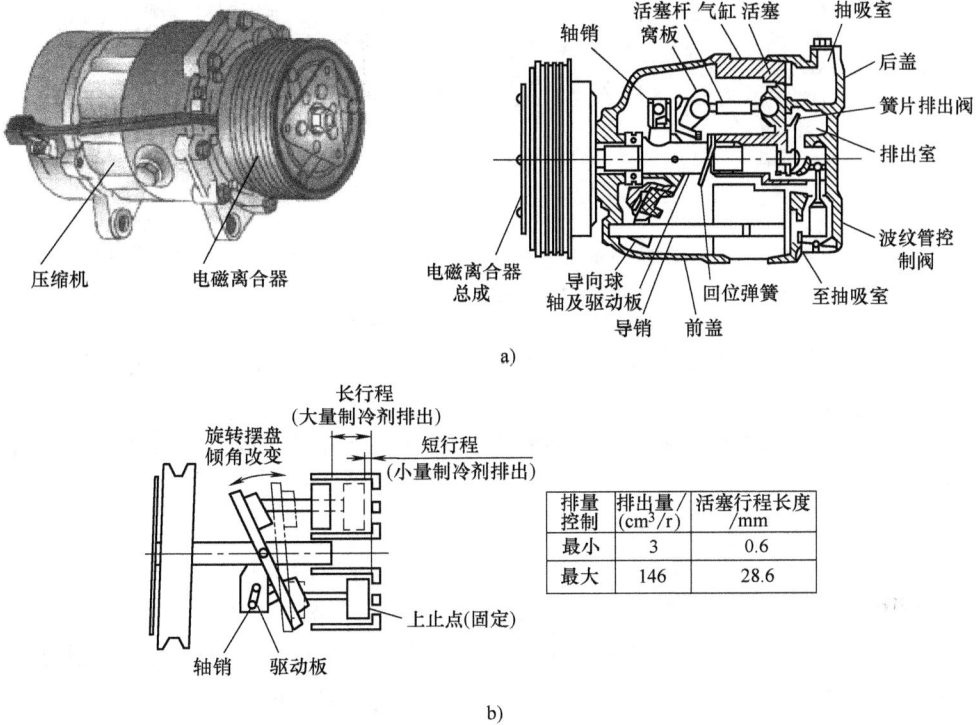

图 2-6　变容量摆盘式压缩机的外形及原理

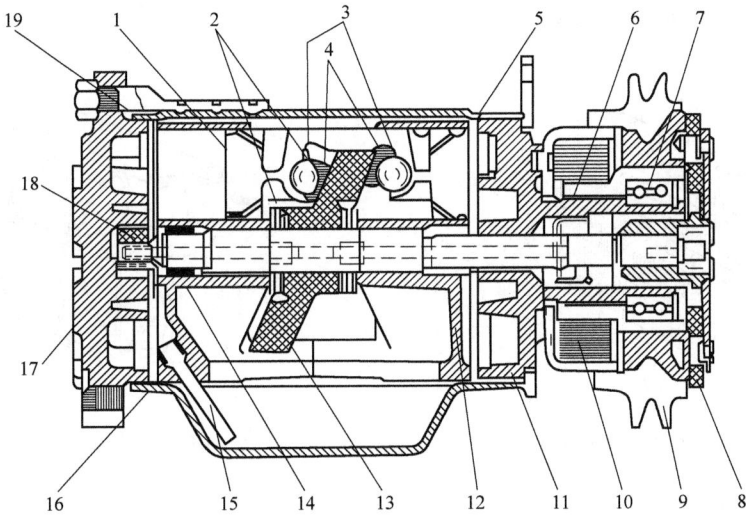

图 2-7　回转斜盘式压缩机的结构

1—活塞　2—推力轴承　3—驱动球　4—滑履　5—前阀板　6—轴封　7—离合器轴承　8—衔铁板

9—带轮　10—线圈　11—前缸头　12—前轴承　13—斜盘　14—后轴承　15—吸油管

16—后阀板　17—后缸头　18—油泵　19—O 形圈

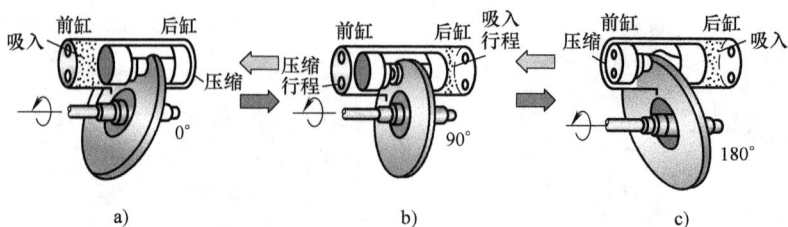

图 2-8　回转斜盘式压缩机的工作原理

a）前缸吸气到下止点　b）前缸压缩行程　c）前缸压缩至上止点

高温高压的液体，再使其通过节流元件（如膨胀阀或节流管）后吸收大量热量而汽化，从而降低周围温度。

冷凝器的结构形式很多，在汽车空调制冷系统中，经常采用的有管片式、管带式、鳍片式和平流式冷凝器等类型。

1. 管片式冷凝器

管片式冷凝器是传统的冷凝器形式，也是最早的一种冷凝器形式。图 2-9 所示为管片式冷凝器的结构，它是由厚度为 0.1~0.2mm 的铝散热片套在圆管（铜管或铝管）上，用机械或液压的方法进行胀管，使散热片固定在管子上，并与管壁紧贴，保证热量能通过紧贴的管片进行传递，它的特点是体积较大、热交换效率较低、结构简单，但加工成本较低，目前仍有应用。

2. 管带式冷凝器

管带式冷凝器的结构如图 2-10 所示，它是由盘成蛇形的多孔扁管和波浪形的散热片焊接而成的，扁管的孔数为三孔或四孔。

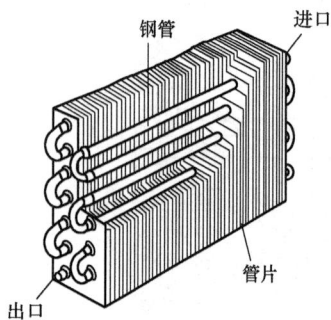

图 2-9　管片式冷凝器的结构

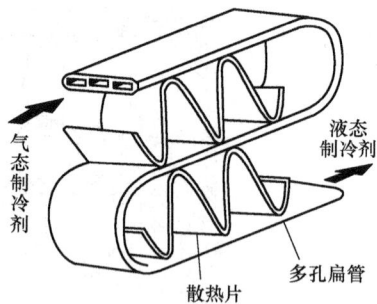

图 2-10　管带式冷凝器的结构

3. 鳍片式冷凝器

一般冷凝器的管子和散热片是两个独立构件，需用镶嵌、胀管或焊接等办法将它们连接在一起，若两者接触面贴合不紧，不仅会影响传热效果，而且整体强度和耐振性能也会降低，为此，出现了鳍片式冷凝器，如图 2-11 所示。由于鳍片式冷凝器的片、管是一体的，因此其抗振性能特别好，散热性能相较前两种可提高 5%，省材 25%，且管片之间无须焊接，可在常温下加工，加工的能耗少，所以曾一度被认为是最先进的车用冷凝器。但由于它需要专用的铣削设备，弯管也需专用夹具，因而一时难以大量推广。

4. 平流式冷凝器

平流式即平行流动式，这种冷凝器由管带式冷凝器演变而成，也是由扁管和波浪形散热片组成的，散热片（带）上开有百叶窗式条缝，但扁管不是弯成盘带式而是每根截断的，每端各有一根集流管，如图 2-12 所示。平流式冷凝器又分为两种：一种是集流管不分段，制冷剂流动方向一致，称为单元平流式冷凝器；另一种为多元平流式冷凝器，它的集流管是分段的。中间由分隔片隔开，可起到分流和汇流的作用。

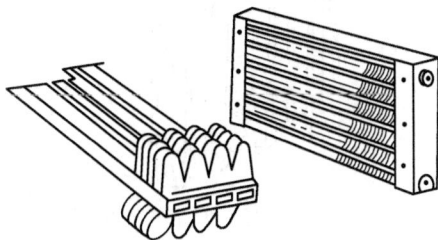

图 2-11　鳍片式冷凝器的结构

图 2-12　平流式冷凝器

三、制冷系统的蒸发器

汽车空调蒸发器通常安装在车内，它是利用低温低压的液态制冷剂蒸发时吸收周围空气中的热量，从而达到车内降温的目的。在汽车上，总是把蒸发器、风机、温度控制器甚至还有许多相关的零部件组装在一起，称为蒸发器总成，如图 2-13 所示，采用这种结构方式便于整体安装和拆卸，可避免零件的散失，且维修也十分方便。

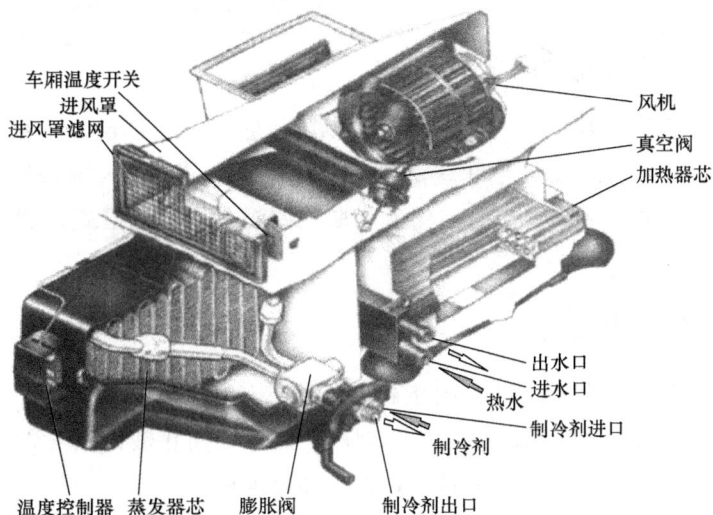

图 2-13　蒸发器总成

1. 汽车空调蒸发器的基本结构

汽车空调蒸发器有管片式、管带式和层叠式三种基本结构。

（1）管片式蒸发器　管片式蒸发器的结构与冷凝器的结构基本相同，如图 2-14

所示。

（2）管带式蒸发器　如图 2-15 所示，管带式蒸发器的结构与冷凝器的结构有两点主要不同：一是扁管宽度一般比冷凝器更宽些；二是扁管是竖向弯曲的，目的是便于将蒸发器表面的冷却液排走。

图 2-14　管片式蒸发器

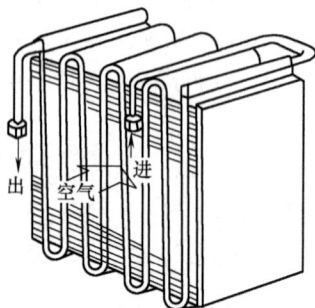

图 2-15　管带式蒸发器

（3）层叠式蒸发器　层叠式蒸发器也称为板翅式蒸发器，是在管带式蒸发器之后发展起来的新型结构形式。它是由两片冲成复杂形状的铝板叠在一起组成的制冷剂通道，每两组通道之间夹有波浪形散热片，如图 2-16 所示。这种形式的蒸发器加工难度最大，但换热效率很高，且结构紧凑。它的换热效率通常会比管带式蒸发器提高 10% 左右，是目前最被看好的蒸发器形式。

由于层叠式蒸发器的传热面是由隔板和翅片组成的，而热传递基本是依靠翅片

图 2-16　层叠式蒸发器

来完成的，隔板只传递一小部分。翅片除承担传热任务以外，还起到两隔板间的加强作用，因此，若翅片不能完全与隔板焊接在一起，不但会影响传热效果，同时还会影响隔板的强度。为了提高换热效果，常在翅片的结构上采取一些强化换热的措施，翅片的结构如图 2-17 所示。

四、制冷系统的膨胀阀

膨胀阀是一种节流装置，广泛应用于各种空调制冷系统中，膨胀阀一般有以下三个作用：节流降压以自动调节制冷剂流量和控制制冷剂流量、防止液击和异常过热的发生。膨胀阀主要由感温受压装置、阀体和手动调节装置三部分组成。

1. 膨胀阀的组成结构

（1）感温受压装置　感温受压装置是自动调节的发信机构，由感温包、毛细管和动力室组成一个密闭系统。动力室下面有一块厚度为 0.1~0.2mm 的薄膜片，即传动膜片，它随着平衡压力的变化产生上下位移。

（2）阀体　阀体是自动调节的执行机构，由阀针、过热度调节弹簧、推杆、顶杆、阀

座、调节螺钉、过滤网及其他一些零件组成。当膜片移
动时，调节信号传递给顶杆。顶杆推动阀针，从而调整
膨胀阀通径的大小，即调节了制冷剂的流量。

（3）手动调节装置　手动调节装置是手动调节过
热度的装置，主要由平衡弹簧及调整螺母组成。进入蒸
发器的液态制冷剂离开蒸发器时，通常全部都蒸发成气
体。因为液态制冷剂在很低温度就开始蒸发，因此即使
全部制冷剂都蒸发成气体了，制冷剂仍保持很低的温
度，气体将继续吸热，变成过热气体，即蒸发器出口气
体温度超过了蒸发器中的饱和温度。这两个温度之差
（即进、出蒸发器的制冷剂温度差）称为过热度。手动
调节装置正是通过调整过热度调节弹簧的预紧力来调节
热力膨胀阀的过热度。

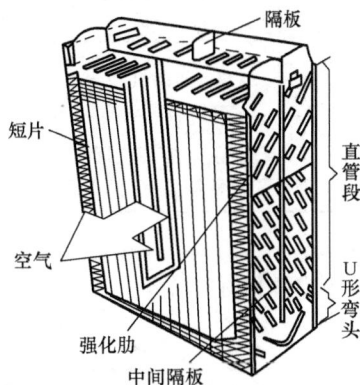

图 2-17　翅片的结构

2. 膨胀阀的分类

膨胀阀根据平衡方式的不同分为内平衡与外平衡两种形式。

（1）内平衡式膨胀阀　内平衡式膨胀阀膜片下面的制冷剂压力是从阀体内部通道传递
来的膨胀阀孔的出口压力，其结构如图 2-18 所示。

（2）外平衡式膨胀阀　外平衡式膨胀阀膜片下面的平衡力是通过外接管从蒸发器出口
处引来的压力，其结构如图 2-19 所示。

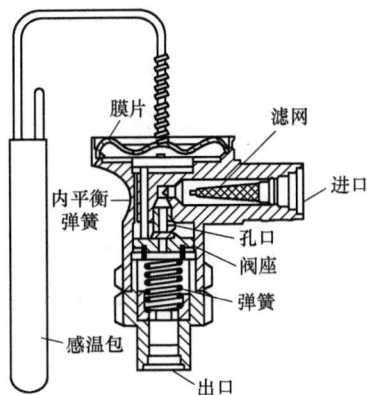

图 2-18　内平衡式膨胀阀的结构

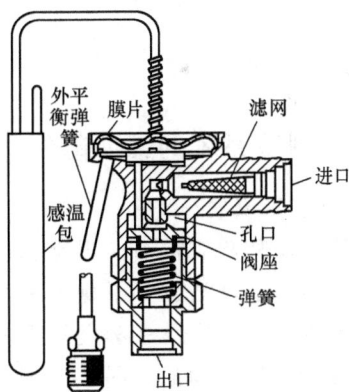

图 2-19　外平衡式膨胀阀的结构

要达到同样的膨胀阀开度（弹簧受压量相同，即 p 相同），外平衡式膨胀阀的过热度要
小得多，所以采用外平衡式膨胀阀时，能充分发挥蒸发器传热面积的作用和提高制冷装置的
制冷效果。

五、汽车空调各系统组成部件结构的就车查找

请在所提供的零部件中找出表 2-1 中各部件的安装位置，并制作部件标签粘贴在相应的
部件上。

表 2-1　汽车空调制冷系统组成部件零件查找明细表

序　号	部件名称	部件类型	部件名称
1	斜盘式压缩机		斜盘、轴承、电磁离合器、固定锥齿轮、连杆、活塞、缸体、注油塞、密封圈、进气接口、出气接口、进气阀片、轴销
2	冷凝器		散热片、管子
3	蒸发器		散热片、管子
4	膨胀阀		感温受压装置、阀体、手动调节装置

任务评价

考核评价表

序　号	考核内容	考核要点	配　分	评分标准	扣　分	得　分
1	识别制冷系统的压缩机	摇摆斜盘式、回转斜盘式各组成零件,压缩机零件类型、名称和位置	25	识别快速、准确得25分;每漏认一项,或不正确扣5分,扣完为止		
2	识别不同类型的冷凝器	管片式、管带式、鳍片式和平流式冷凝器的外形、结构和特点	25	识别快速、准确得25分;每漏认一项,或不正确扣5分,扣完为止		
3	识别不同类型的蒸发器	管片式、管带式、层叠式蒸发器的外形、结构和特点	25	识别快速、准确得25分;每漏认一项,或不正确扣5分,扣完为止		
4	识别膨胀阀的分类和组成部件	内平衡式膨胀阀、外平衡式膨胀阀、感温受压装置、阀体、手动调节装置	25	识别快速、准确得25分;每漏认一项,或不正确扣5分,扣完为止		

知识链接

一、制冷系统的辅助部件

1. 储液干燥器

储液干燥器除有储液、干燥和过滤制冷剂三项功能外,还有气液分离等功能,主要由视液镜、易熔塞、滤清器和干燥剂等组成。它一般安装在冷凝器旁或其他通风、冷却好、远离热源的地方,也有安装在蒸发箱里的。

储液干燥器的构成如图 2-20 所示。

2. 集液器

在汽车空调 CCOT 系统不使用储液干燥器而使用集液器,由于膨胀管不能调节进入蒸发器制冷剂的量,易使制冷剂效能完全汽化。集液器的主要功能是防止液态制冷剂进入压缩机产生液击,也用于储存过多的液态制冷剂,内含干燥剂也起干燥的作用,其安装在蒸发器和压缩机之间。集液器的结构如图 2-21 所示。

集液器的工作原理如图 2-22 所示,其工作情况是:制冷剂从集液器上部进入,液态制冷剂落入容器底部,气态制冷剂积存在上部,并经上部进气管进入压缩机在容器底部,出气管管弯处装有带小孔的滤清器,允许少量的积存在管弯处的冷冻机油返到压缩机,但液体制冷剂不能通过,因而要用特殊过滤材料。在一般情况下,集液器均不能检修,如发现故障,

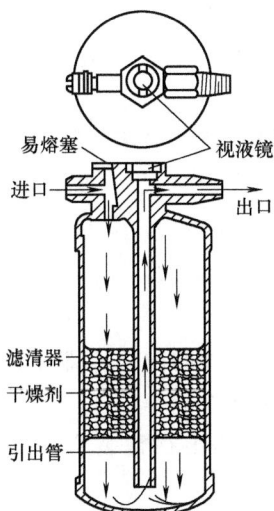

图 2-20　储液干燥器的构成

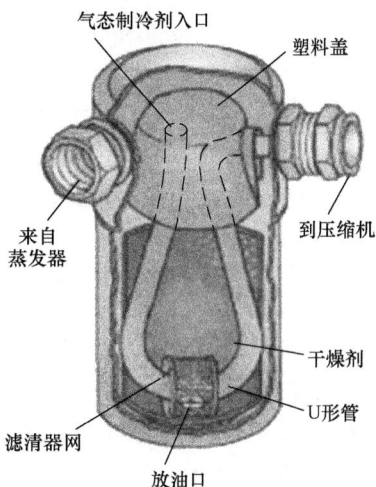

图 2-21　集液器的结构

应更换相同型号的新件。

3. 维修阀

（1）维修辅助阀　汽车空调制冷系统的压缩机吸、排气口上一般有维修辅助阀，也称为三通阀。它有前位、后位和中位三个工作位置，如图 2-23 所示，接口 1 暴露在大气，可与压力室、真空泵、制冷剂容器相连接；接口 2 与压缩机的吸气管或排气管相连接；接口 3 与压缩机相连接。

维修辅助阀的三个工作位置均由调节阀杆来控制。若顺时针方向旋转阀到前位可以切断系统中的制冷剂流动。若逆时针方向旋转到底（后位），系统畅通，制冷剂与外部的通道切断。若阀杆转到中间，则阀处于三通位置，制冷系统被接通，可抽真空、充灌制冷剂和接压力表来检测压力。

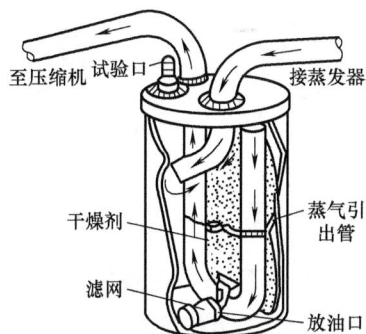

图 2-22　集液器的工作原理

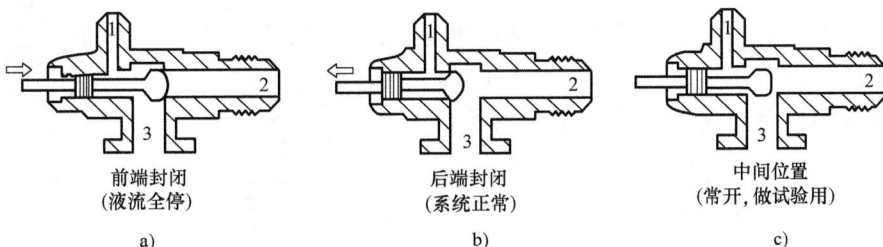

前端封闭　　　　　后端封闭　　　　　中间位置
（液流全停）　　　（系统正常）　　　（常开，做试验用）
　　a)　　　　　　　　　b)　　　　　　　　　c)

图 2-23　维修辅助阀的不同工作位置示意图
a) 前位　b) 后位　c) 中位

（2）施拉尔阀　在轿车空调器中，为了简化制冷系统，压缩机上不设辅助修理阀，而在每个维修口都装有一只施拉尔阀，如图 2-24 所示。

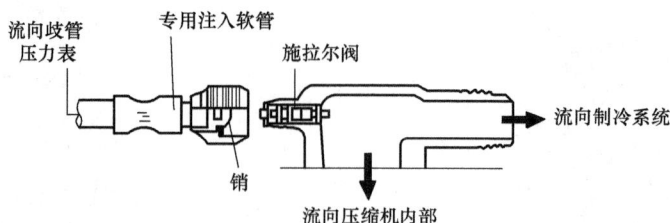

图 2-24　施拉尔阀

使用时，先拧上歧管压力表的维修充液管接头，顶开施拉尔阀的阀芯，即相当于前述辅助阀所示的中间位置，可对系统进行压力测量、抽真空和充灌制冷剂等工作。当拧下充液管接头时，阀便复位关闭切断系统与外管的联系。在高、低压管路上往往装有气门阀，如图 2-25 和图 2-26 所示。

图 2-25　维修接口

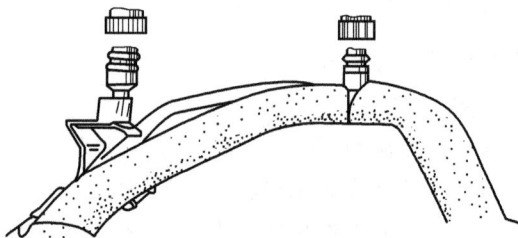

图 2-26　维修阀在管路上的连接

（3）气门阀　在非独立式空调系统中，为简化系统结构，并非在压缩机进、出口安装检修阀，而是采用维修接口的方式，每个维修接口都装有气门阀。维修阀的位置通常在压缩机进、出口连接管路上。目前，汽车空调制冷系统所使用的制冷剂仍然有 R134a 与 R12 之分，为防止加注时出现混淆，气门阀有两种形式，如图 2-27 所示，一种是螺纹接头，用于 R12 制冷剂系统；另一种是快速接头形式，专用于 R134a 制冷剂系统。

在使用气门阀检测或加注制冷剂时应注意连接软管的拆装步骤；当安装连接软管时，软管一端应首先与歧管压力表表座连接，然后另一端才能与气门阀连接；拆卸时则相反，首先断开与气门阀的连接，然后从歧管压力表表座上拆卸另一端。

（4）安全泄压阀　结构如图 2-28 所示，安装在压缩机高压侧或储液干燥器上。在正常情况下，由于弹簧的压力，将密封塞压向阀体并与 A 面凸缘紧贴，压缩机内制冷剂不能流出。当制冷系统压力异常高时，达到 3.51～4.40MPa，弹簧被压缩、阀被打开，压缩机安全阀开始工作，向大气排放制冷剂；压缩机压力立即下降，当泄压后压力降至

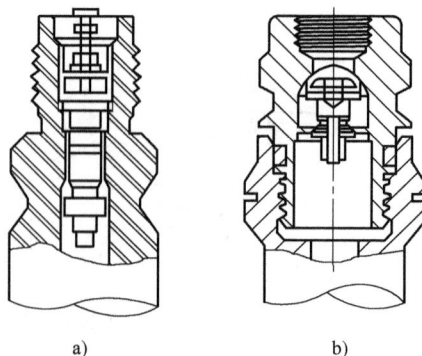

图 2-27　气门阀

a）螺纹接头　b）快速接头形式

3.20MP 左右时,弹簧又立即将密封塞推向阀体 A 面,将阀关闭。采用安全泄压阀,制冷剂只释放出一点点,空气不会进入系统,且便于判断故障原因。

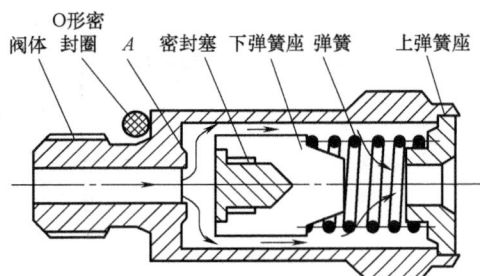

图 2-28 安全泄压阀的结构

二、制冷系统的连接管及管接头

1. 连接管

汽车制冷系统的连接管通常分为硬管和软管两大类。硬管多为铝管和铜管,软管又分为金属软管、橡胶软管和热塑性软管。注意:试验表明,R134a 与钢和铝是相容的,而对铜会产生镀铜现象。R134a 对橡胶的渗透能力强,溶解性也较大,会使一些橡胶管膨胀、发泡,所以充注 R12 制冷系统的橡胶管不能用于充注 R134a 的制冷系统。充注 R134a 的制冷系统必须使用带尼龙内层的 HNBR 橡胶管,同时也要注意密封圈的材质。制冷系统一般低压侧管要比高压侧管粗。

2. 管接头

在汽车空调系统中,管路(包括软管和硬管)相互连接,或管路与部件的连接,既要考虑其密封性能,防止制冷剂泄漏,也要考虑安装、拆卸和维修的方便性,所以管接头形式多样。

常见的管路间、管路与部件间的管接头形式有如下几种,如图 2-29~图 2-33 所示。

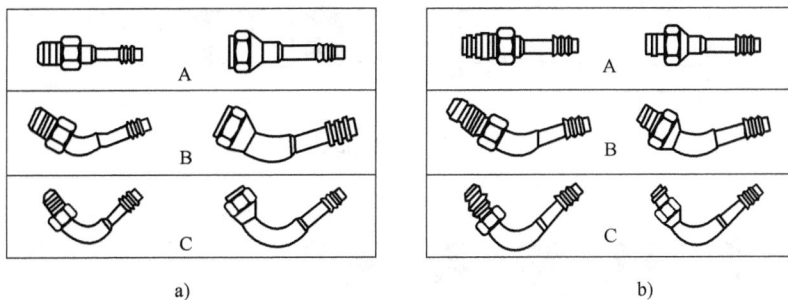

图 2-29 管接头

a) SAE 扩口型接头 b) O 形圈接头

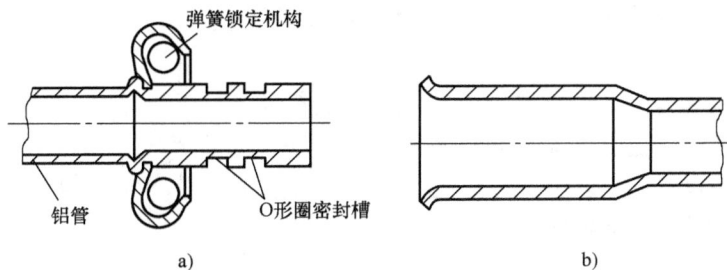

图 2-30 铝管阳端和阴端弹簧锁定式管接头

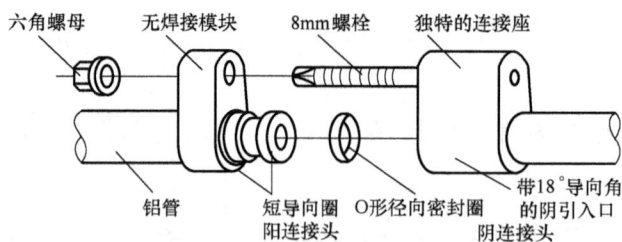

图 2-31 标准型压板式管接头

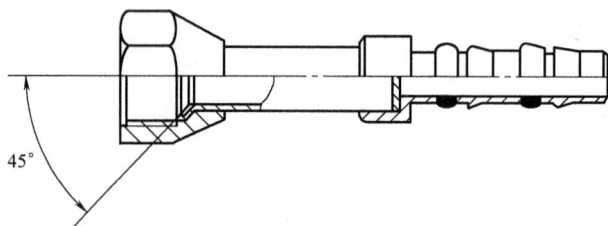

图 2-32 卡箍式管接头

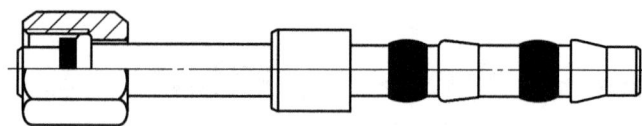

图 2-33 ORS 接头

巩 固 练 习

一、填空题

1. 汽车空调制冷系统主要由 _____ 、 _____ 、 _____ 、 _____ 、视液窗及 _____ 等部件组成，利用制冷剂的不断变态循环达到制冷的效果。

2. 在拆卸空调制冷系统之前应先对空调制冷剂进行 _____ ，当空调制冷剂纯度超过 96% 时方可回收。

3. 在汽车空调装置中，冷凝器安装在 _____ 之前。

4. 汽车空调中，_____ 能够将液态制冷剂变为气态制冷剂。

5. 汽车上，总是把 _____ 、 _____ 、 _____ 甚至还有许多相关零件组装在一起，称为蒸发器总成，它一般安装在 _____ 下方。

二、简答题

简述压缩机的拆卸步骤。

拆装检修汽车空调压缩机

任务描述

　　汽车空调压缩机的拆装检修是由汽车空调专业维修人员进行的一项重要维护项目。由于劳动力费用一般较高，现在的维修企业主要以更换、维护及调整为主。本任务要进行汽车空调压缩机、压缩机轴封、压缩机传动带、压缩机电磁离合器的拆装操作以及压缩机常见故障检修的学习。

任务目标

　　1. 知道汽车空调制冷压缩机拆装的方法和注意事项。
　　2. 知道汽车空调制冷压缩机故障检修的方法和注意事项。
　　3. 能熟练完成拆装汽车空调制冷压缩机等操作。
　　4. 能熟练完成检修各种汽车空调制冷压缩机故障的操作。

任务分析

　　压缩机作为汽车空调制冷系统的重要部件，汽车专业维修人员需要掌握不同类型压缩机的结构区别，明晰拆装检修步骤及要求，同时在进行此项工作中需要具备严格的质量意识及工匠精神。

任务实施

一、拆装汽车空调压缩机

1. 熟练使用常用安装工具

　　常用安装工具有内六角扳手、活扳手、套筒扳手、螺钉旋具、万用表、虎钳、尖嘴钳、塞尺、游标卡尺等。

2. 汽车空调压缩机整体的拆装步骤

　　（1）汽车空调压缩机整体的拆卸步骤

　　1）将压缩机外表面擦洗干净，如图 2-34 所示，压缩机拆装步骤的原则是先外后内，当零件拆下后，要分别做好标记。

　　2）在工作台面上铺上纸板。

　　3）松开电磁离合器前面的螺母，将电磁离合器总成从压缩机前端轴处卸下，如图 2-35 所示。

图 2-34　清洁压缩机外表面

图 2-35　卸下电磁离合器总成

4）用内六角扳手将压缩机前端的五个内六角圆柱头螺栓均匀松脱，如图2-36所示。

5）用锤子轻敲前、后端盖，取下前、后端盖，卸下前、后阀组总成，如图2-37所示。

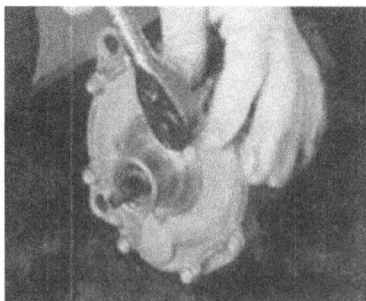

图2-36　将螺栓均匀松脱

图2-37　卸下前、后阀组总成

6）用内六角扳手松开吸气壳盖和排气壳盖的螺钉，并取下吸、排气壳盖，如图2-38所示。

7）用锤子轻敲前后机体，逐渐露出主轴斜板总成、双向活塞和钢球等。然后用钢丝将活塞组捆绑，再轻敲前后机体使其与主轴斜板分离，如图2-39所示。

图2-38　拆卸吸、排气壳盖

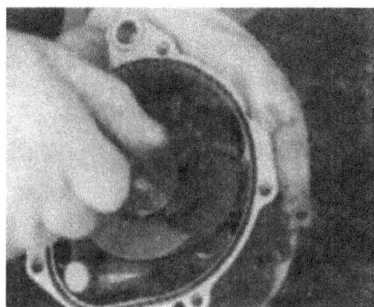

图2-39　分离主轴斜板

8）用钢丝将活塞组捆绑后，在拆除之前，应将各活塞做好记号，将各钢球按记号入座，以便安装时位置准确。

9）将各总成分门别类，清洗干净。

（2）汽车空调压缩机整体的安装步骤　汽车空调压缩机的安装步骤与拆卸步骤相反，步骤如下：

1）将电磁离合器总成、活塞与主轴总成和阀片总成分别组装。

2）将活塞与主轴总成与前后机体装合。

3）将前、后端盖及前后阀片安装在前机体和后机体上。

4）用内六角扳手将螺栓拧紧。

5）安装电磁离合器。

3. 汽车空调压缩机部件的拆装步骤

（1）拆装汽车空调压缩机轴封

1）汽车空调压缩机轴封的拆卸步骤。汽车空调压缩机轴封的分解图如图2-40所示，其拆卸步骤如下：

① 用合适的扳手从压缩机曲轴上拆下螺栓（该螺栓在电磁离合器轮上）。

② 拆卸电磁离合器轮毂，如图 2-41 所示。

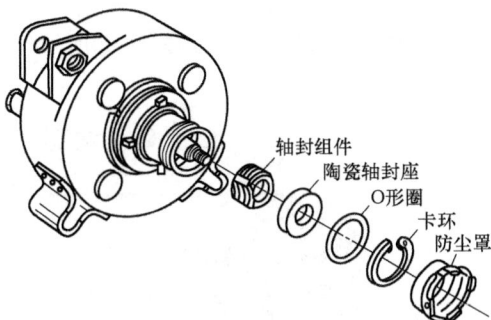

图 2-40　汽车空调压缩机轴封的分解图

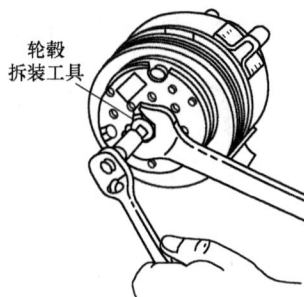

图 2-41　拆卸电磁离合器轮毂

③ 拆下电磁离合器的电磁线圈。拆卸 3 个或 4 个（轮毂内）固定螺栓并拆下线圈，如果是转子式线圈，则应先拆下电刷及连线，注意不要碰坏电刷。

④ 擦净轴封表面和全部接触表面，拆下压缩机主轴上的半圆键。

⑤ 用小号一字螺钉旋具撬下防尘罩，注意不要损坏压缩机壳体，如图 2-42 所示。

⑥ 用内卡环钳拆下轴封卡环固定架，清除轴封缝中的异物。

⑦ 将轴封拆卸工具插入轴封座中并拉出轴封座，如图 2-43 所示。

⑧ 用 O 形圈拆卸工具拆下 O 形圈，如图 2-44 所示。

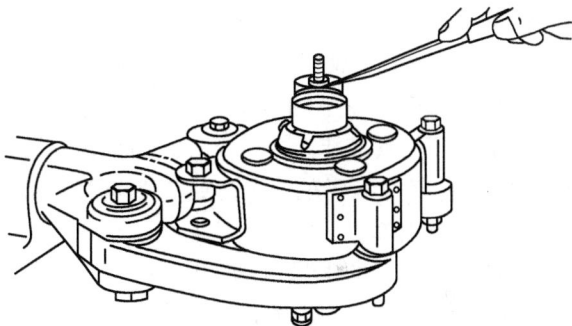

图 2-42　拆卸防尘罩

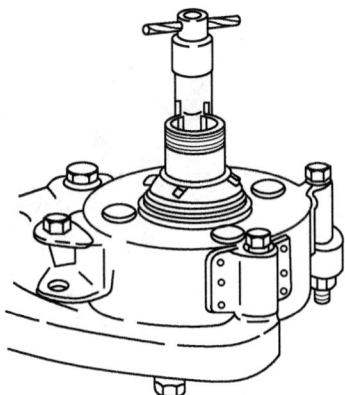

图 2-43　轴封拆卸工具插入轴封座

图 2-44　拆卸 O 形圈

⑨ 用轴封拆装工具与轴封相嵌合后，从压缩机轴封腔内取出轴封，如图 2-45 所示。

⑩ 检查压缩机轴封腔内部，确保全部表面没有划痕和毛刺。

2）汽车空调压缩机轴封的安装步骤。

① 用 O 形圈安装工具把涂有冷冻机油的 O 形圈装进轴封腔里。

② 把轴封涂上冷冻机油，然后放在轴封安装（拆卸）工具上，如图 2-46 所示。

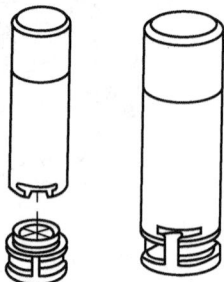

图 2-45　取出轴封

图 2-46　安装轴封在专用工具上

③ 把轴封放至轴上，然后一边转动曲轴一边安装轴封。

④ 当轴封至安装位置后，退出工具。

⑤ 将轴封座涂上冷冻机油，用轴封安装工具适当张紧轴封座内圈，如图 2-47 所示。将轴封座安装再压缩机轴封上，注意不要再接触已经安装好的 O 形圈。

⑥ 从轴封座上取下轴封安装工具。

⑦ 用卡环钳安装卡环，卡环的平面侧与轴封座接触，在安装时应注意卡环不可装反，否则会使其脱落；不要敲击卡环，否则会损坏陶瓷轴封座。

⑧ 安装防尘罩。

⑨ 安装离合器的电磁线圈等。

（2）拆装汽车空调压缩机传动带

1）汽车空调压缩机传动带的拆卸步骤。汽车空调压缩机传动带的拆卸如图 2-48 所示，步骤如下：

① 用内六角扳手旋松空调压缩机下方的两个联接螺栓，如图 2-48 中箭头 B 所示。

图 2-47　张紧轴封座内圈

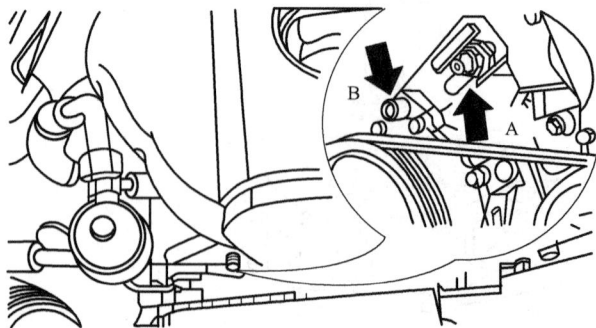

图 2-48　汽车空调压缩机传动带的拆卸示意图

② 沿顺时针方向旋转传动带张紧调节螺栓直至传动带放松，如图 2-48 中箭头 A 所示。

③ 用套筒扳手将传动带由带轮向汽车前进方向脱出。若更换传动带，应拆卸发动机前

悬架；若仅拆卸空调压缩机，可不拆卸发动机前悬架。

注意事项：在拆装汽车空调压缩机传动带之前，必须做好运转方向的记号；在拆装过程中，不必打开制冷循环，可以直接拆卸和安装压缩机支架及所属零部件。

2）汽车空调压缩机传动带的安装步骤。汽车空调压缩机传动带的安装如图 2-49 所示，步骤如下：

① 将传动带套在带轮上，注意运转方向。

② 用套筒扳手沿逆时针方向旋转调节螺栓，直至传动带张紧。用拇指按压传动带中部，变形量为 5~10mm 即可。

③ 用扭力扳手将空调压缩机下方两个联接螺栓拧紧，力矩为 40N·m。

注意事项：在安装压缩机传动带时，要注意必须将传动带上的筋条完全卡进带轮的楔槽内。

（3）拆装汽车空调压缩机电磁离合器

1）汽车空调压缩机电磁离合器的拆卸步骤。汽车空调压缩机电磁离合器分解图如图 2-50 所示，拆卸步骤如下：

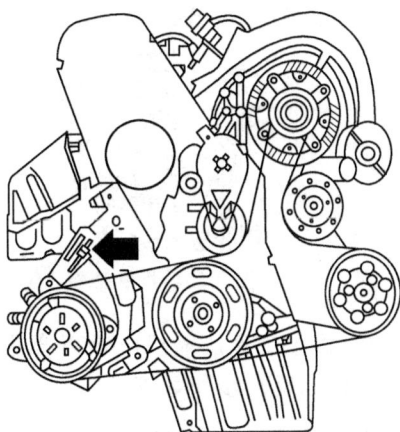

图 2-49　汽车空调压缩机传动带的安装示意图

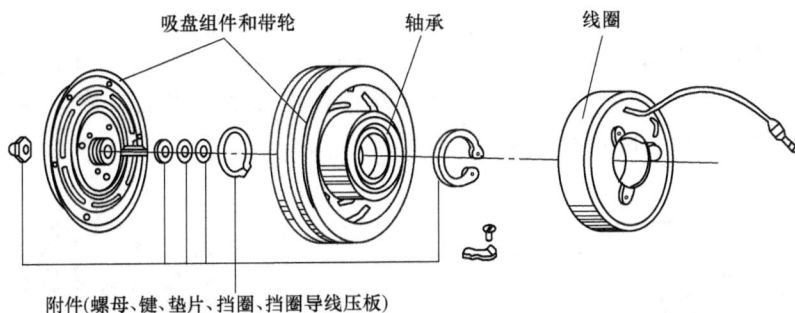

图 2-50　汽车空调压缩机电磁离合器分解图

① 用扭力扳手拆卸六角组合螺母及空调压缩机离合器吸盘，如图 2-51 所示。
② 用卡簧钳将内部轴承卡环取出，如图 2-52 所示。

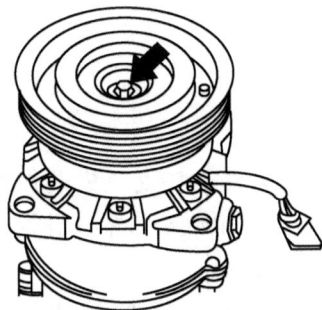

图 2-51　拆卸压缩机离合器吸盘

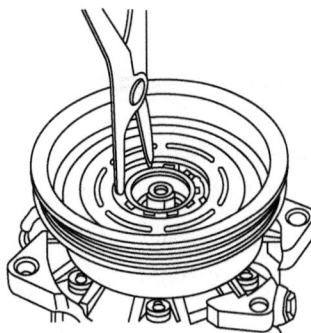

图 2-52　拆卸卡环

③ 将专用工具组合成图 2-53 所示的二爪拉拔器形式，轻轻钩住压缩机带轮的下沿（注意：两侧夹持部位应在同一水平面上）。顺时针方向转动，使压缩机带轮脱出。

④ 用图 2-54 所示的卡簧钳将前盖挡圈取出。安装时线圈凸缘需与压缩机前盖上的凹槽相配，防止线圈移动，并正确放置导线。

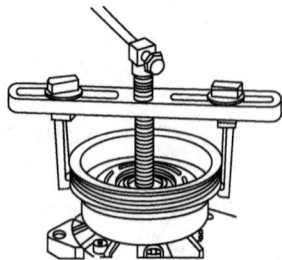

图 2-53　拆卸带轮

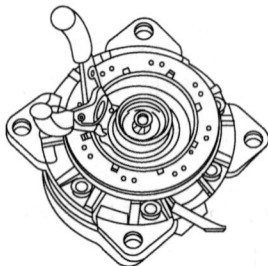

图 2-54　拆卸前盖挡圈

2）汽车空调压缩机电磁离合器的安装步骤。汽车空调压缩机电磁离合器的安装步骤与拆卸步骤相反，步骤如下：

① 将专用工具组合使用并置于中心部位，用锤子轻轻敲击四周，使带轮安装到位，如图 2-55 所示。

② 将图 2-56 所示工具压在离合器吸盘中心孔部位，用锤子轻轻敲击，使离合器吸盘安装到位。

注意事项：在拆装汽车空调压缩机电磁离合器时，也不要将制冷循环打开；在特殊情况下，不拆压缩机也可对压缩机电磁离合器进行修理；在拆卸电磁离合器之前，需用制冷剂（冷媒）回收加注设备将制冷剂抽出回收。

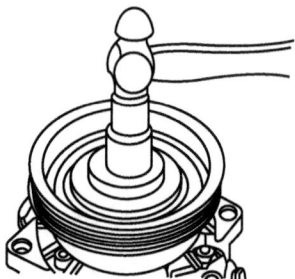

图 2-55　安装压缩机带轮

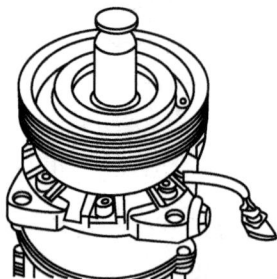

图 2-56　安装压缩机离合器吸盘

二、检修汽车空调压缩机

1. 主要检修内容

（1）压缩机离合器安装间隙的检修　表面现象：电磁离合器与压缩机安装面之间有一定的间隙，如果间隙过大，那么冲击也会增大；如果间隙过小，电磁离合器工作时就会与压缩机安装面之间产生运动干涉，这也是产生异响的一个常见原因。

压缩机工作时需要可靠的润滑。当压缩机缺少润滑油，或者润滑油使用不当时，压缩机内部就会产生严重异响，甚至造成压缩机磨损报废。

（2）压缩机离合器的检修　表面现象：离合器烧坏。原因及判断：线圈温度过高烧毁，或压缩机咬死。解决措施：判断压缩机内部是否失效，若无则需更换离合器部件并且要求压缩机厂家分析离合器的设计是否存在问题。

（3）压缩机不通电的检修 表面现象：压缩机不工作。原因及判断：应用万用表首先检查电磁离合器的线圈，看是否能够导通；若能导通，再拔下高、低压切断开关的电源插头，先测压力开关连接插头，看高、低压两组触点是否导通，若能导通，再测量电源插头是否有电。

最后检查系统电源的起始点有无电压、接触是否可靠等。通过电路检查，压缩机不转的故障一般都可解决。

（4）压缩机失效的检修 表面现象：压缩机内部咬死。原因及判断：用成分分析仪检测制冷剂成分，判断是否是假冒制冷剂或制冷剂成分不纯；通过对冷冻机油的颜色、气味判断是否是假冒冷冻机油或冷冻机油已失效；通过观察空调系统零部件内表面冷冻机油的颜色，判断系统洁净度。解决措施：必须用汽车专用空调清洗机对空调系统清洗并解决其他导致压缩机失效故障后，更换储液干燥器，然后才能更换压缩机。

2．防范措施

为了减少空调压缩机的故障，在使用空调时应注意以下三点：

1）应经常检查空调控制线路中各接插器的连接情况，若有问题应及时排除。

2）若发现空调压缩机电磁离合器的间隙过小或者分离不开，应加上垫片使其达到规定的标准值或能够分离自如为止。

3）定期保养空调压缩机，并对其电磁离合器轴承注入润滑油。

三、汽车空调制冷系统压缩机拆装实训操作

请在所提供汽车的压缩机或汽车空调实训装置上进行制冷压缩机的检修操作，并填写表2-2。

表2-2 汽车空调制冷系统压缩机检修操作记录表

序 号	检修故障内容	现象分析	解决故障的操作步骤	防范措施
1	压缩机离合器安装间隙过大或过小			
2	压缩机离合器烧坏			
3	压缩机不通电			
4	压缩机内部咬死			

任务评价

考核评价表

序 号	考核内容	考核要点	配 分	评分标准	扣 分	得 分
1	拆装汽车空调压缩机	电磁离合器总成、内六角圆柱头螺栓、前后端盖及前后阀片总成、吸气壳盖和排气壳盖、活塞组的规范拆装操作和注意事项	20	拆装操作规范，记录清晰准确得20分；每遗漏一项，或不正确扣2分，扣完为止		
2	拆装汽车空调压缩机轴封	螺栓、电磁离合器轮毂、电磁线圈、电刷及连线、主轴上的半圆键、防尘罩、轴封座、O形圈的规范拆装操作和注意事项	20	拆装操作规范，记录清晰准确得20分；每遗漏一项，或不正确扣2分，扣完为止		

（续）

序号	考核内容	考核要点	配分	评分标准	扣分	得分
3	拆装汽车空调压缩机传动带	压缩机传动带的规范拆装操作和注意事项	20	拆装操作规范，记录清晰准确得20分；每遗漏一项，或不正确扣3分，扣完为止		
4	拆装汽车空调压缩机电磁离合器	离合器吸盘、内部轴承卡环、压缩机带轮的下沿、前盖挡圈的规范拆装操作和注意事项	20	拆装操作规范，记录清晰准确得20分；每遗漏一项，或不正确扣4分，扣完为止		
5	检修汽车空调压缩机	压缩机离合器安装间隙过大或过小、压缩机离合器烧坏、压缩机不通电、压缩机内部咬死故障的正确检修操作	20	检修压缩机故障规范、正确、快速、记录清晰准确得20分；每遗漏一项，或不正确扣4分，扣完为止		

知识链接

一、旋叶式压缩机

回转式空调压缩机是一种能做回转运动的容积式压缩机，机体内气体的压缩是通过容积的变化来实现的。回转式空调压缩机包括旋叶式压缩机、螺杆式压缩机、三角转子式压缩机、滚动活塞式压缩机。

旋叶式压缩机气缸有两种形式：圆形和椭圆形。

圆形气缸旋叶式压缩机的工作原理：在圆形气缸中，转子是偏心安装的，转子外圆非常贴近泵腔的一侧叶片（或称为滑片）随转子转动，并可在槽内径向滑动，以便和气缸内壁共同形成密封，每两叶片间形成一个密封容积，如图2-57所示。

转子顺时针旋转，制冷剂蒸气从回气口进入两密封叶片和气缸壁之间的空腔内；当转子叶片转过180°时，制冷剂蒸气在密封腔内被压缩，直至从排气口排出。

二、涡旋式压缩机

涡旋式压缩机的结构如图2-58所示，工作原理如图2-59所示。它是压缩机技术发展的主要方向之一。

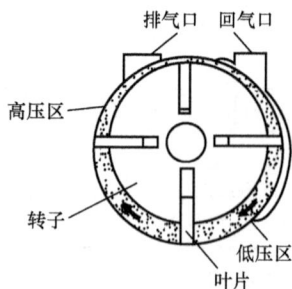

图 2-57　旋叶式压缩机的原理

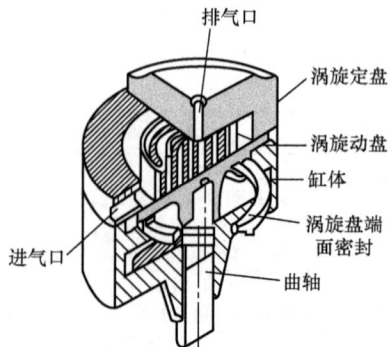

图 2-58　涡旋式压缩机的结构

工作原理：一对相同形式的涡旋盘相互成 180°啮合装配在一起，一个固定在机体上称为涡旋定盘，一个在偏心轴的带动下偏心旋转称为涡旋动盘，动盘和定盘线性接触形成四个腔，外腔与吸气口相通，进行吸气过程；内腔与排气口相通，进行排气过程，两盘间的两个封闭腔，一个完成吸气和开始压缩动作，另一个完成压缩和开始排气动作，只要再旋转，即完成排气过程，吸气、压缩、排气 3 个过程同时在 4 个腔内进行。

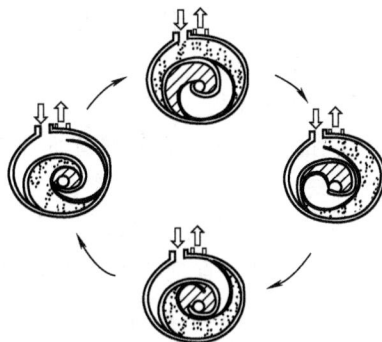

图 2-59　涡旋式压缩机的工作原理

三、往复式压缩机

图 2-60 所示为曲轴连杆式压缩机的结构。它主要由曲轴连杆机构、气缸体、气缸盖、进气阀、排气阀、润滑机构及轴封机构等部分组成。曲轴上装有连杆，通过曲轴的旋转带动连杆，使活塞在气缸里进行往复运动，从而吸入和压缩制冷剂。活塞上部的气缸体上装有进、排气总成，在机体和曲轴之间装有防制冷剂泄漏的机械式油封。为保证各部件的正常运转，在曲轴箱内充有规定量的冷冻机油，并装有供油油泵。

压缩机的工作过程包括压缩、排气、膨胀及吸气四个过程，通过这四个过程，将蒸发器内的低压蒸气吸入使其压力升高后排入冷凝器，完成抽吸、压缩和泵送制冷剂的功能，如图 2-61 所示。

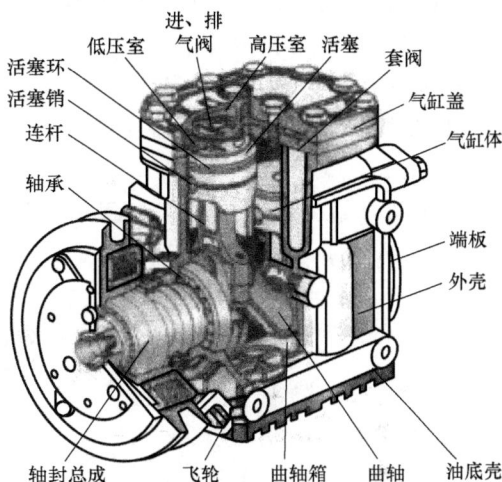

图 2-60　曲轴连杆式压缩机的结构

1）过程。

① 压缩过程是活塞处于最下端位置Ⅰ—Ⅰ时，气缸内充满了从蒸发器吸入的低压制冷剂蒸气，吸气过程结束。

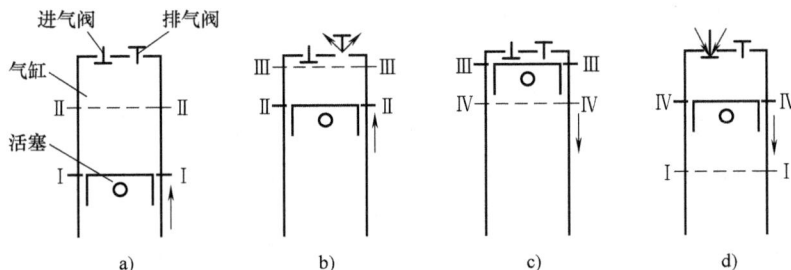

图 2-61　曲轴连杆式压缩机的工作原理
a）压缩　b）排气　c）膨胀　d）吸气

② 活塞在曲轴连杆机构的带动下开始向上移动，进气阀门关闭，气缸的工作容积逐渐减小，密闭在气缸内蒸气的压力和温度逐步升高。

③ 当活塞向上移动到Ⅱ—Ⅱ位置时，气缸内的蒸气压力约等于排气阀的阻力与排气管路中的压力之和。

2）排气过程。

① 排气过程是活塞继续向上移动，气缸内的蒸气压力继续升高，排气阀便自动打开，开始排气。

② 活塞继续向上移动，气缸内的压力将不再升高，高压气态制冷剂不断地经过排气阀向排气管输出，直到活塞运动到最高位置Ⅲ—Ⅲ排气过程结束，蒸气从气缸向排气管输出。

3）膨胀过程。膨胀过程是活塞由Ⅲ—Ⅲ位置移动到Ⅳ—Ⅳ位置的过程。

① 当活塞运动到上止点位置时，由于压缩机的结构及制造工艺等原因，活塞顶部与气阀座之间仍会存在一定的间隙。此间隙所形成的容积称为余隙容积。

② 当排气过程结束时，在气缸余隙容积内有一定数量的高压蒸气。当活塞开始向下移动时，排气阀关闭，但吸气管道内的低压蒸气不能立即进入气缸，而是首先残留在气缸内的高压蒸气因容积的增大而膨胀，其压力下降，直至气缸内的压力下降到等于吸气管道中的压力与进气阀的阻力之和时为止。

4）吸气过程。吸气过程是当活塞运动到Ⅳ—Ⅳ位置，进气阀自动打开活塞继续向下运动，低压蒸气便不断地由蒸发器经吸气管和吸气阀进入气缸，直到活塞到达下止点Ⅰ—Ⅰ的位置时为止。

5）重新开始。当完成吸气过程后，活塞又从下止点向上止点运动，重新开始压缩过程，如此又进入下一个工作循环。

巩 固 练 习

一、填空题

1. 曲轴连杆式压缩机有_____、_____、_____、_____四大工作过程。

2. 压缩机常见故障有_____、_____、_____、_____等。

3. 电磁离合器主要由_____、_____、_____等组成。

4. 涡旋式压缩机由_____盘、_____盘等组成。

5. 回转式压缩机包括_____、_____、_____、_____式压缩机。

二、判断题

1. 压缩机就是使制冷剂在系统内循环。　　　　　　　　　　　　　　　（　　）

2. 涡旋式压缩机有一个吸气腔，一个排气腔。　　　　　　　　　　　　（　　）

3. 电磁离合器靠电磁线圈产生的电磁力，使压板和带轮结合。　　　　　（　　）

4. 旋叶式压缩机每两个叶片形成一个密封容积。　　　　　　　　　　　（　　）

5. 变排量摆盘式压缩机，在一定压力范围内，可以有级地调节其输气量。（　　）

6. 斜盘式变排量压缩机的排气量是无级变化的。　　　　　　　　　　　（　　）

三、简答题

1. 常用压缩机都有哪些类型？

2. 压缩机的作用是什么？

3. 试述活塞式压缩机的工作过程。

4．如何区分压缩机的进、排气口？

课题三　　拆装检修汽车空调冷凝器与蒸发器

任务描述

　　汽车空调冷凝器是由换热片和换热管组合一体的换热装置，蒸发器和冷凝器都是汽车空调的换热装置。作为一名汽车空调维修人员必须认真学会拆装检修汽车空调冷凝器与蒸发器。

任务目标

　　1．知道拆装检修汽车空调冷凝器与蒸发器的操作步骤和注意事项。
　　2．能熟练完成拆装检修汽车空调冷凝器与蒸发器的操作。

任务分析

　　要能完成汽车空调冷凝器与蒸发器的拆装和检修任务，在实际动手操作之前，应先掌握汽车空调冷凝器与蒸发器拆装检修的操作步骤和注意事项，同时还应具有严谨认真的工匠精神。

任务实施

一、拆装汽车空调冷凝器与蒸发器

1．拆装冷凝器

（1）冷凝器的拆卸步骤　冷凝器的拆卸如图 2-62 所示，步骤如下：

1）使用专用制冷剂回收加注设备将制冷剂抽空。

2）拆下蓄电池负极插头。

3）拆下散热风扇电源插头，然后拆下散热风扇组。

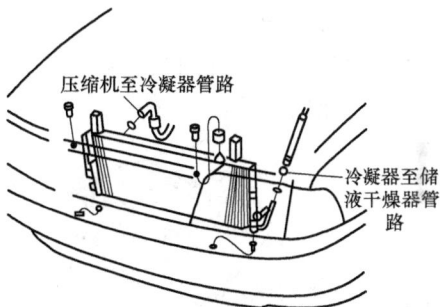

压缩机至冷凝器管路

冷凝器至储液干燥器管路

图 2-62　冷凝器的拆卸

4）拆下散热器进水管和出水管，将端口用干净的棉纱塞住，以免冷却液溢流；也可以先用容器收集冷却液，等散热器安装完毕后再将冷却液倒入补充液箱，重新使用。

5）拆下散热器，拆下后需妥善放置，勿在散热管带上放重物或磕碰散热管带。

6）拆下冷凝器至储液干燥器的连接管路，如图 2-63 中箭头所示，拆下后要封闭管口，防止异物侵入。

7）拆下压缩机至冷凝器的连接管，拆下后也要封闭管口，防止异物侵入。

8）拆下前保险杠托架。

9）旋出 4 个螺栓，如图 2-64 中箭头所示，拆下导向件。

10）旋出固定螺栓，从车身上拆下冷凝器。

（2）冷凝器的安装步骤　冷凝器的安装步骤与拆卸步骤相反，步骤如下：

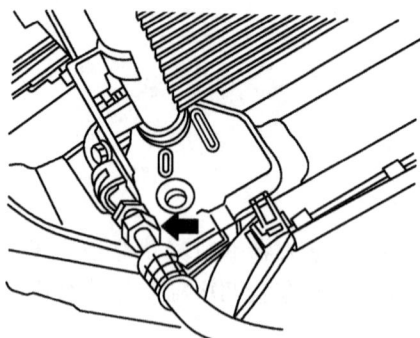

图 2-63　拆卸冷凝器管路

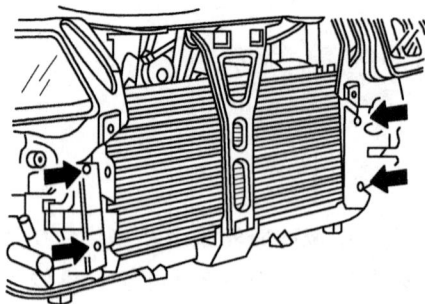

图 2-64　拆卸冷凝器导向件

1）将冷凝器用螺钉安装在支架上端进入，要注意分清制冷剂进、出口。因为从压缩机输出的高压制冷剂蒸气必须从冷凝器上端进入，再流动到下部分管道，冷凝成液态制冷剂后沿下方出口流出。所以安装时位置一定要正确，否则会引起制冷系统压力升高、冷凝器和压缩机胀裂的严重事故。

2）用两个固定扳手将上、下连接管螺母拧紧，以防漏气，当重新安装时，注意冷凝器下部的正确位置，上端与发动机室盖的间隙不小于 25mm。

2. 拆装蒸发器

（1）蒸发器的拆卸步骤　在拆卸或安装蒸发器前，应先将车辆的电源切断，拆除影响拆卸的导线、端子及其他附件，并对车辆的表面涂层进行保护。蒸发器的分解图如图 2-65 所示，其拆卸步骤如下：

1）拆卸前排乘客侧杂物箱。

2）拆卸仪表板。

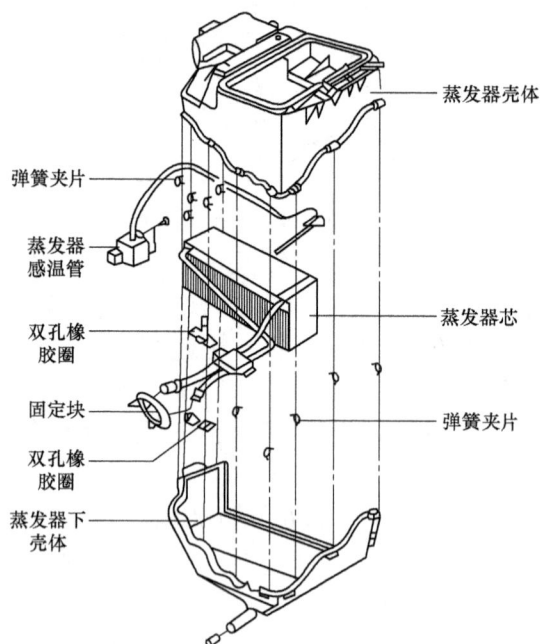

图 2-65　蒸发器的分解图

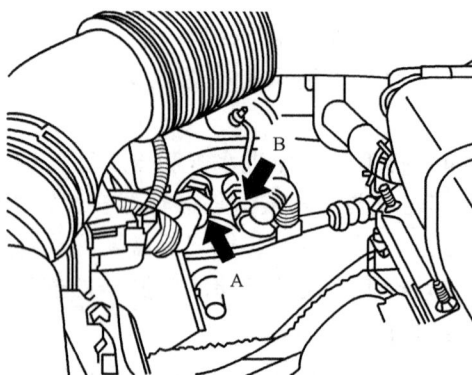

图 2-66　拆卸蒸发器管路

3）拆卸进风罩。

4）旋出紧固螺母，如图 2-66 中箭头 A 所示，拆下蒸发器至压缩机的管路，封住已经拆下的管子端口。

5）旋出紧固螺母，如图 2-66 中箭头 B 所示，拆下储液干燥器至蒸发器的管路，封住已经拆下的管子端口。

6）拆下联接螺栓，如图 2-67 中箭头所示。

7）拔下感温管插头，小心取出蒸发器，如图 2-68 所示。

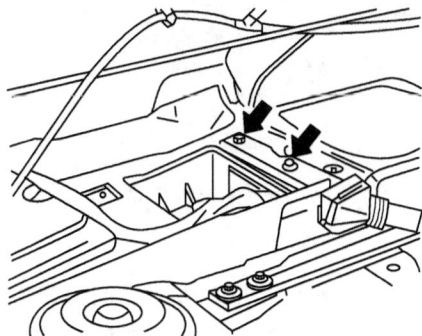

图 2-67　蒸发器联接螺栓位置

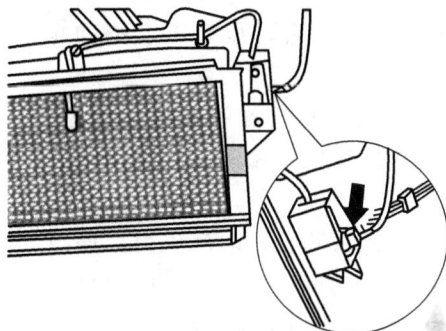

图 2-68　蒸发器感温管插头位置

（2）蒸发器的安装步骤　蒸发器的安装步骤与拆卸步骤相反，在安装时要注意蒸发器的入口和出口，切勿装反。温度控制元件或感温包要牢固地安装在合适的位置，膨胀阀和感温包要包好保温材料，蒸发器内要加注一定量的冷冻机油。

二、就汽车空调实训装置进行拆装冷凝器和蒸发器的操作

结合自己进行制冷系统冷凝器和蒸发器拆装的实际操作，完成表 2-3。

表 2-3　制冷系统冷凝器和蒸发器拆装操作记录表

操作项目	步　骤	简要说明	遇到的问题	解决方案
冷凝器的拆装				
蒸发器的拆装				

三、检修汽车空调冷凝器与蒸发器

1. 检修冷凝器

（1）冷凝器的检修内容　冷凝器的检查主要包括：冷凝器总成的泄漏检查；冷凝器的内部脏堵检查，以及外部折瘪的检查；冷凝器导管及翅片有无污垢或残渣的检查。

（2）冷凝器的检修方法　若仅仅是外表脏污而造成冷凝器的散热片被堵塞，应用水清洗或用压缩空气吹干净。

注意：不要损伤冷凝器散热片，若发现散热片已经弯曲，则应使用一字螺钉旋具或手钳

加以矫正，不必拆卸冷凝器。

2. 检修蒸发器

（1）蒸发器的检修内容　蒸发器的检修内容主要包括：蒸发器外表面是否有积垢、异物，蒸发器是否损坏，用检漏仪检查蒸发器是否有泄漏，观察排气管路是否洁净、畅通。

（2）蒸发器的检修方法

1）检查蒸发器外表面是否有积垢、异物，若有，应使用软毛刷（或软布、棉纱）和清水清洗，注意不要用硬毛刷和高压水枪冲刷，不要弄弯吸热片。

2）检查蒸发器的内部盘管是否有泄漏现象，若有泄漏现象，由专业维修人员对泄漏处进行补焊。

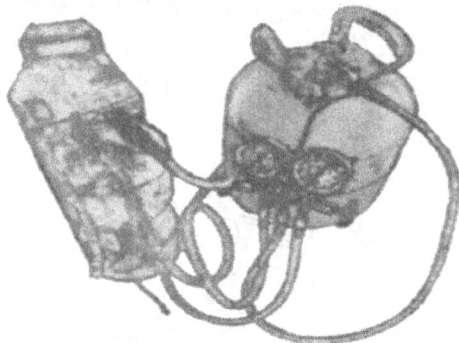

图 2-69　测试蒸发器内部压力

3）测试蒸发器内部压力，如图 2-69 所示，用专用接头分别将蒸发器的进、出口连接到高低压组合表的截止阀上，并用压缩机向蒸发器加压，压力一般应为 1.5MPa 左右，停止加压后 24h 压力应无明显下降。也可用肥皂水涂在系统各处进行检漏。

4）仔细检查蒸发器表面有无破损、裂纹和变形等。若有，予以修理或更换。

四、就汽车空调实训装置进行冷凝器和蒸发器的检修操作

结合自己进行冷凝器和蒸发器检修的实际操作，完成表 2-4。

表 2-4　制冷系统冷凝器和蒸发器检修操作记录表

序　号	内　容	检查结果	分　析	解决方法
1	冷凝器总成的泄漏检查			
2	冷凝器的内部脏堵检查			
3	外部折瘪的检查			
4	冷凝器导管及翅片有无污垢或残渣的检查			
5	蒸发器外表面是否有积垢、异物			
6	蒸发器是否损坏			
7	用检漏仪检查蒸发器是否有泄漏			
8	观察排气管路是否洁净、畅通			

任务评价

考核评价表

序　号	考核内容	考核要点	配　分	评分标准	扣　分	得　分
1	拆装冷凝器	蓄电池负极插头、散热风扇组、散热器进水管和出水管、连接管路、前保险杠托架、导向件的规范拆装操作以及注意事项	25	检查操作规范、全面，记录清晰准确得 25 分；每遗漏一项，或不正确扣 5 分，扣完为止		

（续）

序　号	考核内容	考核要点	配　分	评分标准	扣　分	得　分
2	拆装蒸发器	前排乘客侧杂物箱、仪表板、进风罩、连接管路的规范拆装操作以及注意事项	25	检查操作规范、全面,记录清晰准确得25分;每遗漏一项,或不正确扣5分,扣完为止		
3	检修冷凝器	泄漏检查、内部脏堵检查、外部折瘪检查、导管及翅片有无污垢或残渣的检查	25	检查操作规范、全面,记录清晰准确得25分;每遗漏一项,或不正确扣5分,扣完为止		
4	检修蒸发器	外表面积垢、异物检查,是否损坏、泄漏检查,排气管路是否洁净、畅通的检查	25	检查操作规范、全面,记录清晰准确得25分;每遗漏一项,或不正确扣5分,扣完为止		

知识链接

一、汽车空调风机

汽车空调的蒸发器、冷凝器的换热都需要强制通风,有的车室也需强制通风换气,这都需要风机来完成。

1. 离心式风机

离心式风机一般装在蒸发器的里侧。其功用是将车内温度较高的空气流向蒸发器,经过热交换将冷风送入车厢内,这样不断地循环使车厢内降温。其工作原理如图2-70b和图2-71所示,当叶轮旋转时,是由与旋转轴平行方向吸进空气,向着和旋转轴垂直的方向——离心力作用的方向吹出。离心式风机结构比较简单,一般由叶轮、蜗壳和进口集流器组成。

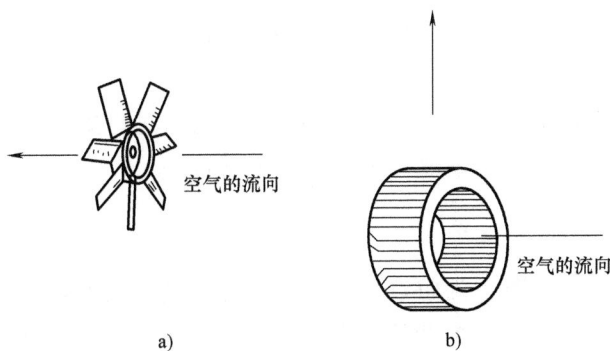

图 2-70　风机的结构原理
a）轴流式　b）离心式

2. 轴流式风机

冷凝器一般配置轴流式风机,轿车多数与散热器共用一个风机。其功用是将冷凝器中散发出的热量吹送到大气中去。其工作原理如图2-70a和图2-72所示,当叶轮旋转时,空气在

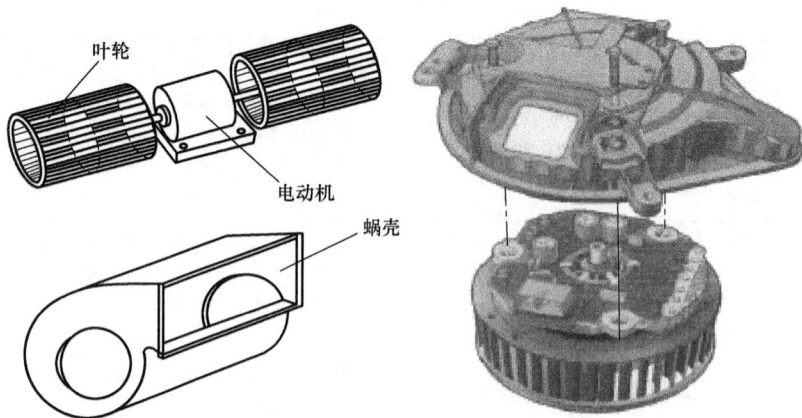

图 2-71　离心式风机

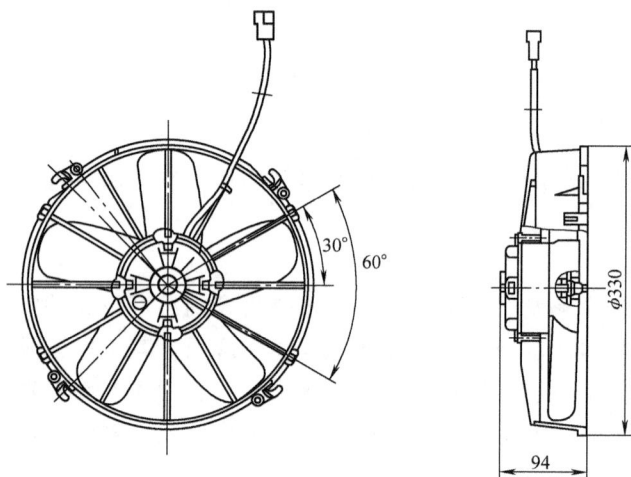

图 2-72　轴流式风机

叶轮的推动下沿轴向方向流动，使冷凝器很快散热。它由进口集流器、叶轮、导叶和扩压筒组成。安装时注意叶轮方向，一般故障多来自于电动机。

二、换热

汽车空调按蒸发器和冷凝器的布置方式分为：内置式、顶置式、混合置式和背置式。

在汽车空调中所采用的冷凝器和蒸发器都是制冷剂和空气之间被壁面（如金属管）隔离，二者不直接接触来实现温差传热的热交换器。从传热角度考虑，换热的历程总是两种流体之间存在温差，而且也总是温度高的流体将热量传递给温度低的流体。

为分析方便达到目的，把温度高的流体称为热流体，把温度低的流体称为冷流体。在冷凝器中制冷剂称为热流体，那么空气就是冷流体。在蒸发器中恰好相反，空气是热流体，制冷剂却成了冷流体。蒸发器和冷凝器是实现热流体和冷流体之间热量转换的设备。在汽车空调中冷凝器放出制冷剂储存的热量，而蒸发器是制冷剂吸收空气中的热量。

巩固练习

一、选择题

1. 在汽车空调装置中，冷凝器安装在（　　　）。

A. 发动机散热器前　　　B. 驾驶室内　　　　C. 后行李箱内　　　D. 发动机散热器后

2. 汽车空调中，（　　）能够将液态制冷剂变为气态制冷剂。

A. 压缩机　　　　　　　B. 冷凝器　　　　　C. 膨胀阀　　　　　D. 蒸发器

3. 关于汽车空调中的蒸发器，下列说法正确的是（　　　）。

A. 蒸发器有管片式、管带式、层叠式三种　　B. 蒸发器可以装在仪表板内或下方

C. 蒸发器能够将气态制冷剂变为液态　　　　D. 层叠式蒸发器结构紧凑，散热效率高

4. 蒸发器出口处的制冷剂应（　　　）。

A. 全部汽化　　　　　　B. 部分汽化　　　　C. 全部液化

二、简答题

1. 冷凝器的作用是什么？

2. 蒸发器的作用是什么？

3. 蒸发器与冷凝器有什么不同之处？

课题四　拆装检修汽车空调节流膨胀机构与辅助部件

任务描述

在实际汽车空调系统中，定期检修节流膨胀机构与辅助部件对制冷设备的寿命、节约能源、降低运行成本有着重要意义。本任务将学习掌握节流膨胀阀和一些辅助部件的拆装要点、调整方法以及常见故障现象的分析与检修步骤。

任务目标

1. 知道汽车空调膨胀阀、辅助部件拆装检修的步骤和注意事项。

2. 能熟练完成拆装检修汽车空调节流膨胀阀和辅助部件的操作。

任务分析

本任务要求掌握节流膨胀阀和一些辅助部件的拆装要点、调整方法以及常见故障现象的分析与检修步骤，以及节流膨胀阀和一些辅助部件实际拆装中的注意事项。

任务实施

一、拆装汽车空调节流膨胀机构与辅助部件

1. 拆装膨胀阀

（1）就车膨胀阀的拆卸步骤　膨胀阀在拆卸前，应将制冷剂从系统内排出并回收，操

作前应将车辆的电源切断，拆除影响拆卸的导线及端子并做好记号。下面以桑塔纳3000型轿车的空调系统为例来介绍膨胀阀的拆装。膨胀阀的安装位置如图2-73所示，其拆卸步骤如下：

1）拆下蒸发器。

2）取下感温管上包裹的绝缘带。

3）松开感温包，若膨胀阀为外平衡式，应先拆下平衡管路。

4）旋出螺栓，拆下固定块，如图2-74中箭头A所示。

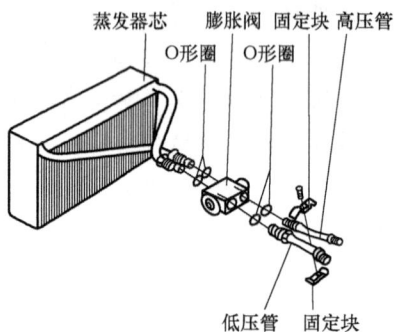

图 2-73　膨胀阀的安装位置

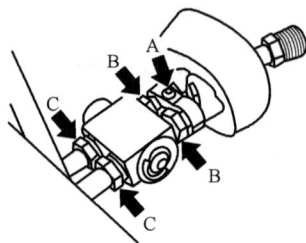

图 2-74　膨胀阀的拆卸

5）拆下膨胀阀连接冷凝器的制冷剂液体管，拆卸管接头处的O形圈，如图2-74中箭头B所示。

6）检查膨胀阀内的滤网，若堵塞，应清洁或更换。

7）拆下膨胀阀连接蒸发器的制冷剂气管，拆卸管接头处的O形圈，如图2-74中箭头C所示。

8）拆下膨胀阀的支承架，从蒸发器上取下膨胀阀。

（2）膨胀阀的安装步骤

1）安装膨胀阀的支架，将膨胀阀装上蒸发器。

2）在膨胀阀与蒸发器管接头上安装O形圈，连接蒸发器进口到膨胀阀出口的管路，拧紧到合适的力矩。

3）在膨胀阀与冷凝器管接头上安装O形圈，连接冷凝器液体管到膨胀阀进口的管路，拧紧到合适的力矩。

4）通过支架插入感温包，然后用绝缘带包裹感温包，如图2-75所示。感温包插入的位置：$a = 150$mm，$b = 130$mm；插入深度为85mm。

2. 拆装储液干燥器

储液干燥器一般安装在冷凝器旁或其他通风好、散热好且远离热源的地方。图2-76所示为桑塔纳3000型轿车储液干燥器的安装

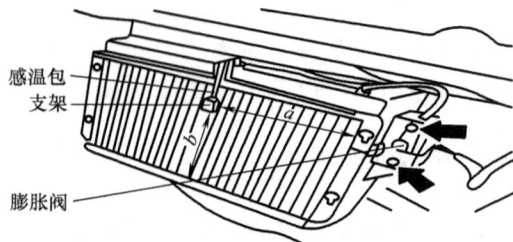

图 2-75　蒸发器感温包的安装

位置。

（1）储液干燥器的拆卸步骤

1）在拆卸之前，用制冷剂回收加注设备将制冷剂抽空。

2）拔下图 2-77 中箭头 A 所示的高低压开关连接插头。

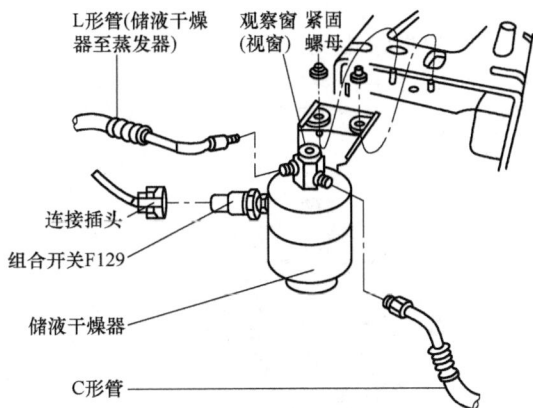

图 2-76 桑塔纳 3000 型轿车储液干燥器的安装位置

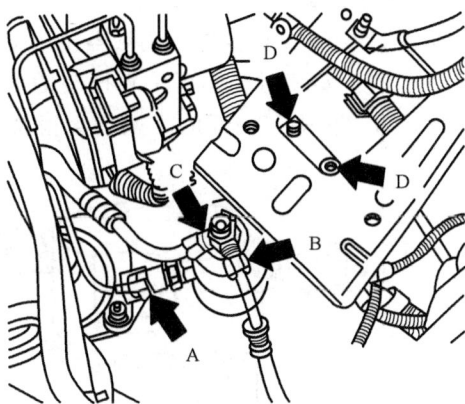

图 2-77 储液干燥器拆卸示意图

3）拆下图 2-77 中箭头 B 所示的冷凝器至储液干燥器之间的 C 形管，封住管口。

4）拆下图 2-77 中箭头 C 所示的储液干燥器至蒸发器之间的 L 形管，封住管口。

5）拆卸图 2-77 中箭头 D 所示的联接螺栓，方法如图 2-78 所示。

6）松开并拆下固定储液干燥器的紧固件，取出储液干燥器，如图 2-79 所示。

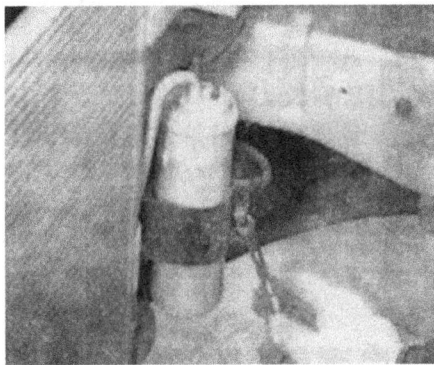

图 2-78 拆卸联接螺栓

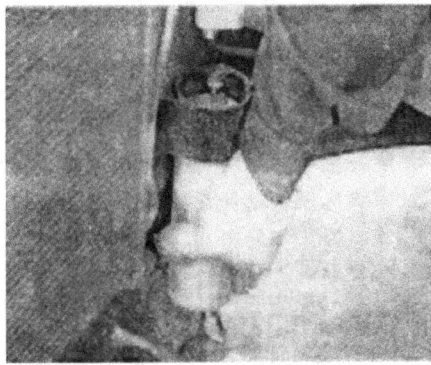

图 2-79 取出储液干燥器

（2）储液干燥器的安装步骤

储液干燥器的安装步骤与拆卸步骤相反。安装时，要尽量直立安装，倾斜度不要大于 15°。如果倾斜度过大，液态与气态制冷剂就不能完全分离。特别需要注意的是，在空调系统的安装与维修中，储液干燥器必须最后一个接到系统中，以防止空气进入储液干燥器，因为空气中的水分及其他不可冷凝的杂质可能会腐蚀金属，致使小的金属粒子剥落下来，从而造成系统堵塞。安装前，一定要先确定好储液干燥器的进口端和出口端，避免装错。一般在其进、出口端都会有标记，如进口端用英文"IN"（此端应与冷凝器出口相接）表示，出口端用"OUT"表示，或者直接打上箭头。

3. 拆装集液器

（1）集液器的拆卸步骤

1）拆下集液器前后管路接头。

2）取出集液器。

（2）集液器的安装步骤　集液器的安装步骤与拆卸步骤相反。

注意事项：安装时，不可将新换装的集液器（或储液干燥器）的管塞 A、B 提前取下，如图2-80所示，否则其内部的干燥剂会很快因吸水饱和失效。

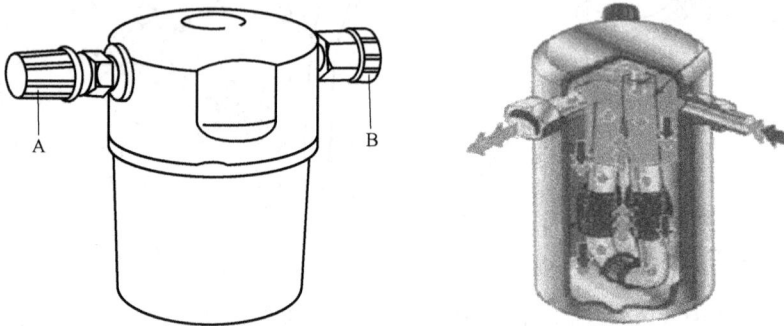

图 2-80　集液器

4. 拆装水漏斗

水漏斗的拆装步骤如下：

拆下仪表板，把仪表板横梁从横壁上松开。为了便于进行其他的工作，必须在其他安装工的帮助下将蒸发器的壳体和分配器箱抬下。如图2-81所示，拧下六角螺母（2.5mm），从横壁上取下水漏斗。在安装时注意，放水阀上的密封唇（需涂油）能将水漏斗上的出口外圈完全包封。

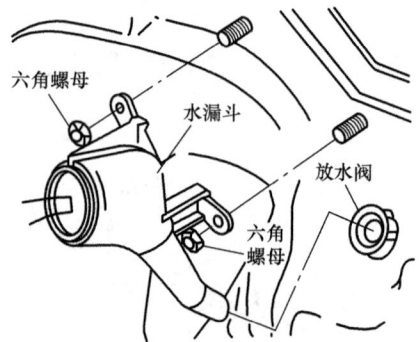

图 2-81　拆卸水漏斗

二、汽车空调制冷系统膨胀机构与辅助部件拆装实训操作

请在所提供的汽车或汽车空调实训装置上进行制冷系统膨胀机构与辅助部件的拆装操作，并填写表2-5。

表 2-5　汽车空调制冷系统膨胀机构与辅助部件拆装操作记录表

序　　号	操作项目	拆卸步骤	安装步骤	注意事项
1	拆装膨胀阀			
2	拆装储液干燥器			
3	拆装集液器			
4	拆装水漏斗			

三、检修汽车空调节流膨胀机构与辅助部件

1. 检修膨胀阀

膨胀阀的常见故障是发生冰堵或脏堵、阀口关闭不严、滤网堵塞及感温包或动力头焊接处发生泄漏等。膨胀阀的检查方法有两种：一是在车上检查膨胀阀，二是在台架上试验检查膨胀阀。

（1）在车上检查膨胀阀

1）将歧管压力表组与空调系统相连，起动发动机，转速调至 1000～1200r/min，空调温度控制器（或拨杆）调至最冷（MAX）位置，使空调系统运行 10～15min。

2）查看低压侧压力表读数，如果偏低，在膨胀阀周围包上约 52℃ 的抹布，继续观察低压表读数。

3）若低压压力能上升至正常值或接近正常值，则说明系统内有水汽，应设法将其消除，如更换储液干燥器，并用较长时间抽真空，再充注制冷剂，重新检测系统。

4）按上述第 2）条操作，若低压压力仍未升高，则从蒸发器出口处小心卸下膨胀阀感温包，将感温包握在手中，观察低压表读数。

5）按上述第 4）条操作，若压力仍偏低，则说明膨胀阀有问题，应将其卸下，在台架上进行检查。在拆除膨胀阀时，若发现膨胀阀进口有堵塞，则应在清洗和维修膨胀阀后，更换储液干燥器。

6）按上述第 2）条查看低压表读数时，若低压读数偏高，则从蒸发器出口处小心卸下膨胀阀感温包，将其放入冰水中（在冰水中加些盐，使其温度降至 0℃）。

7）若低压压力降至或接近正常值，则可能是感温包隔热包扎不严或安放位置不对，重新定位并包扎后再测定。

8）若低压压力仍然偏高，则应卸下膨胀阀，移到台架上进行检查。

9）当测试结束后，应关闭所有空调控制器，降低发动机转速，直至关机，取下歧管压力表组。

（2）在台架上试验检查膨胀阀

1）将膨胀阀从制冷系统中取下来，若过滤网（如果有过滤网）上有污物，要取下并清洗干净。

2）按图 2-82 所示，将歧管压力表组与制冷剂罐、膨胀阀连接好，软管与低压表之间接个带开关的过渡接头。

3）关闭高、低压手动阀，并将水盆中水的温度调节至 52℃，然后将膨胀阀感温包放在温水中。

4）拧开制冷剂罐的阀门，慢慢开启高压手动阀，至高压表读数为 483kPa。

5）对应最大流量的低压表读数应该在 296～379kPa 范围内。若读数高于 379kPa，表示膨胀阀供应制冷剂过量；若读数低于 296kPa，则系统制冷剂量不足。

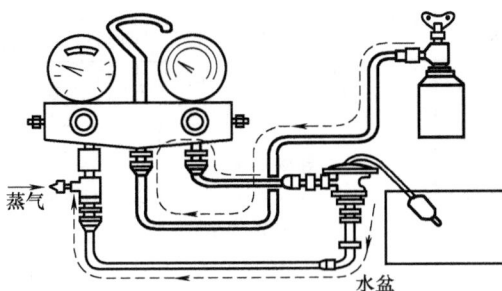

图 2-82　在台架上检查膨胀阀

6）膨胀阀流量的调整可以通过调整弹簧压力来实现。先拧开膨胀阀出口接头，用内六角扳手调整螺母。当顺时针方向旋转时，制冷剂供应量小；当逆时针方向旋转时，制冷剂供应量增大。

7）将感温包放在水温为0℃的冰水中，打开高压压力开关，高压表压力应为483kPa，此时可测其最小制冷剂供应量。

（3）膨胀阀的清洗　如果膨胀阀未能通过上面的一项或两项检测，那么可以尝试清洗膨胀阀。否则，必须更换新膨胀阀。具体的清洗步骤如下：

1）拆下膜片、毛细管和感温包总成。

2）拆卸过热度调整螺钉，记住拆卸此螺钉时拧下的圈数，以利于安装时寻找正确的安装位置。

3）拆卸过热度弹簧及阀座，卸下阀及推杆。

4）将阀和全部零件浸入干净的酒精内进行清洗、擦净并吹干。

5）采用与步骤1）～4）相反的动作顺序，重装这些零件，按原拧下的圈数装上过热度调整螺钉。

6）检查最大流量和最小流量。

7）若不符合要求，则可调节过热度弹簧。

8）若反复调整均无效，则要更换新阀。

2．检修储液干燥器

储液干燥器主要用来储存多余的制冷剂、吸附系统内的水分、过滤系统内的杂质或脏物，保证系统正常工作。如果储液干燥器吸附水分达到饱和状态和滤网被脏物堵塞，必须更换，其操作过程如下：

1）排除系统内的制冷剂。

2）拆下储液干燥器，为防止潮气进入系统内，应用堵头塞住干燥滤清器两端的连接管口。

3）更换新的干燥滤清器，并向压缩机内添加10～20mL的冷冻机油。

4）对制冷系统检漏、抽真空和充注制冷剂。

四、汽车空调制冷系统实训操作

请在所提供的汽车或汽车空调实训装置上进行膨胀阀与辅助部件检修操作，并填写表2-6。

表2-6　汽车空调制冷系统膨胀阀与辅助部件检修操作记录表

序　号	操作项目	检查方式	检查结果及分析	解决故障的操作步骤	防范措施
1	在车上检修膨胀阀				
2	在台架上实验检查膨胀阀				
3	检修储液干燥器				

任务评价

考核评价表

序　号	考核内容	考核要点	配　分	评分标准	扣　分	得　分
1	拆装、检修汽车空调膨胀阀	蒸发器、绝缘带、平衡管路、连接管、O形圈、滤网的规范拆装操作以及注意事项。膨胀阀的检修	25	拆装、检查操作规范、全面，记录清晰准确得25分；每遗漏一项，或不正确扣3分，扣完为止		
2	拆装、检修储液干燥器	L形管、观察窗、紧固螺母、C形管、储液干燥器、组合开关、连接插头的规范拆装操作以及注意事项。储液干燥器的检修	25	拆装、检查操作规范、全面，记录清晰准确得25分；每遗漏一项，或不正确扣3分，扣完为止		
3	拆装集液器	前后管路接头的规范拆装操作以及注意事项	25	拆装操作规范、全面，记录清晰准确得25分；每遗漏一项，或不正确扣5分，扣完为止		
4	拆装水漏斗	六角螺母、水漏斗、放水阀的规范拆装操作以及注意事项	25	拆装操作规范、全面，记录清晰准确得25分；每遗漏一项，或不正确扣5分，扣完为止		

知识链接

一、拆装膨胀节流管

膨胀节流管有两种类型：一种是可接近的膨胀节流管，另一种是不可接近的膨胀节流管。膨胀节流管的安装位置可在冷凝器和蒸发器之间的任何位置上，精确的安装位置通过液相管金属部分上的一个圆形凹陷或三道刻槽来确定。在对膨胀节流管进行拆装之前，必须排空空调系统中的制冷剂。

1. 可接近的膨胀节流管的拆装

（1）可接近的膨胀节流管的拆卸步骤

1）用制冷剂回收与充注机将系统中的制冷剂回收。

2）把蒸发器进口管路拆下（此时节流管就露出来了），把蒸发器进液管中的碎片、污物清理干净。

3）倒一点冷冻机油到节流管的密封部分。

4）将拆卸工具（如图2-83所示，T形套筒中加一个开槽的圆管）上的槽对准节流管上的柄脚（凸起）并插入。

5）转动T形手柄，使开槽圆管夹住节流管。

6）握住T形手柄（千万别转动），顺时针方向转动外面的细长形六角套筒，这样节流管就会被拉出。

如果膨胀节流管拆卸时已破碎，用一般工具较难取出时，应用图2-84所示的专用工具将其取出，该工具的用法如下：

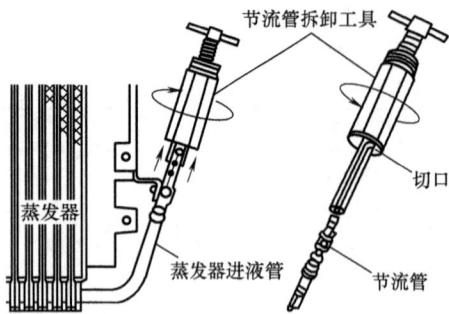

图 2-83　节流管的拆卸工具

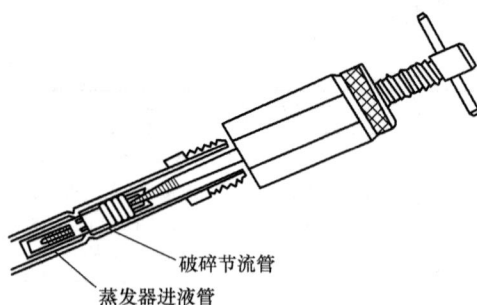

图 2-84　取破碎节流管的专用工具

① 首先将蒸发器进液管中的所有碎片（节流管的）清除出去，并在进液管中加几滴冷冻机油。

② 将有一根细长尖形螺纹锥的专用工具的操作端伸到已损坏的节流管的铜质孔中，用手转动专用工具的 T 形螺杆，直到确定已接触到节流管为止。

③ 转动专用工具的外壳，直到坏的节流管被拉出为止。

④ 若拉出的是节流管中的铜管，其塑料套管仍留在蒸发器进液管中，则应将拉出的铜管卸掉，再把专用工具的操作端插入塑料管中，将塑料管拉出。

（2）可接近的膨胀节流管的安装步骤

1）将蒸发器进液管清理干净。

2）在节流管外表面涂上冷冻机油。

3）将节流管装入拆装工具，然后推入蒸发器液相管中，直到顶到蒸发器管入口圆形凹陷或三道刻槽为止。

4）安装 O 形圈，将进液管与蒸发器连接好。

5）若已拆下集液器，将新的集液器装上。

2. 不可接近的膨胀节流管的拆装

（1）不可接近的膨胀节流管的拆卸步骤

1）缓慢排放系统中的制冷剂。

2）从汽车上拆下液相管。注意液相管的安装方向，以便按同样方向将其装回。

3）确定节流管的位置。圆形凹陷或三道刻槽均标明节流管的出口端，如图 2-85 所示。

4）用截管器在液相管上切除 63.5mm 长的管段，如图 2-86 中 A 段所示；在两端弯头处使其露出至少 25.4mm，如图 2-86 中 B 段所示。

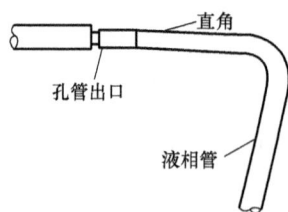

图 2-85　确定节流管位置

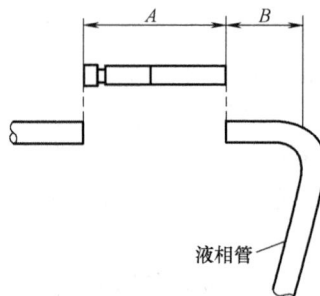

图 2-86　切去旧节流管

注意：不要在截管器的进给螺纹上加过大压力，以避免扭曲液相管；不应使用钢锯，若必须使用钢锯，那么要先冲洗液相管两端面以去除所有污染物，如金属屑等。

（2）不可接近的膨胀节流管的安装步骤

1）在液相管各端面套上压紧螺母。

2）使压紧环锥形部分朝向压紧螺母，在液相管各端面套上压紧环。

3）用洁净的冷冻机油润滑两只 O 形圈，并将其分别套在液相管的每一截面上。

4）把内部装有节流管的节流管套装到液相管的两截面，用手拧紧两个压紧螺母（图 2-87）。此时需注意流动方向，应朝着蒸发器方向流动。

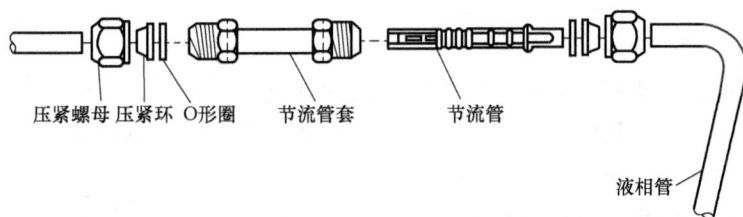

压紧螺母　压紧环　O形圈　节流管套　节流管　液相管

图 2-87　内部装有节流管的节流管套装到液相管的两截面

5）用台虎钳夹住节流管套以拧紧压紧螺母。确保节流管弯头与被拆卸时的排列方法相同，以便重新放置液相管。

6）各压紧螺母的拧紧力矩为 87~94N·m。

安装完后，需要按照维修程序对系统进行检漏、抽真空及充注制冷剂，通过再次检测无问题后才可以使用。

二、拆装节流孔管

节流孔管的构造很简单，在一根工程塑料管中间装置了一条节流用的内径为 $\phi 3mm$ 的铜管，如图 2-88 和图 2-89 所示。塑料管两端装有金属过滤网。塑料外表面有密封用 O 形橡胶密封圈，一端插入蒸发器，一端插入冷凝器的橡胶管。

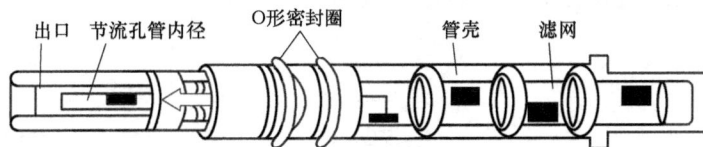

出口　节流孔管内径　O形密封圈　管壳　滤网

图 2-88　节流孔管

（1）工作原理　由于节流孔管内径很小，对制冷剂流动阻力很大，从冷凝器流来的高压液体的压力迅速降低。当制冷剂流出细管后，因流通面积突然扩大，制冷剂迅速膨胀汽化吸热，达到制冷的目的。由于节流孔管没有运动件，所以不易损坏，常见的故障有：滤网或节流孔管堵塞，使流量变小；O 形密封圈损坏，导致流量加大，检测时会发现低

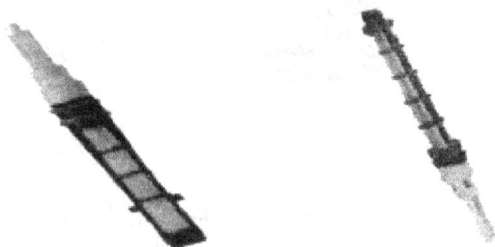

图 2-89　节流孔管外形图

压很高。此外节流孔管容易接反，造成制冷效果极差。

（2）拆装步骤

1）排空系统内的制冷剂。

2）拆下固定管的装置（如卡箍等）。

3）从蒸发器上拆下管子。

4）用尖嘴钳子或专用拆卸工具，从蒸发器入口拆下孔管。

5）安装时使用新 O 形密封圈，插入孔管时注意箭头指向蒸发器，并一直插到位为止。

三、电磁阀

1. 电磁阀的功用

电磁阀通常安装于储液干燥器与膨胀阀之间的管路上，是一种在汽车空调系统中起到安全保护作用的自动开关式阀门。它的主要功用是切断或接通制冷剂输液管，通常和压缩机的电磁离合器线圈接在同一开关上。当压缩机起动时，电磁阀就通电并打开阀孔；当压缩机停止时，电磁阀就断电关闭阀孔，从而避免了大量的液态制冷剂进入蒸发器，防止了再起动时压缩机的冲缸。

2. 电磁阀的结构及工作原理

电磁阀主要由电磁阀外壳、弹簧、电磁线圈、铁心、阀杆及阀芯等部分组成，如图 2-90 所示。

电磁阀的工作原理如图 2-91 所示。当电磁线圈接通电源时，电磁线圈与铁心产生感应磁场，阀杆受到吸引而克服弹簧力向上移动，阀孔被打开；当电磁线圈被切断电源时，电磁线圈上的磁场消失，阀杆在弹簧力和自身重力的作用下向下移动，阀孔被关闭。

3. 电磁阀的常见故障

电磁阀常见的故障是阀芯卡住不动作及阀芯关闭时阀孔关闭不严。

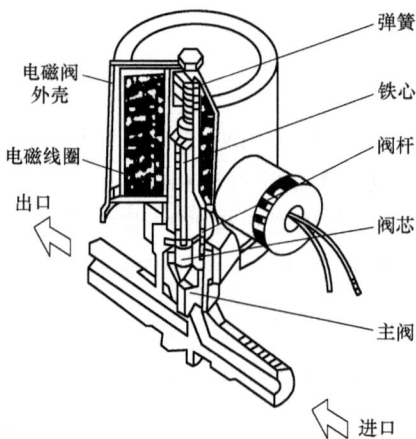

图 2-90　电磁阀的结构

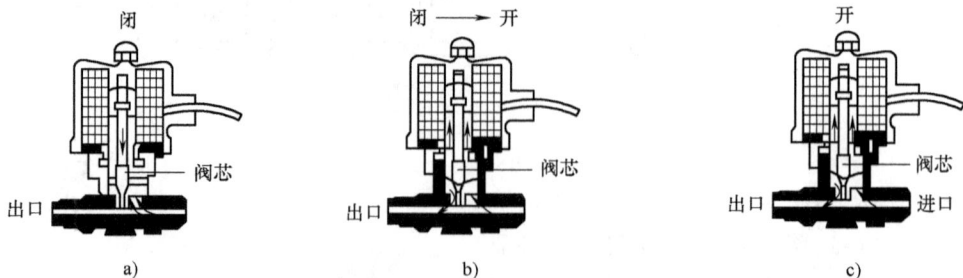

图 2-91　电磁阀的工作原理

1）阀芯卡住不动作的原因主要有电磁线圈存在短路、断路现象，电源电压过低，阀芯被油污粘住卡死，进、出口压力差过大（超过开阀能力）。

2）阀孔关闭不严的原因主要有安装不垂直，进、出口方向接反。

四、认识电磁旁通阀

1. 电磁旁通阀的功用

电磁旁通阀的功用是控制蒸发器的蒸发压力和蒸发温度，以防止蒸发器因温度过低而出现结冰和挂霜的现象。它安装于储液干燥器入口与压缩机吸气管之间的歧管上。电磁旁通阀多用于大、中型客车的独立式空调系统。

2. 电磁旁通阀的结构及工作原理

电磁旁通阀的结构与电磁阀的结构相同，也是由电磁阀外壳、弹簧、电磁线圈、铁心、阀杆及阀芯等部分组成的。当经过蒸发器的冷气温度低于设定温度时，控制电路就会使电磁旁通阀开启，一部分高压液态制冷剂便通过电磁旁通阀通道到达压缩机吸入端，与蒸发器出来的制冷剂蒸气相混合，这样就减少了通过蒸发器的制冷剂流量，使蒸发器的蒸发压力相应提高，也提高了蒸发器的蒸发温度，从而使蒸发器免于结冰和挂霜；当蒸发器的温度升高到一定值时，控制电路又会使电磁旁通阀关闭，进入蒸发器的制冷剂随之增加，蒸发的温度也随之下降。如此不断循环，就可将蒸发器温度控制在规定的范围之内。图 2-92 所示为大型客车电磁旁通阀控制的独立空调制冷系统。

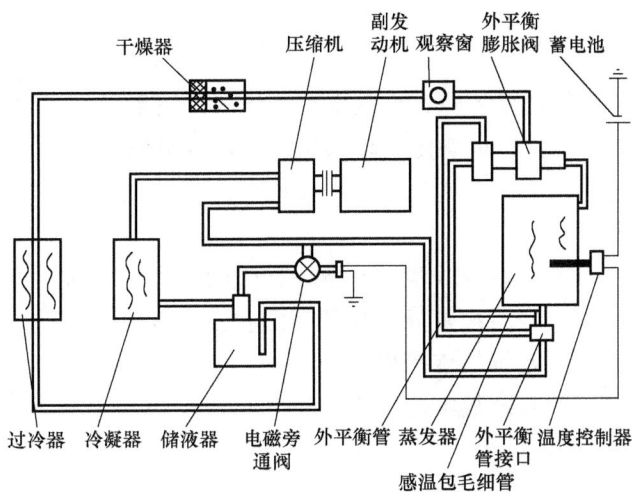

图 2-92　大型客车电磁旁通阀控制的独立空调制冷系统

巩固练习

一、填空题

1. 热力膨胀阀有三个作用：_____、_____和_____。

2. 节流孔管由_____、_____、_____、_____组成。

3. 热力膨胀阀由_____、_____、_____组成。

4. 热力膨胀阀常见的故障有＿＿＿＿＿＿、＿＿＿＿＿＿、＿＿＿＿＿＿、＿＿＿＿＿＿、＿＿＿＿＿＿、＿＿＿＿＿。

5. 储液干燥器由＿＿＿＿＿＿、＿＿＿＿＿＿、＿＿＿＿＿＿、＿＿＿＿＿＿、＿＿＿＿＿及＿＿＿＿＿＿组成。

6. 集液器与干燥器的区别在于：＿＿＿＿＿＿＿＿＿＿＿＿＿＿＿＿＿＿＿＿＿＿＿＿。

7. 辅助维修阀有＿＿＿＿＿＿、＿＿＿＿＿＿、＿＿＿＿＿＿三个位置。

8. 储液干燥器有＿＿＿＿＿＿、＿＿＿＿＿＿、＿＿＿＿＿＿、＿＿＿＿＿＿、＿＿＿＿＿的作用。

二、简答题

1. 热力式膨胀阀安装时应注意的问题有哪些？

2. 叙述节流孔管的拆装步骤。

3. 拆卸制冷系统管路时应注意哪些事项？

4. 简述集液器的作用及安装位置。

5. 选用连接管应注意什么？

课题五　检修汽车空调制冷系统故障

任务描述

汽车空调制冷系统部件出现故障，导致空调系统制冷效果差。要解决故障，必须对汽车空调制冷系统进行全面的检查，以确定故障部位，并进行维修。

任务目标

1. 知道检修汽车空调制冷系统故障的基本操作步骤和注意事项。

2. 知道排除汽车空调制冷系统常见故障的方法和注意事项。

3. 能熟练完成汽车空调基本检修操作。

4. 能熟练完成检修制冷系统故障的操作。

任务分析

要求学会熟练使用歧管压力表进行制冷系统压力检测，并逐步养成通过压力值进行制冷系统故障原因分析的职业思维，掌握汽车空调基本检修操作，能够对故障原因进行分析并排除故障。

任务实施

一、汽车空调基本检修操作

1. 制冷系统的检漏

（1）外观检漏法　因为制冷剂泄漏时，冷冻机油随之被带出，所以可通过目视或用手摸来检查各接头是否有油渍，判断是否泄漏。

（2）压力检漏法

1）正压检漏法。制冷系统已排空，可向系统充入氮气或制冷剂检漏。检测方法如下：

① 将歧管压力表组的高、低压软管分别连接在系统的高、低压检修阀上，中间软管通过减压阀与氮气瓶相连。

② 排出管内空气，将氮气表压减压至981kPa后，向系统加入氮气，直到系统内压力稳定为止。

③ 停止充气24h后，压力如无明显下降，说明系统密闭性良好。保压期间，也可用涂肥皂水的方法检测怀疑有泄漏的部位。

此种方法充入的气体可以完全是氮气，也可以是先充入少量制冷剂后再充入氮气。它的好处是制冷剂用量少，且可以直接用检漏仪检测。在没有氮气的情况下，也可以用干燥的压缩空气代替。

2）负压检漏法。对系统抽真空，若达不到真空度或无法保持，说明系统有泄漏部位，应进一步检查。

注意：

① 当充注氮气时，氮气瓶应接有减压阀，保证向系统输送的气压稳定且不可过高。

② 如用压缩空气充注时，必须保证其干燥、清洁。

③ 检漏压力一般不低于348kPa。

④ 无论是肥皂水检漏还是检漏仪检漏，应特别注意拆装过的部位，压缩机轴封、前后端盖、冷凝器、蒸发器、储液干燥器、膨胀阀等进、出口连接处，以及管路中易磨损的部位，如图2-93所示。

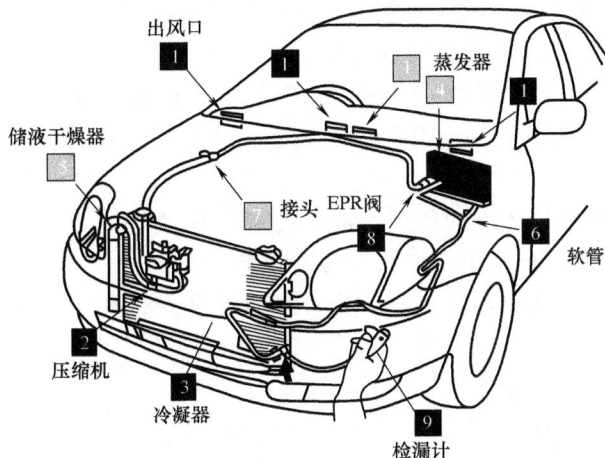

图 2-93　主要可能泄漏部位示意图

（3）荧光检漏　荧光检漏是利用荧光检漏剂在紫外/蓝光检漏灯照射下会发出明亮的黄绿光的原理，对各类系统中的流体渗漏进行检测的。在使用紫外线时，只需将荧光剂按一定比例加入到系统中，系统运作20min，操作人员必须戴上专用眼镜，用检漏灯照射系统的外部，泄漏处将呈现明亮的黄色荧光。它的优点是定位准确，渗漏点可以直接用眼睛看到，而且操作简单，携带方便，检修成本较低，它代表了汽车检修的发展方向。

2. 制冷剂的排放

系统排空是指将制冷系统内制冷剂排出。当维修或更换某些系统部件时，首先要将系统内制冷剂排空。系统排空有两种方法，一种是利用制冷剂加注、回收多功能机进行回收；另一种是传统排空法，此法排出的制冷剂无法再利用。而用多功能机回收的优点是制冷剂经回收处理后可继续使用，特别是在系统制冷剂内含有水分或杂质时，采用此方法既保证了制冷剂的纯净度，又避免了因废弃而造成的浪费。

（1）传统排空方法

1）把歧管压力表组连接到系统的高、低压检修阀上。

2）慢慢打开低压手动阀，让制冷剂从中间软管流入回收装置（不要让其开得太快和太大，否则大量的冷冻机油将随着制冷剂流出）。在缓慢放泄制冷剂时，将有少量随着制冷剂流出的冷冻机油，应用集油器将其收集（但最好不要让油流出来，以减少麻烦）。

3）当低压表的压力降到345kPa时，再慢慢打开高压手动阀。注意开度不要太大。如果此时冷冻机油流出较多，说明放泄速度太快，应关小高、低手动阀。

4）歧管压力表组的高、低压力表指示为零，说明系统已排空。关闭高、低压阀门，防止空气进入。

（2）注意事项

1）排放场地应通风良好，不要使排出的制冷剂靠近明火，以免产生有毒气体。

2）制冷剂回收而冷冻机油并非全部排出，因此应测定排出的油量，如果此时油量超过14.2g，则应加入同等量的新的冷冻机油；若少于14.2g，则不要加新油。

3. 制冷剂的回收

（1）利用制冷剂回收与充注机回收制冷剂　在回收制冷剂之前，先要启动空调系统运行几分钟，以便于回收时将杂质和冷冻机油带出。

1）检查设备管路连接是否正确，快速接头是否已装在高、低压软管上，将红色高压软管上的接头连接到汽车空调系统的高压侧，将蓝色低压软管上的接头连接到汽车空调系统的低压侧。

2）打开高、低压快速接头上的阀门。检查控制面板"HP"和"LP"上端的高、低压表是否指示出正压，如果没有正压，说明没有制冷剂可回收。

3）慢慢打开排油阀，观察油分离器中是否有油排出，如果有，将油排进集油瓶中，然后关闭排油阀。

4）打开工作罐以及与罐相连接软管上的所有阀门。

5）打开控制面板上"HP"高压阀门和"LP"低压阀门。

6）按状态转换键使回收指示灯亮，然后按启动/停止键。

7）打开回收（绿）阀，回收正式开始，显示屏上将显示回收制冷剂的质量，同时冷凝气体将自动排出，并且可以听到泄压的声音。

8）当压力表指针指到"0"或更小时，关上回收（绿）阀，然后按住启动/停止键3s，停止程序。

9）为了保证回收彻底，停机后静待（保压）约5min，若压力表回升至"0"以上，则重复步骤6）~9），在正常情况下，如果回收充分，保压时间（指压力表指针指到"0"或更少的时间）应能超过 2min。

10）再次打开排油阀排油，仔细观察集油瓶中的油面位置，并把第一次排出的油面高度扣除，记住这一差额。

（2）利用歧管压力表组回收制冷剂　当排出制冷剂时，要慢慢打开阀门，让制冷剂慢慢流出，以免带走冷冻机油，并且不可让制冷剂喷到车身壁面或车内，最好通过白毛巾或干净的布放出，以方便判断有无油被带出。若发现毛巾或布上有油迹，则要进一步关小阀门。过快排放制冷剂还可能造成压缩机阀门损坏，操作步骤如下：

1）缓慢打开高压手动阀，以调节制冷剂流量，不要把阀门开得太大。

2）检查包在排放口的毛巾，以确认没有冷冻机油排出。

3）在高压表计数降到 350kPa 以下时，缓慢打开低压手动阀。

4）当系统压力下降时，逐渐打开高压和低压手动阀，直到两者压力表的读数达到 0 为止。

4. 抽真空

（1）抽真空的操作步骤

1）将歧管压力表组与系统高、低压检修阀连接。查看压力表的读数，确认制冷剂回收完成，然后将中间软管与真空泵的进气口连接，如图 2-94 所示。

2）打开歧管压力表组上的高、低压手动阀，起动真空泵。观察两表，若表针逆时针方向转动，说明工作正常。

3）当真空泵工作 10min 后，低压表指示真空度应达到 80kPa 左右。若没有达到，则应关闭手动阀门及真空泵，此时观察低压表，如果指针上升，说明系统有泄漏，应排除后再继续抽真空，如图 2-95 所示。

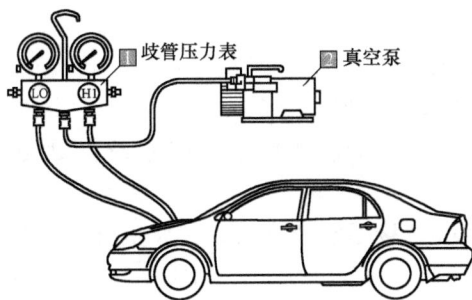

图 2-94　连接压力表和真空泵示意图

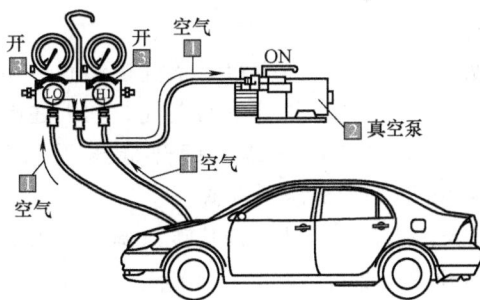

图 2-95　抽真空示意图

4）将系统压力抽至低压表指示接近 100kPa，再连续抽真空 15min 以上。

5）关闭高、低压手动阀及真空泵，停置 5~10min，如低压表指示值缓慢上升，说明有泄漏部位。

6）如果低压表指示值不变，继续抽真空 15~30min，在此过程中，可将真空泵排气管插入水中，观察是否有气泡排出。待低压表指示值稳定不变，可关闭高、低压手动阀，关闭真空泵，结束抽真空工作，可以准备加注制冷剂。

（2）注意事项

1）停止抽真空时应先关闭高、低压阀，然后关闭真空泵，防止空气进入系统。

2）抽真空总时间不应少于 30min。

3）不用担心冷冻机油被抽出，因为它的饱和温度比水小得多。抽真空反而可使溶解于机油内的水分蒸发分离出来，被真空泵抽走。所以，冷冻机油可在系统抽真空之前加入，也可在此之后加入。

5. 充注制冷剂

在制冷系统经过抽真空并确认没有泄漏后，可开始对系统充注制冷剂。充注方法有两种：一种是从高压端充注，充注的是液态制冷剂，它是靠制冷剂罐内与系统之间的压力差与位置的高度差进行充注的，这种方法适合于系统内抽过真空而无制冷剂的情况，特点是速度快；另一种方法是从低压端充注气态制冷剂，适合于向系统内补充少量制冷剂的情况。

（1）高压端充注法

1）将歧管压力表组与系统检修阀、制冷剂罐连接好。

2）用制冷剂排出连接软管内的空气，具体方法是：先关闭高、低压手动阀，拆开高压端检修阀和软管的连接，然后打开（微开）制冷剂注入阀，打开高压手动阀（如使用制冷剂瓶罐，打开高压手动阀，最后打开制冷剂瓶罐上的阀门）。当软管排出制冷剂气体几秒后，迅速将软管与检修阀连接。用同样的方法清除低压端连接软管内的空气。换制冷剂罐时，只需从中间软管与压力表接头处排出空气。

3）全开注入阀门，打开高压手动阀门至全开位置，将制冷剂罐倾斜倒置并高举，这样液态制冷剂就快速地注入高压侧。

4）当制冷剂注入达到规定质量时，迅速关闭制冷剂罐上的注入阀门及高压手动阀门。

5）卸下歧管压力表组，充注结束。

注意：当高压端充注制冷剂时，严禁开启空调系统，也不可打开低压手动阀。

（2）低压端充注法

1）将歧管压力表组与系统检修阀、制冷剂罐连接好。

2）排出低压软管中的空气，同上述高压端充注法 2）一样。

3）直立制冷剂罐，打开低压手动阀，向系统充注气态制冷剂。当系统压力达到 0.4MPa 时关闭低压手动阀。

4）起动发动机并将其转速调整在 1250~1500r/min，接通空调开关，把风机开关和温度控制开关开至最大。

5）再打开低压手动阀，继续充注，如图 2-96 所示。当制冷剂充至规定质量时，先关闭低压手动阀，然后关闭制冷剂阀门。

6）关闭空调开关，使发动机停止运转，迅速将高、低压软管从检修阀上拆下。

注意：当低压端充注时，瓶罐为直立，高压手动阀处于关闭位置，如图 2-97 所示。

加注完成后，启动空调系统，通过压力表读数，检验系统是否正常，若不正常，需进行必要的调整。

（3）注意事项

1）由于目前汽车空调制冷系统所用的制冷剂有 R12 和 R134a 两种，因此，加注前首先要查明系统所用制冷剂的类型。

2）加注制冷剂前注意排空连接软管内的空气，特别是用小瓶罐加注时，每次换罐后都

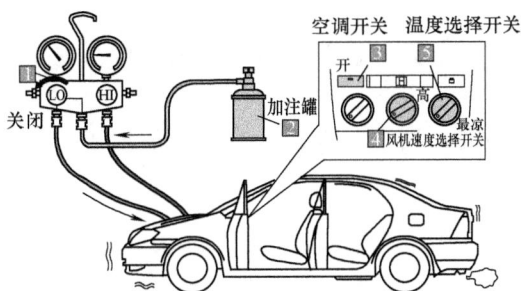

图 2-96 打开低压侧阀门加注制冷剂

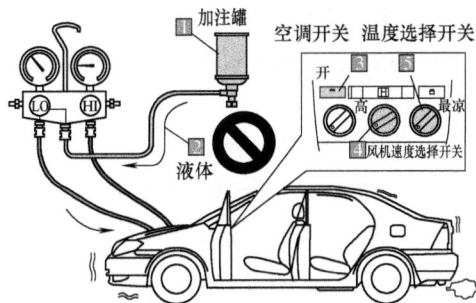

图 2-97 低压侧加注制冷剂时不要将罐倒置

要对连接软管内的空气进行排空。

3）加注后，拆卸软管时应注意防止软管内残留的制冷剂损伤眼睛及皮肤。

6．压缩机冷冻机油的添加

通常，在空调制冷系统正常运行的情况下，无须检查冷冻机油的油量，也无须添加。但是，如果发现制冷剂有严重泄漏、接头处或压缩机轴封处有油迹，以及更换系统部件后，应当适量添加冷冻机油。

（1）添加方法 添加冷冻机油一般可在系统抽真空之前进行，其方法有以下几种：

1）直接加入法。将冷冻机油装入干净的量瓶里，从压缩机的旋塞口直接倒入即可。这种方法适合于更换蒸发器、冷凝器和储液干燥器时采用。

2）真空吸入法。

① 首先将系统抽真空到 100kPa。

② 准备带标尺的量杯并装入稍多于所添加量的冷冻机油。

③ 关闭高压手动阀及辅助阀门，将高压软管一端从歧管压力表组上卸下，并插入量杯。

④ 打开辅助阀门，油从量杯内被吸入系统。

⑤ 当油面到达规定标记时，立即关闭辅助阀门。

⑥ 将软管与歧管压力表组连接，打开高压手动阀，起动真空泵，先对高压软管抽真空，然后打开辅助阀门对系统抽真空。

3）压缩机抽吸法。让发动机低速驱动压缩机运转（注意：时间不能过长），用软管将冷冻机油引向压缩机的低压阀口，利用压缩机本身的抽吸作用吸入。

4）抽真空吸入法。利用真空泵从系统的高压侧抽真空，从低压维修口吸入冷冻机油。

（2）冷冻机油添加量

1）系统新加油量。新装汽车空调系统中，只有压缩机内装有冷冻机油，油量一般为 280～350g。不同型号的压缩机内的充油量也不同，具体可查看供应商手册。

2）补充油量。维修中如果更换了系统部件或管路，由于这些部件中残存有冷冻机油，因此，更换的同时应当向系统内补充冷冻机油，其补充量可参考表 2-7。

表 2-7 冷冻机油补充量

被更换部件	冷冻机油/mL	被更换部件	冷冻机油/mL
冷凝器	40～50	储液干燥过滤器	10～20
蒸发器	40～50	制冷循环管路	10～20

如果更换压缩机，新压缩机内已有冷冻机油，不需再加。

（3）注意事项

1）R12与R134a制冷剂所用冷冻机油牌号不同，因此，在添加冷冻机油时应注意防止混淆。

2）添加时应保证容器的洁净，防止水分或杂物混入油中。冷冻机油不能放置于空气中时间过长，其有吸收空气中水分的性能。

3）不允许加入过量的冷冻机油。

二、检修制冷系统的常见故障

制冷剂在制冷循环系统内循环的过程中，其状态、压力和温度都在不断地发生变化，即气态与液态、高压与低压、高温与低温等交替变化。因此，可以通过观察窗观察制冷剂的流动状态，通过歧管压力表检测系统压力，如图2-98所示，通过温度计检查管道和部件的外表温度来判断制冷循环系统的运行情况和部件性能的好坏。

1. 故障内容：制冷剂不足

（1）故障现象　高、低压表指示值比正常值低，如图2-99所示。从观察窗玻璃内看到有气泡，车内吹出的冷风欠凉，高压管温热，低压管微冷，温差不大。

（2）故障分析　由于制冷剂加注不足或制冷剂系统内有泄漏造成系统内的制冷剂不足，所以高、低压表测得的压力都比正常值低，从观察窗玻璃内看到有气泡出现。

图 2-98　制冷循环系统的正常压力指示

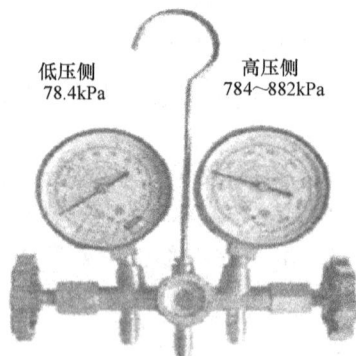

（3）处理方法　当确认为制冷剂不足的故障后，应用检漏设备寻找泄漏点并给予修复，在确认没有泄漏的情况下，应采用补充加注制冷剂的方法来处理此故障。

2. 故障内容：几乎没有制冷剂

（1）故障现象　高、低压表指示值比正常值低很多，如图2-100所示。观察窗内模糊可见雾流，高、低压管几乎无温度差。

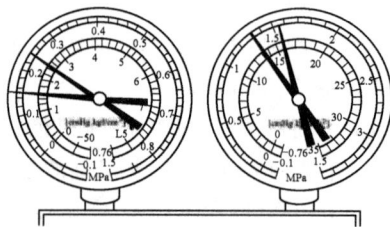

低压侧
78.4kPa

高压侧
784~882kPa

低压侧
10kPa

高压侧
588kPa

图 2-99　压力表指示制冷剂不足　　　　图 2-100　压力表指示没有制冷剂

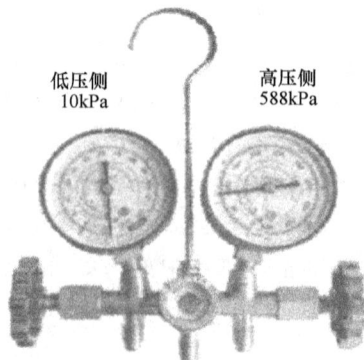

（2）故障分析　由于制冷剂严重泄漏，造成制冷系统内压力很低。

（3）处理方法

1）由于系统严重泄漏，利用检漏仪器或肥皂水分别在各处进行检漏，检测出泄漏点后逐一修复。

2）对系统加注制冷剂进行加压试漏。

3）系统内某些管路接头严重油污，拧紧接头。

4）检查电磁离合器或压缩机前面有无油污，若检查出压缩机前端泄漏制冷剂，应更换油封。

5）当确认没有泄漏后，按抽真空程序对系统进行抽真空，并且加注制冷剂。

3. 故障内容：膨胀阀压力低

（1）故障现象　低压表指示值接近零，高压表指示值比正常值低，如图2-101所示，吹出冷气不冷，在膨胀阀前后的管路上可以看到结成的霜或露滴。

（2）故障分析　膨胀阀堵塞，使制冷剂在系统中无法循环；膨胀阀感温包损坏，造成阀未开启。

（3）处理方法

1）若膨胀阀进口结露或结霜，应使压缩机停机排出制冷剂，更换干燥剂，反复抽真空，重新加注制冷剂。

2）若膨胀阀没有开启，检查感温包的位置及安装是否紧固，要使感温包的位置适当并扎紧，与外界空气绝热、保温。若感温包无故障，则拆卸更换膨胀阀。注意：系统经抽真空后，应重新加注制冷剂。

4. 故障内容：膨胀阀压力高

（1）故障现象　高、低压表指示值都比正常值高，如图2-102所示，冷气不够冷，压缩机吸气管表面温度比正常情况低，出现潮湿、冰冷现象（俗称"出汗"）。

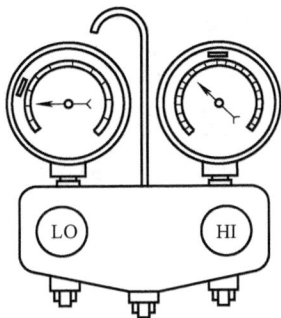

图2-101　膨胀阀压力低

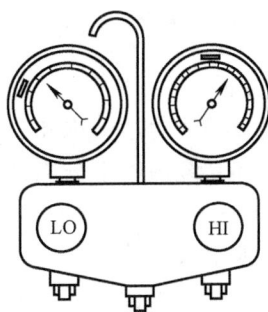

图2-102　膨胀阀压力高

（2）故障分析　膨胀阀调节不当，开度过大，循环制冷剂量过多，造成蒸发器的制冷剂液体出现"供过于求"的现象，影响低压端压力升高和蒸发器内制冷剂蒸发量，相应吸热量也减少。

（3）处理方法　检查膨胀阀的工作情况，调整膨胀阀开度，使其变小。

5. 故障内容：膨胀阀损坏

（1）故障现象　高压表指示值低于正常值，低压表指示值高于正常值，如图2-103所示，没有冷气，压缩机吸气管出现凝结水分或有霜。

（2）故障分析 膨胀阀损坏。

（3）处理方法 更换新的膨胀阀，系统抽真空后重新注入制冷剂。

6. 故障内容：制冷系统内有空气

（1）故障现象 高、低压表指示值都比正常值高得多，如图 2-104 所示，冷气不冷，观察窗内偶有气泡。

（2）故障分析 制冷剂混入空气，主要是修理拆装时混入空气后系统抽真空不彻底。

（3）处理方法 放出制冷剂，更换过滤干燥器，反复抽真空，重新加注制冷剂。

图 2-103 膨胀阀故障

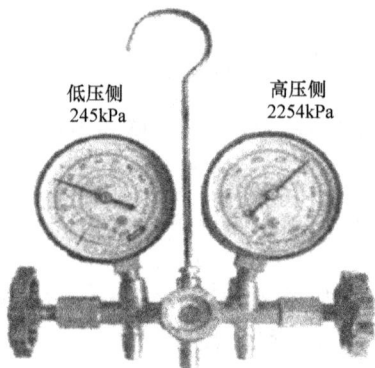

7. 故障内容：制冷系统内有水分

（1）故障现象 高压表指示值正常或高一点，低压表指示值接近零或负值，压力表指针产生不规则的剧烈摆动，无法读清数值，如图 2-105 所示，车内送风一阵凉一阵不凉。

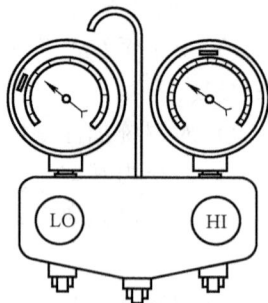

低压侧 245kPa　高压侧 2254kPa

图 2-104 制冷系统内有空气

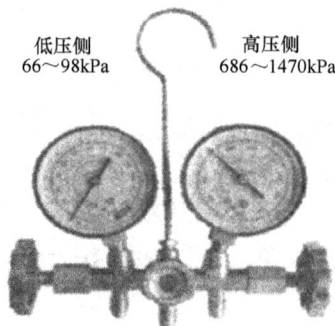

低压侧 66～98kPa　高压侧 686～1470kPa

图 2-105 制冷系统内有水分

（2）故障分析

1）干燥剂吸湿能力达到饱和。

2）制冷循环系统内的水分冻结，堵塞了膨胀阀孔，因而制冷剂不能循环。

（3）处理方法

1）多次更换干燥剂。

2）反复抽真空，以排出系统内的水分。

3）重新注入制冷剂。

三、汽车空调制冷系统检修操作

使用表 2-8 的要求设置好所提供的汽车或汽车空调实训装置的检测状态，用歧管压力表对其制冷系统进行检查。

在制冷循环系统正常工作时，用歧管压力表检查系统的压力值，R134a 制冷循环系统的高压侧压力为＿＿＿＿＿＿kPa，低压侧压力为＿＿＿＿＿＿kPa；R12 制冷循环系统的高压侧压力为＿＿＿＿＿＿kPa，低压侧压力为＿＿＿＿＿＿kPa。

若检查情况出现异常，根据表 2-9 所列情况，做出分析并给出解决方法。

表 2-8　用歧管压力表检查汽车空调制冷系统记录表

项　　　目	检测条件
车辆的放置状态	
发动机的工作状态	
车门的状态	
内、外循环控制	
送风口模式	
设定温度	
鼓风机转速	

表 2-9　汽车空调异常情况检查表

序　号	压力情况和现象	原因分析	解决方法
1	高、低压侧压力都低,通过观察窗看到气泡		
2	高、低压侧压力都高,低速也看不到气泡流动		
3	使用一段时间后,低压侧逐渐显示真空,再过一段时间恢复正常		
4	低压侧压力偏高或高压侧压力偏低,关闭空调两侧压力快速变得相同		
5	低压侧压力逐渐显示真空,管道或部件前后温差较明显		
6	高、低压侧压力都偏高,触摸低压侧管路不感觉冷,通过观察窗可看到气泡		
7	高、低压侧压力都偏高,低压侧管路表面结霜		

任务评价

考核评价表

序　号	考核内容	考核要点	配　分	评分标准	扣　　分	得　　分
1	制冷系统的检漏	外观检漏 正压检漏法 负压检漏法 荧光检漏 注意事项	25	操作正确规范、熟练得 25 分;每失误一项,或不正确扣 5 分,扣完为止		
2	制冷剂的排放	传统排空方法 注意事项	10	操作正确规范、熟练得 10 分;每失误一项,或不正确扣 5 分,扣完为止		
3	制冷剂的回收	制冷剂回收与充注机回收制冷剂,歧管压力表组回收制冷剂,注意事项	15	操作正确规范、熟练得 15 分;每失误一项,或不正确扣 5 分,扣完为止		
4	抽真空	操作步骤 注意事项	15	操作正确规范、熟练得 15 分;每失误一项,或不正确扣 7.5 分,扣完为止		

（续）

序 号	考核内容	考核要点	配 分	评分标准	扣 分	得 分
5	充注制冷剂	高压端充注法 低压端充注法 注意事项	15	操作正确规范、熟练得 15 分； 每失误一项，或不正确扣 5 分， 扣完为止		
6	检修制冷系统的常见故障	现象观察 故障分析 处理方法 注意事项	20	操作正确规范、熟练得 20 分； 每失误一项，或不正确扣 5 分， 扣完为止		

知识链接

一、专用工、量具的使用方法

1. 制冷剂罐注入阀（蝶阀）

为了便于维修汽车空调和随车携带，制冷剂厂商制造了一种小罐制冷剂（一般为 400g 左右），但要将它加注到汽车空调制冷系统中，则需要有制冷剂灌注入阀配套开罐。图2-106 所示为制冷剂罐注入阀。

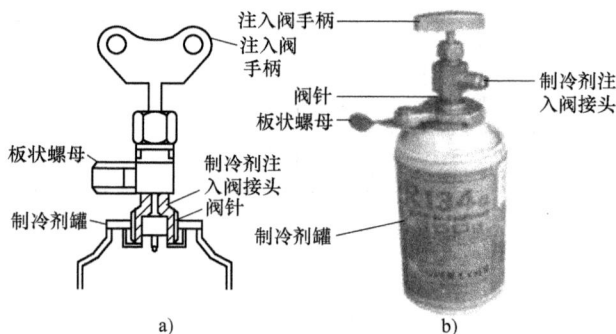

图 2-106　制冷剂罐注入阀

制冷剂罐注入阀是打开小容量制冷剂罐的专用工具，它利用蝶形手柄前部的针阀刺破制冷剂罐，通过注入阀接头把制冷剂引入歧管压力表组。其使用方法如下：

1）在制冷剂罐上安装制冷剂罐注入阀之前，应按逆时针方向转动蝶形手柄，使其前端的针阀完全缩回，再逆时针方向转动盘形锁紧螺母，使其升高到最高位置。

2）把注入阀装到制冷剂罐顶部的螺纹槽内，顺时针方向旋下盘形锁紧螺母，并充分拧紧，使注入阀固定牢靠，把注入阀接头与歧管压力表组上的中间软管接头连接起来（歧管压力表组要事先与空调系统连接好）。

3）先把歧管压力表组中间的注入软管接在注入阀接头上，再顺时针方向旋转盘形锁紧螺母，直到拧紧为止。

4）顺时针方向转动蝶形手柄，用针阀在制冷剂罐上刺一小孔。

5）如果此时需要加注制冷剂，应逆时针方向转动蝶形手柄，使针阀收回，且同时要打开歧管压力表组的相应手动阀，使制冷剂注入汽车空调制冷系统。

6）若要停止充注制冷剂，应顺时针方向转动蝶形手柄，使针阀下落到制冷剂罐上刚开的小孔上，使小孔封闭，同时关闭歧管压力表组的相应手动阀。

2. 真空泵

由于在安装、检修系统时，必然会有部分空气进入系统中，当制冷剂液体在通过膨胀阀进行膨胀与节流时，便发生降压降温作用，水蒸气在膨胀阀小孔上冻结成冰；冷凝压力升高；空气长期存在系统中，会对设备产生腐蚀。为此，在对系统检修充注制冷剂前，必须采用真空泵对系统进行抽真空作业。图 2-107 所示为旋转式真空泵。

图 2-107 旋转式真空泵

真空泵的工作原理是：当工作时，在离心力和内部弹簧张力的作用下，刮片弹簧紧贴在定子的缸臂上，并将其分隔成吸气腔和压缩腔；当转子旋转时，进气腔容积逐渐扩大，腔内压力下降，从而吸入气体，通过排气阀排到大气中。这样不断循环，便可以把容器内的空气抽出，从而达到抽真空的目的。真空泵的结构原理如图 2-108 所示。

3. 歧管压力表组

歧管压力表组是汽车空调维修中必不可少的设备，使用它可对制冷系统进行如补充制冷剂、添加冷冻机油、抽真空及系统故障诊断等工作。

歧管压力表组由低压表头、高压表头、高压管接头、中间管接头、低压管接头、低压手动阀和高压手动阀等组成，如图 2-109 所示。

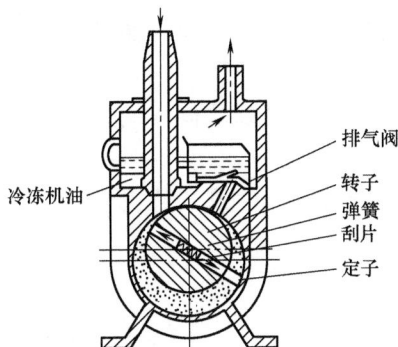

图 2-108 真空泵的结构原理

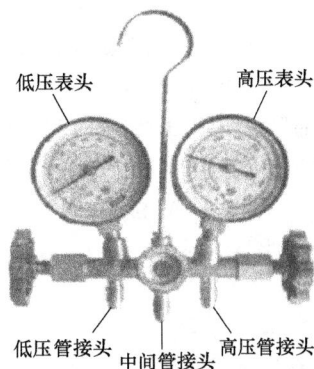

图 2-109 歧管压力表组

高、低压表主要用于测试系统压力，低压表用来指示、监测系统低压侧压力，可读出制冷系统的真空度和压力。低压表头的真空标尺为 0~102kPa，压力标尺为 0~827kPa，低压侧工作压力一般为 103~241kPa。高压表用来指示系统高压侧压力，压力最大指示为 3.447MPa，高压侧工作压力一般为 1.103~1.517MPa。

高、低压手动阀用于将各通路隔离或根据需要形成各种组合管路，以便测量在各种管路状态下的压力情况。在低压手动阀开启、高压手动阀关闭的状态下，低压管路与中间管路、低压表相通，此时可从低压侧加注制冷剂或排放制冷剂，并可同时检测高、低压侧的压力；在低压手动阀关闭、高压手动阀开启的状态下，高压管路与中间管路、高压表相通，此时可从高压侧加注制冷剂或排放制冷剂，并可同时检测高、低压侧的压力；高、低压手动阀均关闭时，可进行高、低压侧的压力检测；高、低压手动阀均开启时，可进行制冷剂的加注、系统抽真空等作业，并可进行高、低压侧压力的检测。低压、高压、中间管接头利用不同颜色的维修软管连接到系统维修阀，蓝色管用于低压侧，红色管用于高压侧，白色或黄色管用于中间管接口。

注意：汽车空调制冷系统维修应有两套仪表装置，一套用于检测 R134a 制冷剂压力，另一套用于检测 R12 制冷剂压力，这两套仪表不能混用。

使用方法：

（1）歧管压力表组和汽车空调系统的连接（图 2-110）。

1）关闭歧管压力表组高、低压手动阀。

2）把歧管压力表组上的两条维修软管与压缩机高压端和低压端的检修阀连接起来（一般压缩机低压端检修阀上标有大写的英文字母 S，高压端检修阀上标有大写的英文字母 U）。

（2）调整高、低压手动阀

1）当高压手动阀 B 和低压手动阀 A 同时全关闭时，可以对高压侧和低压侧的压力进行检查，如图 2-111a 所示。

图 2-110 歧管压力表组的连接

2）当高压手动阀 B 和低压手动阀 A 同时全开时，全部管连通，如果接上真空泵，便可以对系统抽真空，如图 2-111b 所示。

3）当高压手动阀 B 关闭，而低压手动阀 A 打开时，可以从低压侧充注气态制冷剂，如图 2-111c 所示。

4）当低压手动阀 A 关闭，而高压手动阀 B 打开时，可使系统放空，排出制冷剂，也可由高压侧充注液态制冷剂，如图 2-111d 所示。

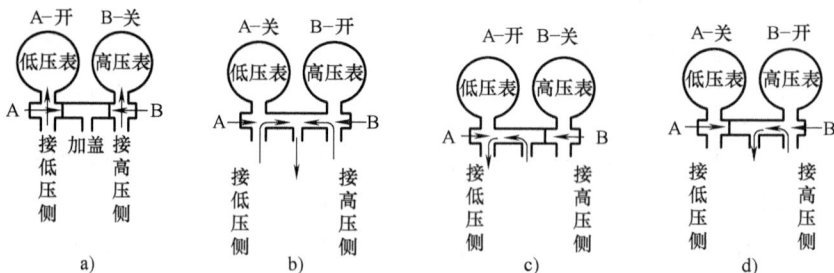

图 2-111 歧管压力表组的使用

使用歧管压力表组时应注意：

① 歧管压力表与软管连接时，只能用手拧紧，不准用工具拧紧。

② 不用时，软管要与接头连接起来，防止灰尘、水或杂物进入管内。

③ 使用时，要把管内的空气排空。

④ 歧管压力表是一种精密仪器，应当细心维护，保持仪表及软管接头的清洁。

⑤ 对于使用不同制冷剂的系统，歧管压力表应专用。

4. 检漏设备

制冷系统是一个密封的系统。维修后的制冷系统必须严格地检查气密性，才能保证修理质量，减少制冷剂的损耗，提高运行的可靠性和经济性。

常见的检漏设备有卤素检漏灯和电子检漏仪。

（1）卤素检漏灯（火焰）　卤素检漏灯如图 2-112 所示，是利用丙烷及丁烷燃烧火焰（或反应板）颜色的变化，观察确定系统部件的泄漏位置。吸进搜索（采样）软管内的制冷剂气体送到燃烧的火焰（或反应板）上使火焰（或反应板）的颜色随泄漏处的大小而变化。当制冷剂泄漏量大时，火焰呈浅蓝色；当泄漏量非常大时，火焰呈紫色；当泄漏量较少时，火焰呈浅绿色。

（2）电子检漏仪　电子检漏仪是所有检漏仪中最昂贵、最灵敏的一种，它能检测出空气中浓度为 0.001% ~ 0.005% 的氟利昂。电子检漏仪的结构如图 2-113 所示。

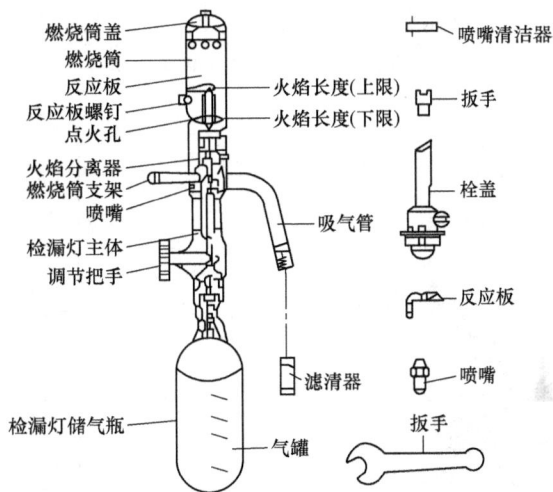

图 2-112　卤素检漏灯

将探头放在被测部位，若检测到超过其检测灵敏度范围的泄漏量，警铃就会发出声响，不同声响可表示制冷剂的不同泄漏程度。使用时要注意，一旦查出泄漏部位，应将探头立即拿离被测部位，以免缩短仪器的使用寿命。

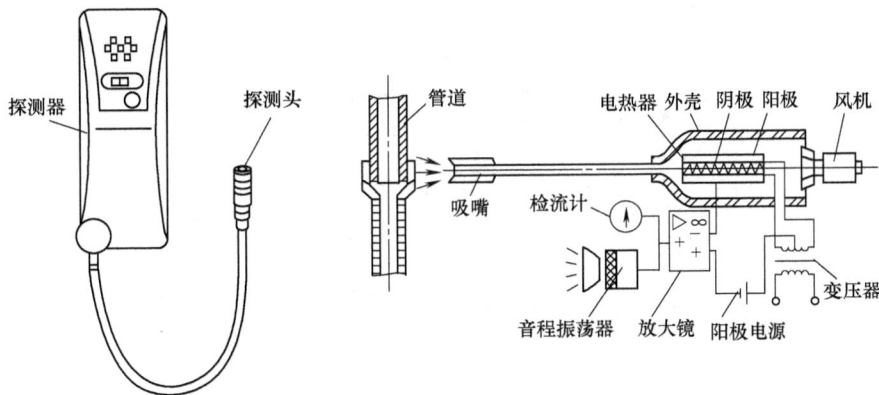

图 2-113　电子检漏仪的结构

5. 风速检测仪表

在汽车空调制冷系统中，常需对汽车空调出风口的风速进行测定，常用的风速检测仪表有叶轮风速仪、杯式风速仪和热电风速仪。

（1）叶轮风速仪　叶轮风速仪是利用流动的空气推动仪器上的一个轻金属制成的转轮，

转轮转速与风速成正比，根据单位时间内转轮的转数，由机械计数装置进行计数，并在表盘上显示风速值。图 2-114a 所示为内部自带计时装置的自计时叶轮风速仪，图 2-114b 所示为其内部传动示意图。叶轮受到气流压力的作用发生旋转运动，其转数由轮轴上的齿轮传递给计数器和指针，可指示出风速的大小。

（2）杯式风速仪　图 2-115 所示为杯式风速仪。其作用原理、构造与叶轮风速仪基本相似，只是把风速感应元件（叶轮）换成了 3 个（或 4 个）半球形的转杯（风杯）。因转杯结构牢固、机械强度大，能承受速度较大气流的压力，因而能够测量较大的风速，一般可测量 1~20m/s 的风速，甚至可测 1~40m/s 的风速。有的杯式风速仪还带有风标，用以指示风向。

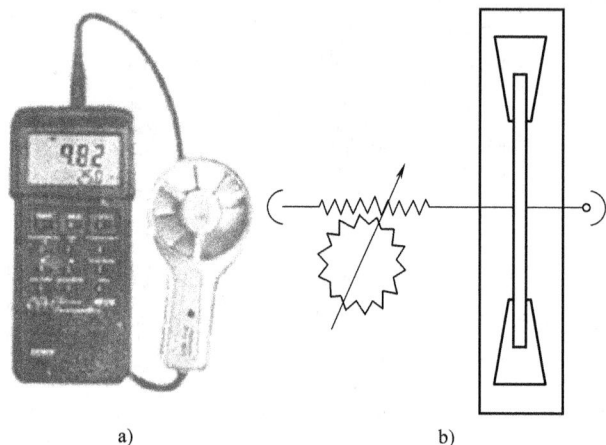

图 2-114　叶轮风速仪

图 2-115　杯式风速仪

（3）热电风速仪　热电风速仪根据测头结构的不同可分为热球式和热线式两种。空调制冷系统中常用的是热球式热电风速仪。热球式热电风速仪由热球式测头和测量仪表两部分组成，其原理如图 2-116 所示。

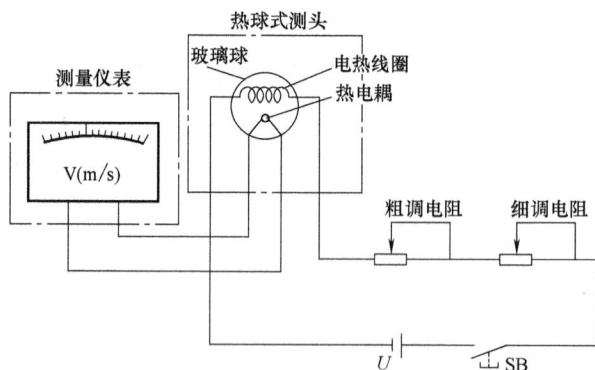

图 2-116　热球式热电风速仪原理

6. 风压测量仪表

在汽车空调测试中，常用皮托管来测定风压。皮托管是与歧管压力表组配套使用的一种仪表。把它插入风管内，可将气流的静压、总压传递出来，并通过歧管压力表组指示出数值。

皮托管是用一根内径为 3.5mm 和另一根内径为 6~8mm 的纯铜管同心套结在一起焊制而成的。

二、制冷剂充注量的检查方法

可从以下几方面观察制冷剂充注量是否合适：

1）通过压力表观察。如 R12 制冷剂系统，发动机转速为 2000r/min，风机转速为最高档，气温为 30~35℃时，系统内低压侧压力应为 0.15~0.25MPa，高压侧压力应为 1.37~1.67MPa。R134a 制冷剂系统压力稍低。

2）从储液干燥器上视液窗观察。刚接入空调时，视液窗内出现气泡流动，但过一会气泡消失，镜下一片清晰，并有冷气输出，关闭空调后随即起泡，在十几秒内消失，表明制冷剂量正常。

① 如果从视液窗看很清晰，可能有两种情况：一是系统内无制冷剂，二是制冷剂过量。可通过检查出风口温度或冷凝器温度区别两者。当无制冷剂时，冷凝器不热；制冷剂过量时，则冷凝器过热。如果向冷凝器喷水后，不见视液窗内出现气泡，进一步说明制冷剂量过多。

② 如果从视液窗看到冷冻机油条纹，说明系统内没有制冷剂，运行时油滴痕迹留在了视液窗上。这种情况往往是制冷剂泄漏后的表现。

③ 如果视液窗里总有气泡出现，说明制冷剂不足；气泡呈泡沫状，表示制冷剂严重不足。在制冷剂充足的情况下也有可能出现气泡，这是由于制冷剂内含有潮气，此时应更换储液干燥器。若气泡很混浊，可能性是冷冻机油过多。

三、检修非独立式空调系统

1）在拆卸空调系统前，一定要先将系统排空，这一点不可马虎。同时，拆卸下来的每个部件及其相连接的管道口应急时塞住，以防潮气进入系统。

拆卸时应按下述方法进行：
① 拆下蓄电池的搭铁线，或关闭车辆总电源的总开关。
② 用专用的仪器排出制冷剂。
③ 拆卸各管道接头，一定要在两管头上用扳手同时操作。
④ 当管子拆下后，应立即在各管道上堵上堵塞，以保证管路的清洁。

2）当清洁管道时，不能用水或压缩空气清洗内部，而要用氮气或制冷剂进行清洗。非独立式空调系统的检修主要包括压缩机检修、冷凝器和蒸发器检修、储液干燥器检修、膨胀阀检修等。

巩 固 练 习

一、填空题

1. R134a 空调系统正常工作时，低压侧压力为_____，高压侧压力为_____。R12 空调系统工作时，低压侧压力为_____，高压侧压力为_____。

2. 压缩机内部损坏，如压缩机_____、_____及_____等，将会造成内部泄漏，导致低压侧压力过高，高压侧压力过低，从而使制冷效果下降。

3. 制冷剂过多，引起压缩机_____，导致高压管路发出振动声，压缩机发出锤击声。

4. 在加注制冷剂之前，必须进行抽真空作业，抽真空的目的在于排除系统中的_____和_____以及利用真空进行_____，为制冷系统加注制冷剂打好基础。

5. 抽真空作业时，真空泵至少要抽_____min，使歧管压力表低压表的真空度在_____以下，关闭手动阀，低压表指针应在_____min内不得回升，否则说明有泄漏。

6. 加注制冷剂要分两步，首先，从_____压侧加注液体制冷剂，应将制冷剂罐_____，此时不能起动压缩机；第二步，从_____压侧加注气体制冷剂，应将制冷剂罐_____。

7. 可以通过_____观察制冷剂的流动状态；通过_____检测系统压力，通过温度计检查管道和部件的_____来判断制冷循环系统的运行情况和部件性能的好坏。

8. 系统内进入水分或湿气造成_____，其故障现象是歧管压力表低压表一段时间后显示_____，一段时间后又正常，系统周期性制冷。

9. 在储液干燥器上或后面管路上，可看到霜或露滴，膨胀阀后结霜，系统不制冷。这是_____的特征，堵塞部位的前后有明显温差。

10. 制冷系统管路堵塞的显著特征是：储液干燥器或膨胀阀等堵塞部位前后有明显的_____。

11. 膨胀阀开度过大会导致低压力侧值_____、高压力侧值_____，低压管路结霜且制冷效果下降。

二、选择题

1. 高、低压侧压力表读数均低于正常压力，属于下面（　　）现象。
A. 制冷剂不足　　B. 制冷剂过多　　　C. 系统内有空气　　D. 膨胀阀开度过大

2. 低压侧指示为负压，高压侧也很低，且膨胀阀上挂霜，属于下面（　　）现象。
A. 制冷剂不足或过滤器膨胀阀有堵塞　　B. 制冷剂过多
C. 系统内有空气　　　　　　　　　　　D. 膨胀阀开度过大

3. 高、低侧压力表读数均高于正常压力，属于下面（　　）现象。
A. 制冷剂不足或过滤器膨胀阀有堵塞　　B. 制冷剂过多，冷凝器散热不良
C. 系统内有空气　　　　　　　　　　　D. 膨胀阀开度过大

4. 高、低侧压力表读数均过高，且低压管道也不凉，属于下面（　　）现象。
A. 制冷剂不足或过滤器膨胀阀有堵塞　　B. 制冷剂过多
C. 系统内有空气　　　　　　　　　　　D. 膨胀阀开度过大

5. 高压侧压力表读数过高，低压侧压力表读数过低，属于下面（　　）现象。
A. 制冷剂不足或过滤器膨胀阀有堵塞　　B. 制冷剂过多
C. 系统内有空气　　　　　　　　　　　D. 系统管道堵塞

6. 低压侧压力表读数过高，高压侧压力表读数过低，属于下面（　　）现象。
A. 制冷剂不足或过滤器膨胀阀有堵塞　　B. 压缩机工作不良
C. 系统内有空气　　　　　　　　　　　D. 膨胀阀开度过大

7. 高、低侧压力表读数均过高，且低压管道有霜和露水，属于下面（　　）现象。
A. 制冷剂不足或过滤器膨胀阀有堵塞　　B. 制冷剂过多

C. 系统内有空气　　　　　　　　　　　D. 膨胀阀开度过大

8. 低压侧压力表读数过高，高压侧压力表读数正常，属于下面（　　　）现象。

A. 制冷剂不足或过滤器膨胀阀有堵塞　　B. 制冷剂过多

C. 系统内有空气　　　　　　　　　　　D. 膨胀阀开度过大

三、判断题

1. 制冷系统的检漏可以用压缩空气压缩检漏。　　　　　　　　　　　　　（　　　）

2. 制冷系统抽真空完毕后，先关闭歧管的高、低压手动阀，再关闭真空泵开关。

　　　　　　　　　　　　　　　　　　　　　　　　　　　　　　　　（　　　）

3. 抽真空只在未加制冷剂前进行，抽完真空后才能加注制冷剂。　　　　　（　　　）

4. 当空调系统不用进行抽真空和检漏程序时，即可充注大量的制冷剂。　（　　　）

5. 制冷剂充注完毕后，应先拆去歧管压力表，然后关上手动阀，再关闭制冷剂罐阀。

　　　　　　　　　　　　　　　　　　　　　　　　　　　　　　　　（　　　）

6. 从高压端充注的制冷剂是气态制冷剂，制冷剂罐应正立摆放。　　　　　（　　　）

7. 从高压端充注制冷剂必须在发动机不起动的状态下充注。　　　　　　　（　　　）

8. 从高压端充注的是液态制冷剂，在充注前应先排空软管且制冷剂罐应倒立。（　　　）

9. 从低压端充注的是气态制冷剂，在充注时制冷剂罐应倒立。　　　　　　（　　　）

四、简答题

1. 如何进行储液干燥器的保养检修？为什么在安装制冷系统管路时，储液干燥器要最后一个安装？

2. 如何清洗膨胀阀？

3. 简述制冷剂回收充注机回收、加注制冷剂的方法和步骤。

单元三

汽车空调供暖系统、配气系统、通风与空气净化系统的结构与拆装检修

单元概述

汽车空调供暖系统、配气系统、通风与空气净化系统是为满足舒适性的要求，对车内温度进行适当调节，对大量新鲜空气进行及时补充，对狭小的车厢内部空间的气流进行调配的关键。汽车空调供暖系统主要由暖风箱和热交换器组成，配气系统主要由气源门、伺服电动机、蒸发器、热交换器、调温门和各种风管风道组成，通风与空气净化系统主要由挡水板、进风罩、通风管道、空调出风口、空调鼓风机组成。本单元主要学习这些系统的拆装与检修方法。

单元学习目标

知识目标

知道汽车空调供暖系统、配气系统、通风与空气净化系统拆装检修的注意事项和操作方法。

能力目标

能熟练完成汽车空调供暖系统、配气系统、通风与空气净化系统的拆装操作和检修操作。

职业道德目标

在完成供暖系统、配气系统、通风与空气净化系统的拆装检修过程中，逐步养成仔细认真的工作习惯以及安全规范工作的职业素养。

课题一　拆装汽车空调的供暖系统

任务描述

汽车空调供暖系统主要由暖风箱和热交换器组成，在冬季向车内提供暖气，提高车内环境温度。学会拆装汽车空调的供暖系统，要求学会拆装暖风箱和热交换器。

任务目标

1. 知道检修拆装汽车空调供暖系统的注意事项和方法步骤。
2. 能熟练完成拆装检修汽车空调供暖系统的操作。

任务分析

供暖系统是汽车空调系统的核心之一，起到调节车内温度的作用。本任务要求知道拆装检修汽车空调供暖系统的注意事项，能熟练完成检修和拆装汽车空调供暖系统的操作。

任务实施

一、拆装暖风箱

桑塔纳 3000 型轿车暖风机的安装简图如图 3-1 所示。在拆卸前，应先断开蓄电池的搭铁线，并注意相关车辆装备的编码问题，安装后需要补充发动机冷却液，并且检查车辆装备。

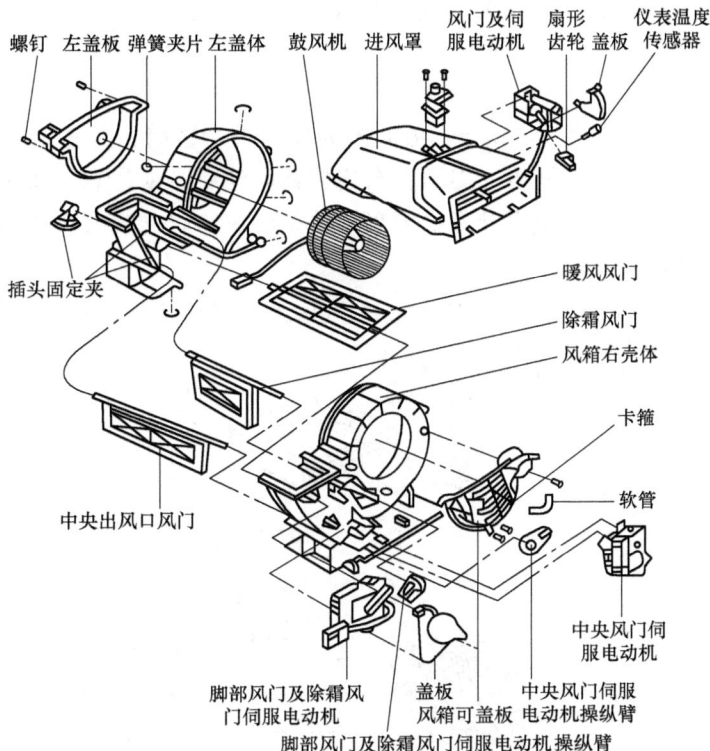

图 3-1　桑塔纳 3000 型轿车暖风机的安装简图

（1）暖风箱的拆卸步骤

1）排放冷却液，拆卸驾驶人侧储物箱、杂物箱，拆卸左侧风道、右侧风道、中央风道及挡水板、进风罩，松开通向热交换器冷却液管的卡箍，如图 3-2 所示。

2）断开线束扎带 A、温度风门伺服电动机 6 针棕色插头 B、鼓风机 6 针黑色插头 C、除霜/脚部风门伺服电动机 6 针蓝色插头 D 和中央风门伺服电动机 6 针棕色插头 E 五个部件的连接，如图 3-3 所示。

3）松开图 3-4 箭头所指的暖风箱的两个紧固螺栓，向下拆下暖风箱。

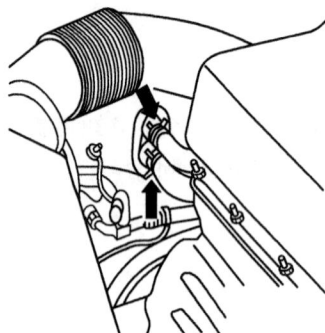

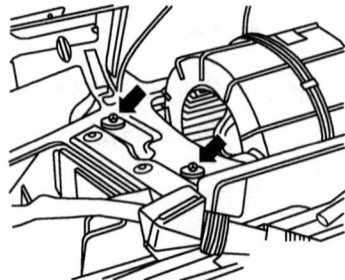

图 3-2　冷却液管卡箍的拆卸　　　图 3-3　A、B、C、D、E　　　图 3-4　暖风箱紧固螺栓的拆卸
　　　　　　　　　　　　　　　　　　　五部件的连接

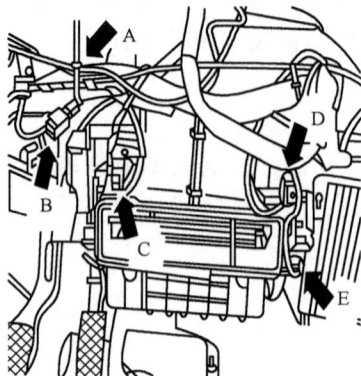

（2）暖风箱的安装步骤　暖风箱的安装步骤与拆卸步骤相反。

二、拆装热交换器

热交换器的安装简图如图 3-5 所示。在进行热交换器拆装时，首先要断开蓄电池的搭铁线，并且注意操作说明中有关编码的提示，在连接蓄电池后必须注意，要按照维修手册检查并记录如收音机、时钟及电动车窗升降机等车用装备的编码。安装时要注意补充发动机冷却液，并且要将嵌条密封好。

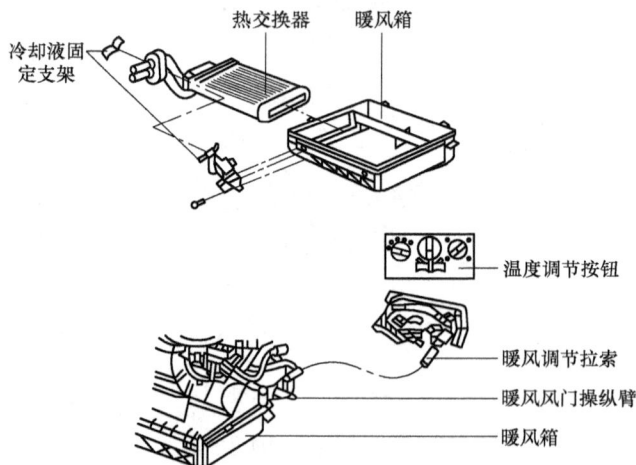

图 3-5　热交换器的安装简图

（1）热交换器的拆卸步骤

1）拆卸驾驶人侧的储物箱、仪表板，松开图 3-6 中箭头所指的两处胶管喉卡箍，拔下胶管；接着沿图 3-7 中箭头所指方向转动钩环，从控制单元上拉出连接插头，拧下螺母，拆下安全气囊控制单元。

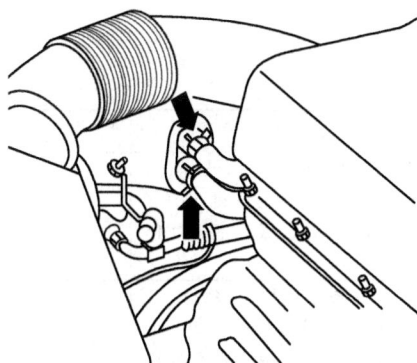

图 3-6　拆卸胶管

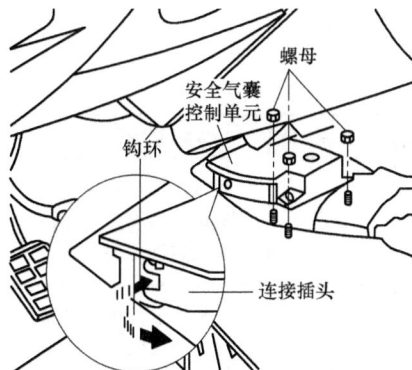

图 3-7　拆卸安全气囊控制单元

2）松开图 3-8 中箭头 A 所指的固定夹扣，沿箭头 B 所指方向水平地拆下暖风箱；旋出图 3-9 中箭头所指螺栓，松开冷却液固定支架。

3）小心地用一字螺钉旋具撬开冷却液罩盖，按图 3-10 中箭头所指方向从暖风箱中拆下热交换器。

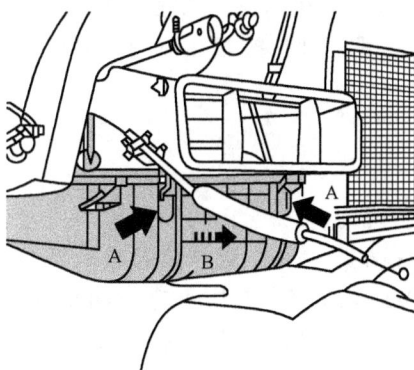

图 3-8　拆卸暖风箱

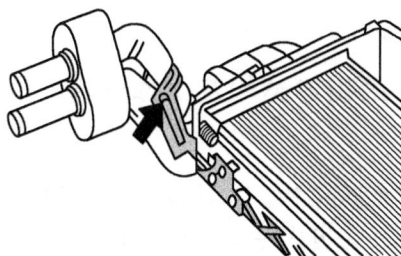

图 3-9　松开冷却液固定支架

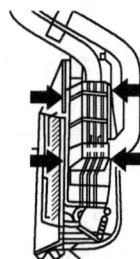

图 3-10　拆卸热交换器

（2）热交换器的安装步骤　热交换器的安装步骤与拆卸步骤相反。

三、汽车空调供暖系统拆装实训操作

请在所提供的汽车或汽车空调实训装置上完成供暖系统的拆装操作，并填写表 3-1。

表 3-1　汽车空调供暖系统拆装操作记录表

序　号	操作项目	拆卸步骤	安装步骤	注意事项
1	拆装暖风箱			
2	拆装热交换器			

任务评价

考核评价表

序　号	考核内容	考核要点	配　分	评分标准	扣　分	得　分
1	拆装暖风箱	暖风箱的拆卸步骤 暖风箱的安装步骤 暖风箱拆装的注意事项	50	拆装操作规范、熟练、正确，记录清晰准确得50分；每遗漏一项，或不正确扣15分，扣完为止		
2	拆装热交换器	热交换器的拆卸步骤 热交换器的安装步骤 热交换器拆装的注意事项	50	拆装操作规范、熟练、正确，记录清晰准确得50分；每遗漏一项，或不正确扣15分，扣完为止		

知识链接

一、汽车空调供暖系统的分类

汽车空调供暖系统，按暖气设备所使用热源的不同可分为发动机余热式和独立燃烧式，按空气循环方式的不同可分为内循环、外循环和内外混合循环式三种，按载热体的不同可分为水暖式和气暖式两大类。

二、各类供暖系统的组成结构及工作原理

1．水暖式暖风机

（1）水暖式暖风机的组成结构　水暖式暖风机的结构有两类，一类是单独的暖风机总成，由散热器、鼓风机及外壳组成一个完整的总成，如图3-11a所示，壳体上有吹向足部、前部的出风口及吹向风窗起除霜作用的出风口；另一类是与冷气蒸发器组成一体，称为一体式空调器或全空调器，与冷风共用鼓风机及壳体，便于实现温度的自动控制，如图3-11b所示。目前，大部分轿车及带空调的卡车都采用后一种。

图3-11　水暖式暖风机
a）单独的暖风机总成　b）与冷气蒸发器组成一体的暖风机总成

图3-12所示为单独的暖风机总成分解图，它主要由散热器水管、水阀、散热器软管、散热器、空气混合节气门、调节阀及暖风机等组成。散热器由管子和散热器片等构成。新式

散热器的管道上有凹坑，可改善热量输出性能。当水阀打开时，加热后的发动机冷却液部分流经散热器芯，为车厢内乘客提供所需的热量。水阀安装在发动机冷却液通道中，用于控制进入散热器的发动机冷却液流量，其结构如图 3-13 所示。通过移动控制板上的温度调节杆便可以操纵水阀。

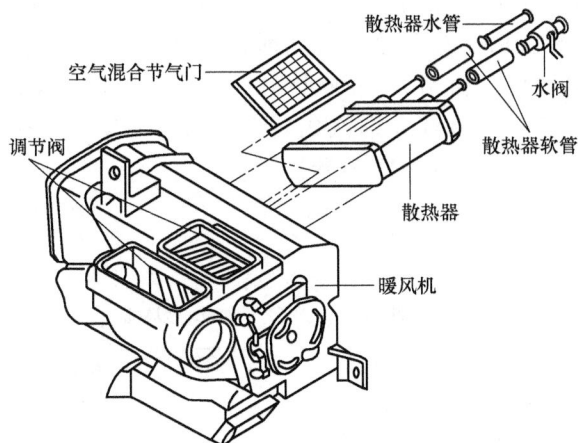

图 3-12　单独的暖风机总成分解图

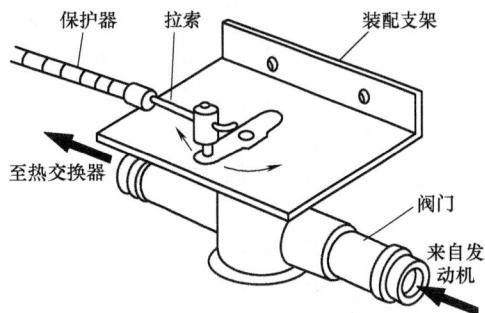

图 3-13　水阀的结构

（2）水暖式暖风机的工作原理　水暖式暖风机借助于发动机的水泵实现热的冷却液循环，其工作原理如图 3-14 所示，冷却液分流一部分进入热交换器，冷空气被鼓风机强迫通过热交换器，被加热后送向车厢取暖和为风窗玻璃除霜。在热交换器中被带走热量的冷却液离开热交换器后，又被发动机水泵抽回发动机，完成一次循环。在发动机缸体的出水口上有一个水阀可以关闭和控制水量的大小，从而调节暖风机的产生热量；也可调节暖风机的鼓风机风量，起到调节热量的作用。

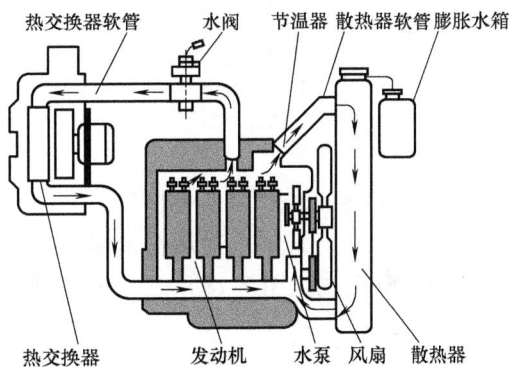

图 3-14　水暖式供暖系统的工作原理

在通风装置中，由鼓风机强制使空气循环运动。如图 3-15 所示，空气经进风口被吸入，流经热交换器时被加热，并由出风口导出，进入车厢内实现供暖或为风窗玻璃除霜。

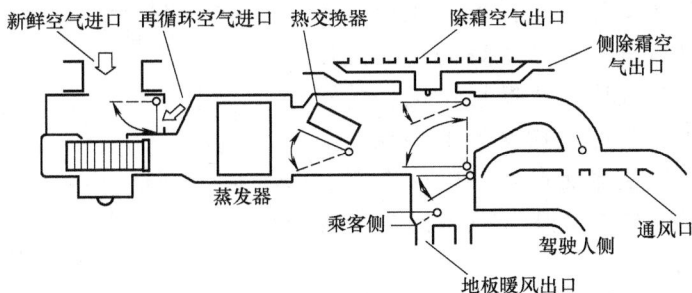

图 3-15　暖风的形成

2. 气暖式暖风机

（1）气暖式暖风机的组成结构　现在的气暖式暖风机是将排气管前段用一特殊结构的管子代替，这段管子的外面套有暖风机外壳，中间通过需加热的空气，热空气由暖风机送至车厢。

（2）气暖式暖风机的工作原理　气暖式暖风机是利用排气管中的废气余热供车厢取暖。最早的结构形式是让排气管通过驾驶室直接取暖。由于采用这种方式时排气管的温度很高，容易烫伤人体或物品，而且传热方式完全靠热辐射，会给人一种烘烤的感觉，使人感到不适。如图3-16所示，当热管的吸热端受热时，管中的液体立即汽化，产生的蒸气流向放热端，通过管壁把热量传给管外。热管式暖风机的布置如图3-17所示。

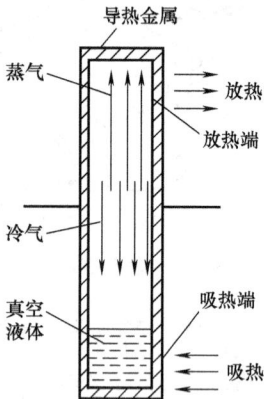

图 3-16　热管的结构

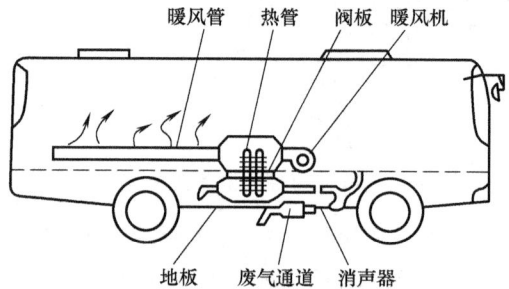

图 3-17　热管式暖风机的布置

3. 独立燃烧式空气加热器

（1）独立燃烧式空气加热器的组成结构　它主要由燃烧室、热交换器、供给系统和控制系统四部分组成。图3-18所示为独立燃烧式空气加热器的结构。

（2）独立燃烧式空气加热器的工作原理　加热器中的电动机接通电源后开始运转，带动两个风扇、油泵及雾化器等工作，并将燃油通过油管送到雾化杯（或喷油器）中。雾化杯上的油与助燃空气混合，形成可燃混合气体。混合气体被预热电热塞（又称为点火器）点燃，着火几秒钟后点火器断电，由已燃烧的火焰点燃不断输入的可燃混合气体，使燃烧工况保持正常。燃烧气体通过通道进入热交换器夹层，而被风机吸入的冷空气在热交换器中吸收燃气释放的大量热量，变成热空气从出风口送向车厢和其他需加热的空间。

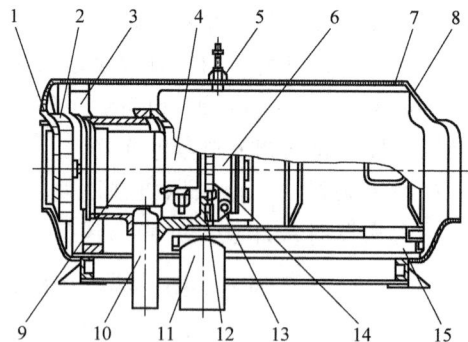

图 3-18　独立燃烧式空气加热器的结构
1—进风口　2—大风扇　3—支架　4—油泵　5—电热塞　6—雾化杯　7—外壳　8—出风口　9—电动机　10—透气管　11—废气管　12—小风扇　13—导风管　14—燃烧室　15—支座

4. 独立燃烧式水加热器

独立燃烧式水加热器的工作原理与空气加热器基本相同，不同的仅是热交换器的工质不是空气而是水（可用专用水箱供水，也可用发动机的冷却液），用水泵代替了风扇。水加热器的最大优点是不仅可作为车厢取暖用，而且可预热发动机、冷冻机油和蓄电池等，便于冬季发动机的起动，待发动机起动后，再将被加热的水通向车厢内的水暖式散热器，如果水加热器与汽车发动机的冷却液管路相通，在发动机冷却液温度低于80℃时水加热器工作，当冷却液温度高于80℃后，由于温度控制器的控制作用，会自动切断油泵的电源，停止供油，而加热器中的水泵继续工作，以保证水加热器内的零件不因过热而损坏。同时可继续向车厢供应暖气，并保证发动机的正常工作。

巩 固 练 习

一、填空题

1. 汽车空调暖风系统的作用：一是能与＿＿＿＿＿＿一道将车内空气调节到成员感觉舒适的温度；二是在冬天向车内提供暖风。

2. 按所使用的热源不同，汽车空调暖风系统分为＿＿＿＿＿＿式和＿＿＿＿＿＿式两种，其中大客车上普遍采用的是＿＿＿＿＿＿式。

3. 车内空调的循环方式有＿＿＿＿＿＿、＿＿＿＿＿＿和混合循环三种。

4. 余热式暖风系统主要由＿＿＿＿＿＿（又称为暖风水箱）、热水阀（部分车型装有）、＿＿＿＿＿＿和控制面板等部分组成。热水阀是用来控制进入＿＿＿＿＿＿的水量，进而调节暖风系统的加热量。调节时，可通过控制面板上的调节杆或旋钮进行控制。

二、选择题

1. 下列说法正确的是（　　　）。

A. 开暖风时，进气模式应选择内循环

B. 开暖风时，进气模式应选择外循环

C. 开暖风时，不要长时间使用内循环，否则车内空气混浊

D. 开暖风时，应将鼓风机达到最高档

2. 冬天的早晨，车辆预热后在行驶的最初阶段，为防止前风窗玻璃结霜影响视线，此时应将（　　　）。

A. 出风模式旋钮处于前风挡除霜位置　　　　B. 进气模式旋钮处于外循环状态

C. 温度旋钮处于最热状态　　　　　　　　　D. 以上做法均正确

3. 某车暖风不足，可能的故障原因是（　　　）。

A. 空气混合风门发卡　　　　　　　　　　　B. 进气模式风门处于内循环状态

C. 热交换器发堵　　　　　　　　　　　　　D. A、C 说法正确

三、判断题

1. 发动机余热式暖风系统普遍用在轿车、载货汽车和小型客车上。　　　　　　（　　　）

2. 余热式暖风系统中通往暖风热交换器的冷却液受节温器控制。　　　　　　（　　　）

3. 热水阀只能装在暖风热交换器的进水管上，以控制冷却液的流量。　　　　（　　　）

4. 当空调制冷系统工作时，一般应使用外循环方式。　　　　　　　　　　　（　　　）

5. 全热式空调配气系统在通往暖风热交换器的管路上必须安装热水阀。　　　（　　　）

四、简答题

1. 简述汽车供暖系统的作用。

2. 简述水暖式暖气系统的工作原理。

课题二　拆装汽车空调的配气系统

任务描述

配气系统作为汽车空调系统的辅助装置之一，配气系统主要由气源门、伺服电动机、蒸发器、热交换器、调温门和各种风管风道组成，起到了输送冷源或暖源，改善车内空气质量的作用。要求学会汽车空调配气系统拆装的操作，要求学会拆装通风拉索和调节通风拉索。

任务目标

1. 知道拆装调节汽车空调配气系统的操作方法。

2. 能熟练完成拆装调节汽车空调配气系统的操作。

任务分析

学习汽车空调配气系统拆装的操作，关键学会拆装和调节通风拉索。本任务要求能动手完成汽车空调配气系统的拆装和调节通风拉索。

任务实施

一、拆装通风拉索

（1）通风拉索的拆卸步骤　通风拉索的拆卸步骤见表3-2。

表3-2　通风拉索的拆卸步骤

操 作 内 容	操 作 步 骤	操 作 图 例
拆卸通风拉索	1)将温度选择旋钮旋至右图中箭头所示的位置,然后拆卸暖风和空气调节装置	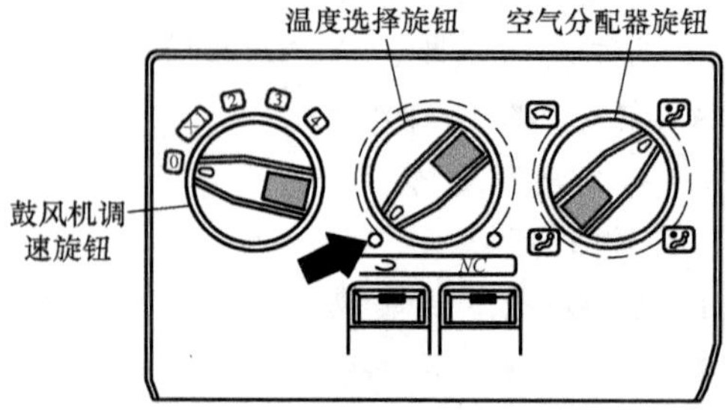

（续）

操作内容	操作步骤	操作图例
拆卸通风拉索	2）拆卸固定拉索的弹簧夹片，如右图中箭头所示	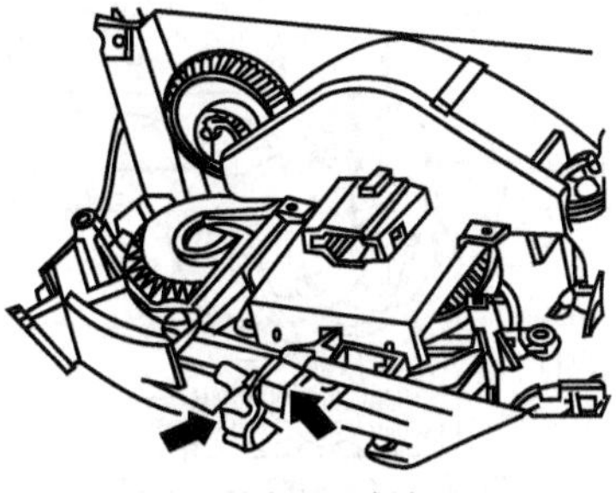 弹簧夹片的拆卸
	3）将拉索沿右图中箭头所示的方向旋转并向上拉出	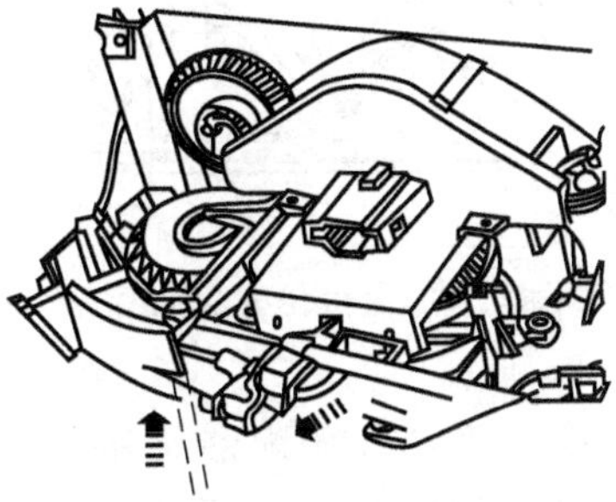 拉索的拆卸

（2）通风拉索的安装步骤　当安装通风拉索时，先将拉索装配到卸下来的调节装置上，然后再将拉索固定到新鲜空气风箱上。

第一步：将三根拉索的一端分别勾在暖风和空气调节装置上，并用弹簧夹片固定。

第二步：安装暖风和空气调节装置。

第三步：将两根拉索的另一端分别连接到新鲜空气风箱的风门上，最后将拉索初步固定。

二、调节通风拉索

拆卸驾驶人侧储物箱，起动发动机，将鼓风机调速旋钮旋至 4 档位，检查系统旋钮和风门的位置与各出风口出风情况是否一致。

第一步：将空气分配器旋钮旋至图 3-19 所示的除霜位置。然后检查中央出风口风门和除霜风门是否处于图 3-19 中所示的位置，再根据情况调整拉索。最后检查图中 2、3、12 风口处的出风情况，此时除霜风口应该出风，中央出风口和脚部出风口不出风。

第二步：将空气分配器旋钮旋至图 3-20 所示的脚部通风位置。然后检查中央出风口风门和除霜风门是否处于图 3-20 中所示的位置。再根据情况调整拉索。最后检查图中 2、3、12 风口处的出风情况，此时脚部出风口应该出风，中央出风口和除霜风口不出风。

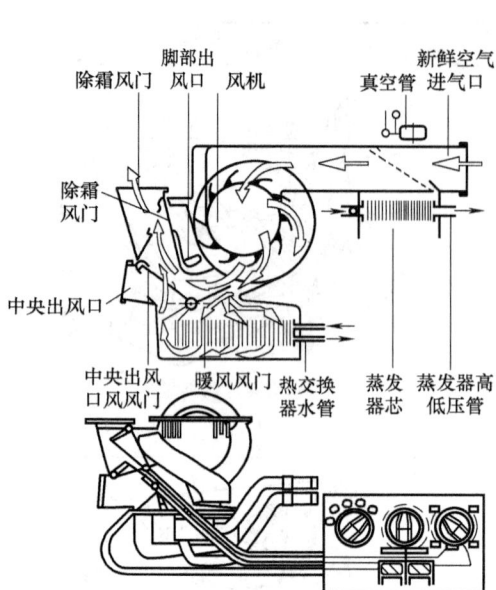

图 3-19 通风拉索的调节（一）

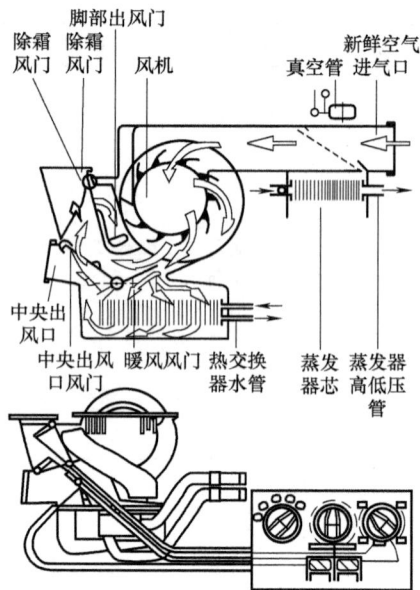

图 3-20 通风拉索的调节（二）

第三步：将空气分配器旋钮旋至图 3-21 所示的迎面通风位置。然后检查中央出风口风门和除霜风门是否处于图 3-21 中所示位置，再根据情况调整拉索。最后检查图中 2、3、12 出风口处的出风情况，此时中央出风口应该出风，脚部出风口和除霜风口不出风。

第四步：经上述调整合格后，将通风拉索紧固。将中间的温度调节旋钮旋至最右端，此时暖风风门操纵臂应处于图 3-22 所示的全开位置。调整完毕后，将暖风拉索固定。

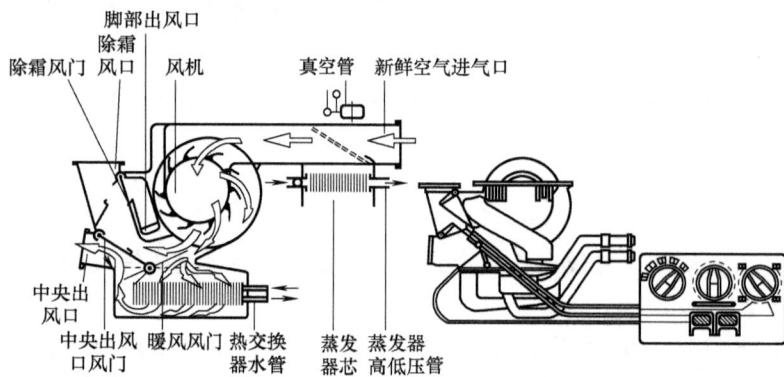

图 3-21 通风拉索的调节（三）

图 3-22 暖风风门操纵臂

三、汽车空调配气系统拆装实训操作

请在所提供的汽车或汽车空调实训装置上进行配气系统的拆装操作，并填写表 3-3。

表 3-3　汽车空调配气系统拆装操作记录表

序　　号	操作内容	拆卸步骤	安装步骤	注意事项
1	拆装通风拉索			
2	调节通风拉索			

任务评价

考核评价表

序　　号	考核内容	考核要点	配　　分	评分标准	扣　　分	得　　分
1	拆卸通风拉索	通风拉索拆卸步骤,操作时的注意事项	35	拆卸操作规范、全面,记录清晰准确得 35 分;每遗漏一项,或不正确扣 10 分,扣完为止		
2	安装通风拉索	通风拉索安装步骤,操作时的注意事项	35	安装操作规范、全面,记录清晰准确得 35 分;每遗漏一项,或不正确扣 10 分,扣完为止		
3	调节通风拉索	调节通风拉索的操作步骤,操作时的注意事项	30	调节操作规范、全面,记录清晰准确得 30 分;每遗漏一项,或不正确扣 5 分,扣完为止		

知识链接

一、配气系统的结构

配气系统一般由三部分构成。

第一部分为空气进入段,主要由气源门和伺服电动机组成,如图 3-23 所示,用来控制新鲜空气和车内再循环空气的进入。

第二部分为空气混合段,主要由蒸发器、热交换器和调温门组成,如图 3-24 所示,用

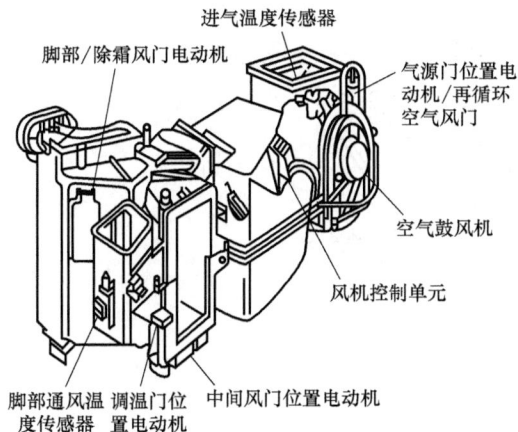

图 3-23　配气系统空气进入段

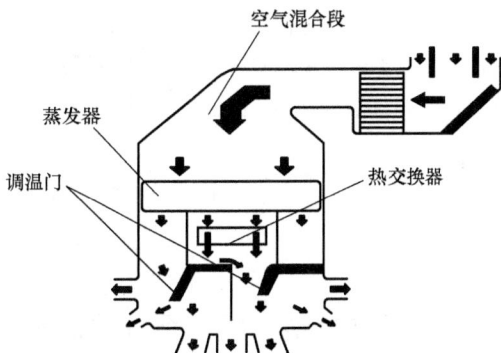

图 3-24　配气系统空气混合段

来调节所需空气的温度。

第三部分为空气分配段，主要由各种风门和风道组成，用来控制空气的流向，如图3-25所示。

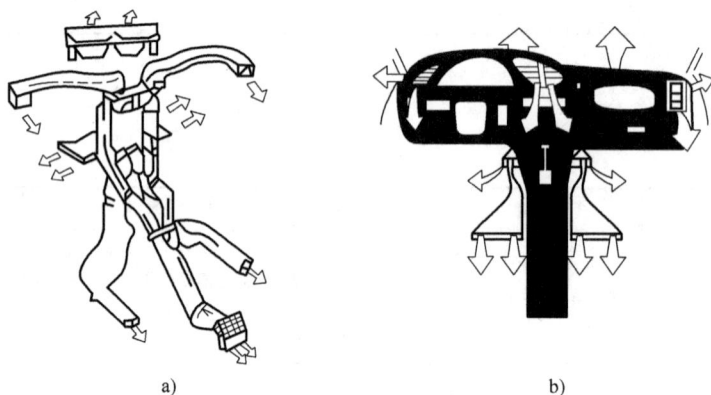

图 3-25　配气系统空气分配段
a)各风道　b)各风口

二、配气系统的工作原理

当调温门处于全开位置时，冷空气经过热交换器；当调温门处于全闭位置时，冷空气不经过热交换器。这样，只要调温门处于全开或全闭位置，就可得到最高或最低温度的空气，另外也可通过调节调温门处于全开或全闭之间的不同位置，得到不同温度和湿度的空气。分配段的除霜门、中风门及下风门可调节空调风吹向风窗玻璃、乘员的中上部或脚部。另外，控制空调器内风机的转速，可调节空调风的流量，改变人体感觉的温度。如图3-26所示，配气系统的工作原理为：新鲜空气+车内循环空气→进入鼓风机→混合空气进入蒸发器芯冷却→由调温门进入热交换器→限流风门→进入各出风口。

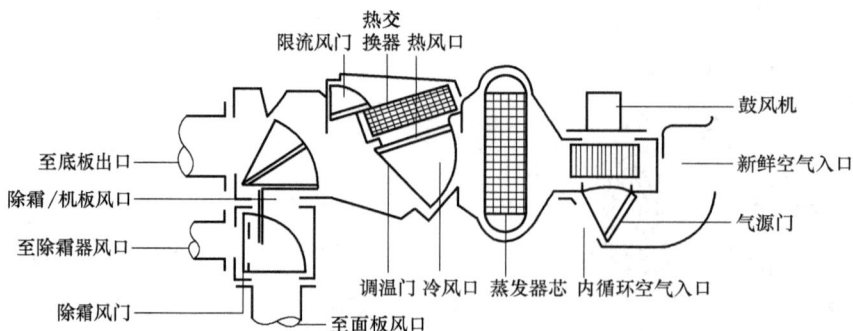

图 3-26　配气系统的工作原理

三、手动拉索式配气系统的控制原理

手动拉索式汽车空调配气系统由操纵杆、拉索和风门组成，控制板上的操纵杆与拉索相连，拉索根据操纵杆的运动来操纵风门。汽车空调控制面板如图 3-27 所示，当空调（A/C）开关接通（闭合）时，选择功能键的不同位置可以得到不同方向的通风。

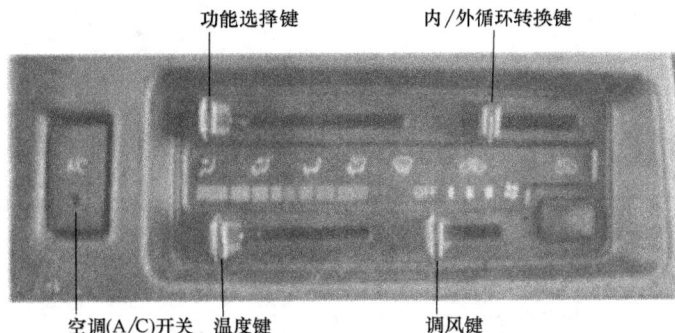

图 3-27　汽车空调控制面板

当功能选择键位于 🛈 时，A/C 开关接通，温度键位于最冷或最热位置，内/外循环转换键位于内循环或外循环位置，调风键位于 I 档位时配气分配图如图 3-28 所示，此时空气通向面板风口。

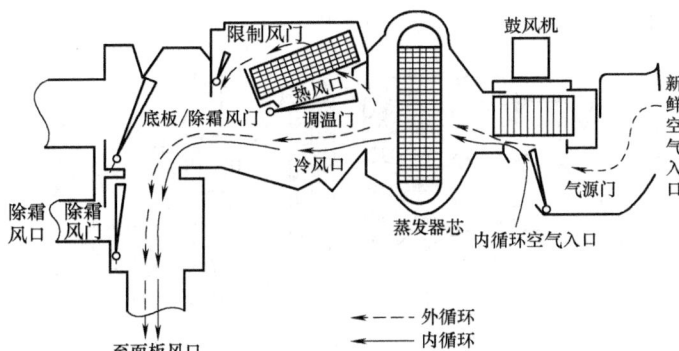

图 3-28　🛈 档配气分配图

当功能选择键位于 🛈 时，A/C 开关接通，温度键位于最冷或最热位置，内/外循环转换键位于内循环或外循环位置，调风键位于 I 档位时配气分配图如图 3-29 所示，此时空气通向车底板出口和面板风口。

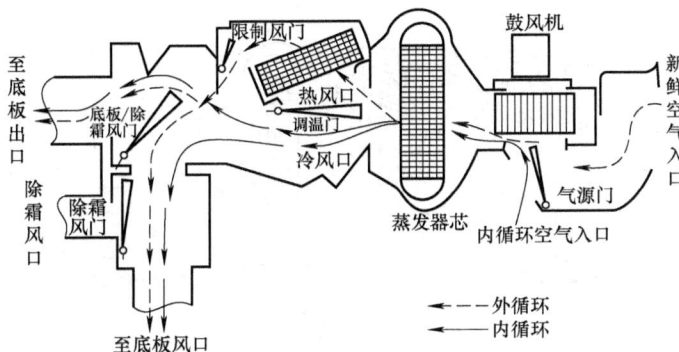

图 3-29　🛈 档配气分配图

当功能选择键位于 🔧 时，A/C 开关接通，温度键位于最冷或最热位置。内/外循环转换键位于内循环或外循环位置，调风键位于 I 档位时配气分配图如图 3-30 所示，此时空气通向底板出口。

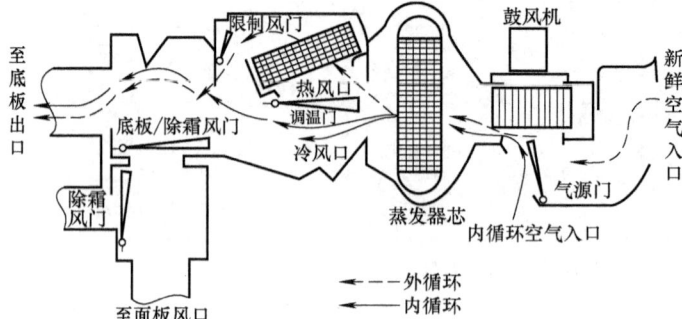

图 3-30　🔧 档配气分配图

当功能选择键位于 🔧 时，A/C 开关接通，温度键位于最冷或最热位置，内/外循环转换键位于内循环或外循环位置，调风键位于 I 档位时配气分配图如图 3-31 所示，此时空气通向底板风口和除霜风口。

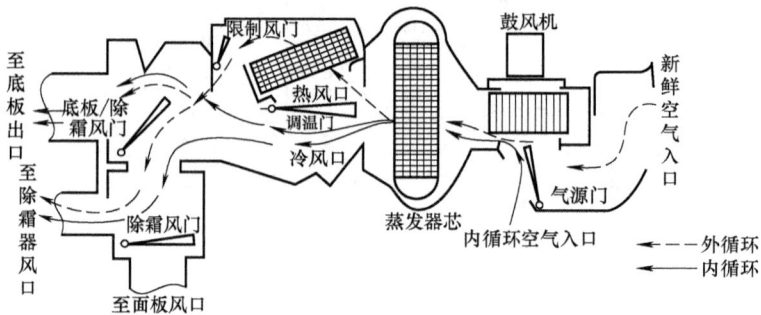

图 3-31　🔧 档配气分配图

当功能选择键位于 🔧 时，A/C 开关接通，温度键位于最冷位置，内/外循环转换键位于内循环或外循环位置，调风键位于 I 档位时配气分配图如图 3-32 所示，此时空气通向除霜风口。

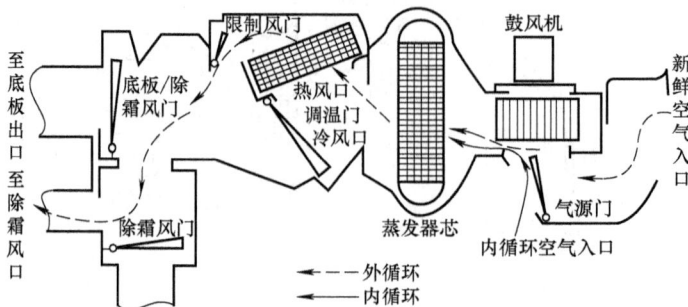

图 3-32　🔧 档配气分配图

四、配气系统的配气方式

1. 冷风、暖风独立式

1）当夏季需制冷时，车内空气在风机的吹送下，通过蒸发器冷却后，吹向车室内降低车内温度。

2）当冬季需采暖时，车内空气与车外空气混合，在风机的吹送下，通过加热器升温，从中下风门输送到车内或经上风口吹向风窗玻璃进行除霜。

采用这种配气方式的空调，它的制冷和采暖系统各自分开，由两个完全独立的冷风机和暖风机组成，它们的控制系统也是完全分开的，如图 3-33 所示。因结构占用的空间较大，它主要应用于早期的汽车空调中。

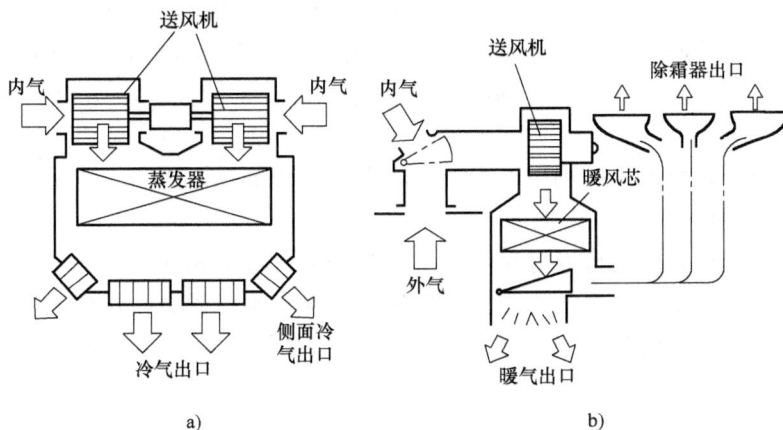

图 3-33 冷风、暖风独立式配气图
a）冷风机 b）暖风机

2. 冷风、暖风转换式

1）当选择制冷功能时，车内或车外空气经蒸发器冷却后吹出。

2）当选择制热功能时，车内或车外空气经加热器升温后由底板风口吹出。

3）当选择除霜功能时，热风由除霜风口吹向风窗玻璃。

4）当加热器和蒸发器全关闭时，送入车内的为自然风。采用这种配气方式的空调，是在暖风机的基础上增加了蒸发器和冷气出风口，虽属于冷暖一体型空调，但制冷和采暖仍是各自分开的，不能同时工作，其原理如图 3-34 所示。目前，手动空调一般都采用这种配气方式。

3. 空气混合式

1）车内循环空气和新鲜空气经风门调节混合后，先经过蒸发器冷却，后经风机送到混合风门处，随混合风门的开闭，部分或全部通过加热器。流过加热器和不流过加热器的空气在空调器内先混合，再经风门送出。

2）夏季，可以通过调节混合风门的开度来调节冷湿空气的再加热程度；冬季，可通过调节混合风门的开度调节暖风的温度。

上述两种配气方式的缺点是：冷风机只能降温、除湿，不能调节送风的相对湿度。夏

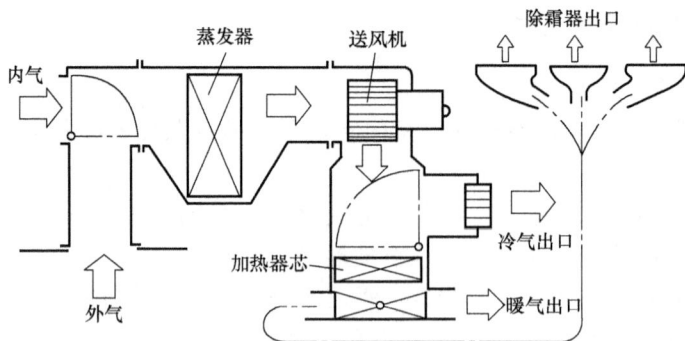

图 3-34　冷风、暖风转换式配气图

季，当车室内需要冷风时，风机抽入外界的湿热空气，经蒸发器冷却、除湿，变成冷风送入车室内。然而，这种脱去冷凝水而吹出来的冷风，尽管绝对含湿量减少了，相对湿度却在95%以上，这种冷而湿的风直接吹到乘员身上并不舒适，因此，必须设法降低冷风的相对湿度。

采用空气混合式配气方式的空调系统，在蒸发器和加热器之间设置了一个可以连续调节的混合风门（调温门），如图 3-35 所示。

当然，这种配气系统也可通过手动调节改为冷风、暖风转换式。如果压缩机不开，送出的是暖风；若加热器不开，则送出来的是冷风；若两者都不开，则送出来的是自然风。它广泛应用于经济型、中级轿车的半自动及全自动空调系统中。

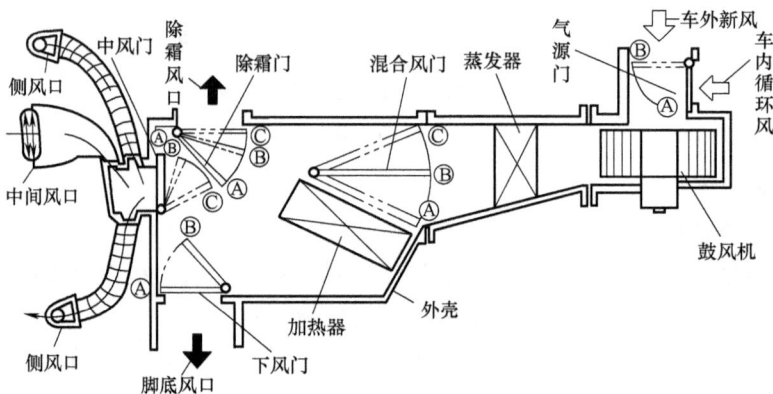

图 3-35　空气混合式配气图

4. 全热式

车内循环空气和新鲜空气经进气风门调节混合后在风机的作用下进入蒸发器冷却，出来后的空气全部进入加热器，加热后的空气由各风门调节风量分别进入各出风口。

这种配气系统取消了蒸发器与加热器之间的混合风门，它的配气流程如图 3-36 所示。

与混合式相比，这种配气系统的优点是处理后的空气参数精度较高，缺点是浪费一部分冷气。它只用在一些高级豪华汽车的空调上。

5. 双通风配气式

可以由手动或者自动气候控制系统控制，并且在乘客侧有单独的温度控制开关，在自动

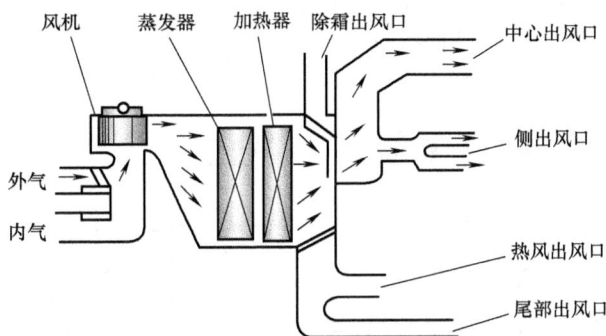

图 3-36 全热式配气图

气候控制系统中，乘客可以在驾驶人设定温度的一定范围内调节乘客侧出风口的温度。通常，乘客选择的温度可以比驾驶人设定的温度低 16.7℃（30°F）或高 16.7℃（30°F），在手动气候控制系统中，乘客对温度的控制通常受驾驶人选择温度的限制。

在这个系统中驾驶人侧和乘客侧的通风系统是分开的，如图 3-37 所示。在蒸发器和加热器之间没有风门，而在加热器后设置了调温风门，并且在该系统两侧各有一个一起工作的除霜/空调出风口风门和一个暖风/地板出风口风门，乘客只能控制乘客侧温度风门。

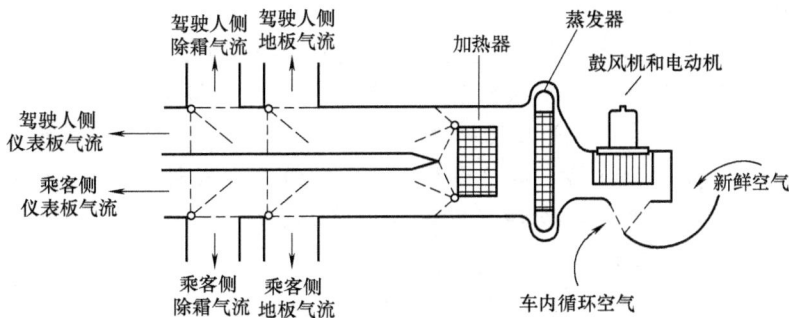

图 3-37 双通风配气图

图 3-38 所示为乘客侧出风口温度最热时的配气流程图。此时乘客侧的温度风门打开，从蒸发器过来的空气大部分通过加热器，再由乘客侧出风口吹出。

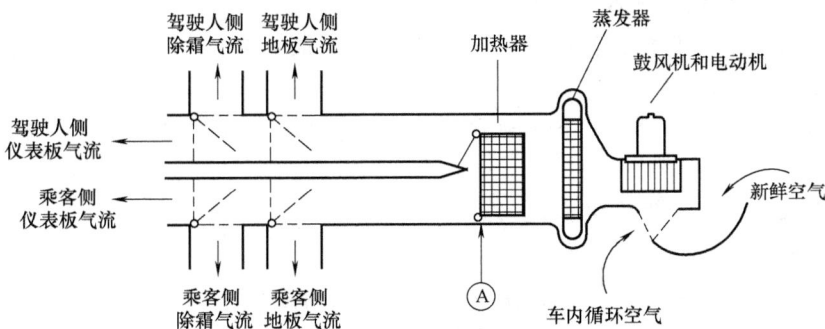

图 3-38 乘客侧出风口温度最热时的配气流程图

图 3-39 所示为乘客侧出风口温度最冷时的配气流程图。此时乘客侧温度风门关闭，从乘客侧出风口吹出的都是从蒸发器直接过来的冷气。

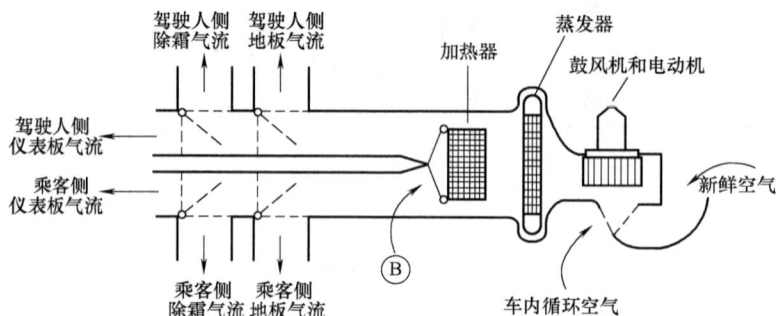

图 3-39　乘客侧出风口温度最冷时的配气流程图

巩 固 练 习

一、填空题

1. 空气进入段的气源门用于控制_____的循环比例。

2. 在空调的自动控制状态，中央处理器根据_____的信息，适时地使进气风挡停在合适的位置。当_____感知车外空气污浊时，会立刻使_____关闭新鲜空气入口。

3. 空气混合段主要由蒸发器、加热器和_____组成，用来调节_____。

4. 空气混合式配气系统，在夏季可以通过调节混合风门的开度来调节_____；冬季可通过调节混合风门开度调节_____。

5. 在全热式配气系统中，经蒸发器冷却后的空气_____进入加热器。

6. 汽车空调配气系统由空气_____段、空气_____段和空气_____段三部分组成。

二、判断题

1. 按下内循环键，气源门就将车内空气入口关闭，进入车室内的是新鲜空气。　　（　　　）

2, 在最大制冷模式下进入车室内的都是再循环空气。　　（　　　）

3. 混合风门处于全开或全闭之间的不同位置，会使部分热空气与部分冷空气混合，起到加热的作用。　　（　　　）

4. 冷暖转换式空调属于冷暖合一型空调，制冷和采暖仍是各自分开的，不能同时工作。

（　　　）

5. 全热式配气系统中没有混合风门。　　（　　　）

三、简答题

1. 汽车空调配气系统空气进入段主要组成部分有哪些？

2. 汽车空调配气系统空气混合段主要组成部分有哪些？

3. 汽车空调配气系统空气分配段主要组成部分有哪些？

课题三	拆装汽车空调的通风与空气净化系统

任务描述

　　汽车空气净化是指采取措施排除车内的烟味、微小粉尘、臭味及其他有毒气体成分。通风与空气净化系统主要由挡水板、进风罩、通风管道、空调出风口和空调鼓风机组成，要学会拆装汽车空调的通风与空气净化系统，主要是学会拆装挡水板、进风罩、通风管道、出风口和鼓风机的操作。

任务目标

　　1. 知道拆装挡水板、进风罩、通风管道、出风口和鼓风机的注意事项、操作方法。
　　2. 能熟练完成拆装通风系统挡水板、进风罩、通风管道、出风口和鼓风机的操作。

任务分析

　　要正确完成拆装汽车空调的通风与空气净化系统任务，首先学会拆装挡水板、进风罩、通风管道、出风口和鼓风机的操作。

任务实施

一、拆装挡水板和进风罩

拆装挡水板和进风罩的步骤见表3-4。

表3-4　拆装挡水板和进风罩的步骤

操作内容	操作步骤	操作图例
拆卸挡水板	打开发动机室盖,用一字螺钉旋具撬出右图中箭头所指的弹簧夹片,小心揭开密封条	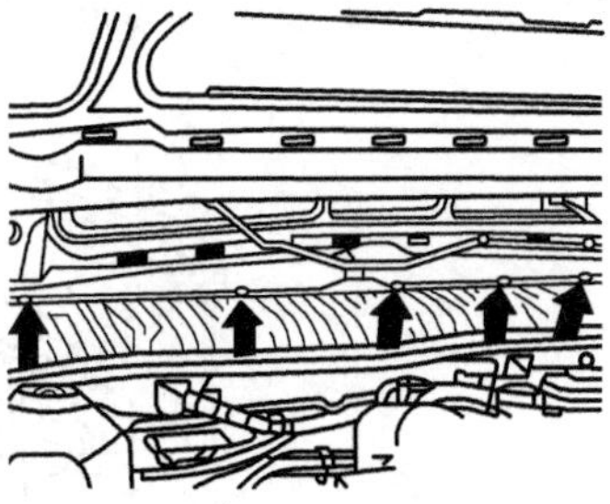 挡水板的拆装
安装挡水板	安装步骤与拆卸步骤相反	
拆卸进风罩	1)拆卸下挡水板后,拆下右图中箭头B所指的真空管,拔下箭头A和D所指处的线束插头,沿箭头C所指方向拆下灰尘过滤网	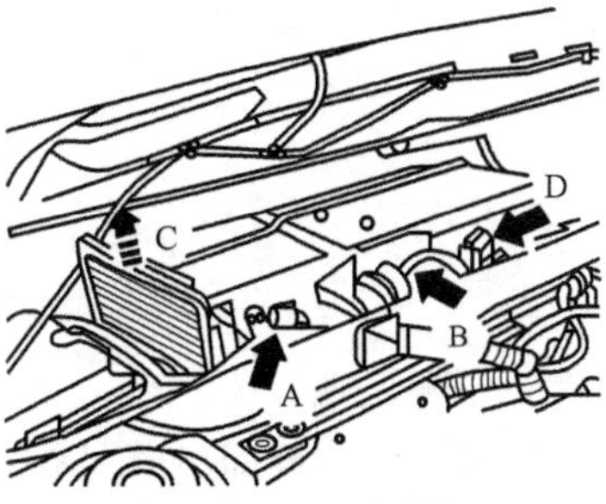 真空管、过滤网的拆卸

(续)

操作内容	操作步骤	操作图例
拆卸进风罩	2)拆下箭头所指处的 4 个联接螺栓,取出进风罩	联接螺栓的拆卸
安装进风罩	安装步骤与拆卸步骤相反,但要注意安装好密封垫圈,以保证进风罩不漏气,否则蒸发器将会出现冻结现象	参考拆卸进风罩的两图

二、拆装通风管道

图 3-40 所示为桑塔纳 3000 型轿车通风管道的结构。

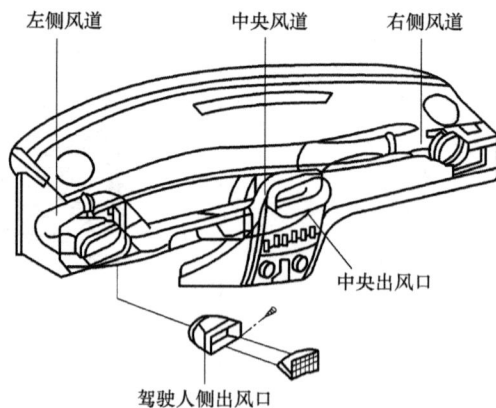

图 3-40　桑塔纳 3000 型轿车通风管道的结构

1. 拆装左侧风道

（1）左侧风道的拆卸步骤　拆卸左侧风道之前,首先要拆卸驾驶人侧的储物箱,最后拆下左侧风道。驾驶人侧储物箱装配简图如图 3-41 所示。

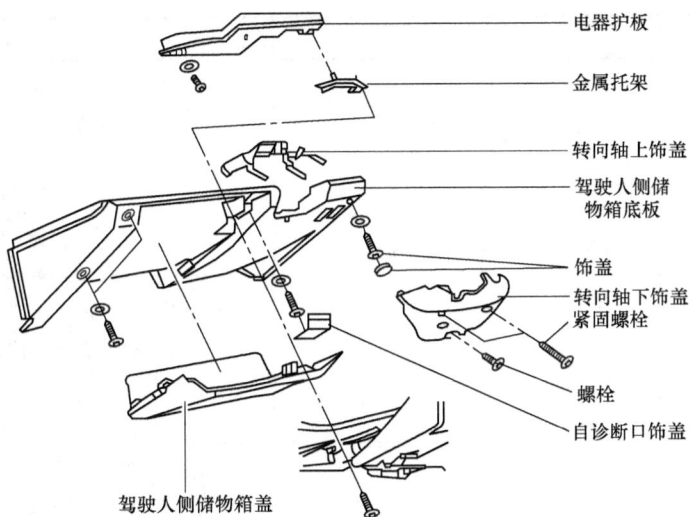

图 3-41　驾驶人侧储物箱装配简图

拆卸驾驶人侧的储物箱步骤见表 3-5。

表 3-5　拆卸驾驶人侧的储物箱步骤

操作内容	操作步骤	操作图例
拆卸驾驶人侧的储物箱	1）旋出转向轴下面的护板螺钉，拆下转向轴下护板和自诊断口饰盖	 护板螺钉的拆卸
	2）按右图所示箭头方向按压卡子，将诊断口向内推入并取下	 诊断口的拆卸

（续）

操作内容	操作步骤	操作图例
拆卸驾驶人侧的储物箱	3）拆下储物箱上的螺栓饰盖	螺栓饰盖的拆卸
	4）旋出右图的5个紧固螺栓，拆下驾驶人侧储物箱	紧固螺栓的拆卸

（2）左侧风道的安装步骤 左侧风道的安装步骤基本与拆卸的步骤相反，需要注意各零件之间的装配关系，如图3-42所示。

2. 拆装右侧风道

（1）右侧风道的拆卸步骤 首先拆卸前排乘客侧储物箱，最后拆卸右侧风道。前排乘客侧储物箱的装配简图如图3-43所示。

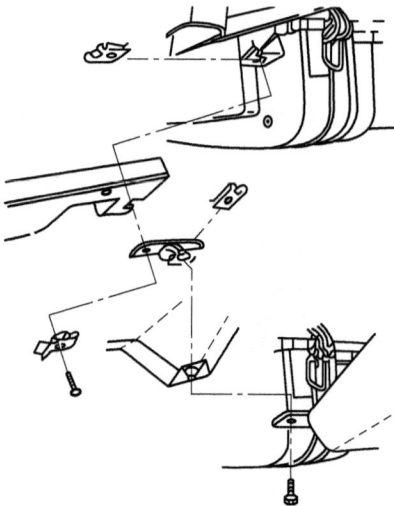

图3-42 各零件的装配关系

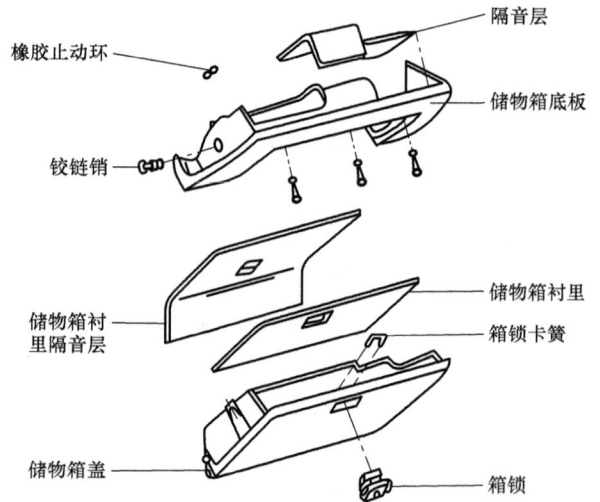

图3-43 前排乘客侧储物箱的装配简图

橡胶止动环 隔音层 储物箱底板 铰链销 储物箱衬里 箱锁卡簧 储物箱衬里隔音层 储物箱盖 箱锁

前排乘客侧储物箱的拆卸步骤见表3-6。

表 3-6 前排乘客侧储物箱的拆卸步骤

操 作 内 容	操 作 步 骤	操 作 图 例
拆卸前排乘客侧储物箱	1）断开蓄电池搭铁线。旋出右图中箭头所示储物箱下部的两个螺栓	 下部螺栓的拆卸
	2）接着按右图所示的箭头方向撬开储物箱铰链	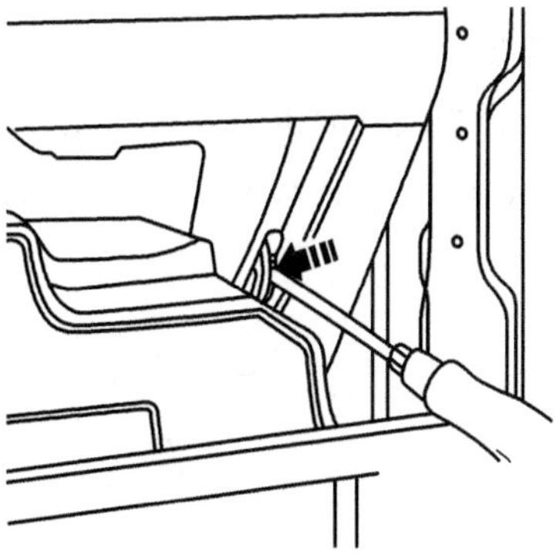 撬开储物箱铰链
	3）翻下储物箱；然后拔下右图所示的储物箱照明灯线束，旋出上部的3个紧固螺栓，拔下储物箱照明灯的开关插头，取下储物箱	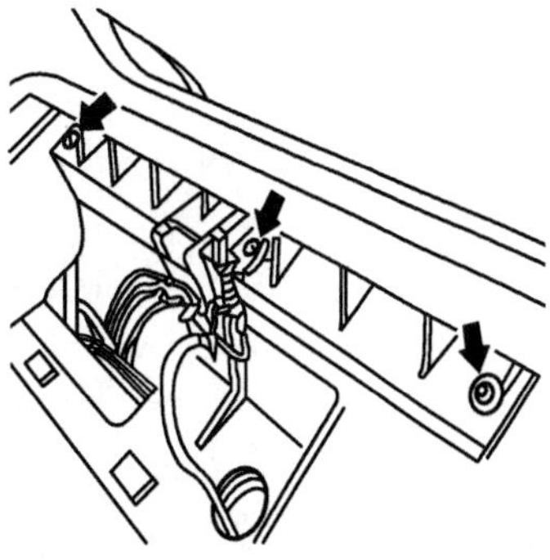 照明灯线束的拆卸

（续）

操 作 内 容	操 作 步 骤	操 作 图 例
拆卸前排乘客侧储物箱	4)拆下右图所示的储物箱盖上的卡片,拆下储物箱盖上的车锁	储物箱锁的拆卸

（2）右侧风道的安装步骤　右侧风道的安装步骤基本与拆卸的步骤相反,需要注意各零件之间的装配关系。

3. 拆装中央风道

（1）中央风道的拆卸步骤　首先拆卸驾驶人侧储物箱和前排乘客侧储物箱,然后拆卸仪表板,最后拆卸中央风道。仪表板的装配简图如图 3-44 所示。

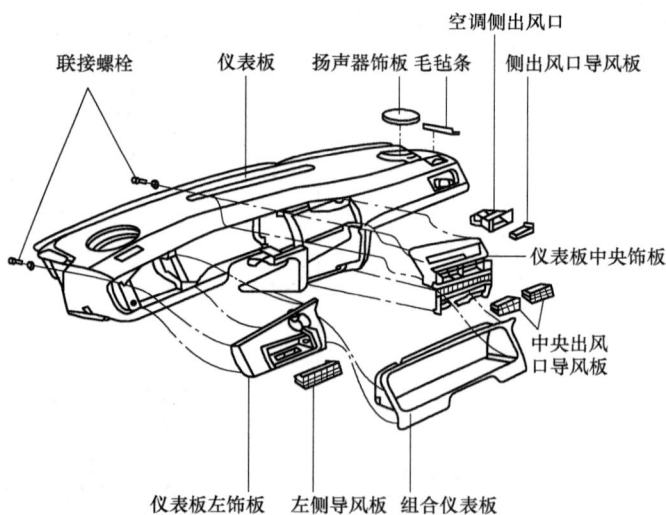

图 3-44　仪表板的装配简图

仪表板的拆卸步骤见表 3-7。

（2）中央风道的安装步骤　中央风道的安装步骤基本与拆卸步骤相反,需要注意各零件之间的装配关系。

表 3-7 仪表板的拆卸步骤

操作内容	操作步骤	操作图例
拆卸仪表板	1)将照明开关按箭头所示方向按下并旋转一角度拆下照明开关,断开相应线束连接	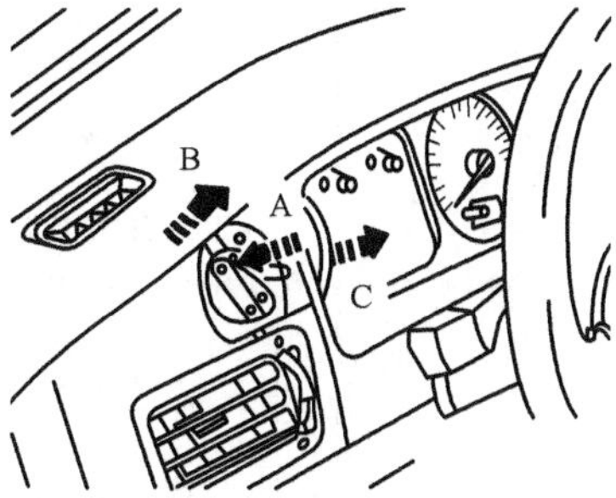 照明开关的拆卸
	2)将解锁工具插入右图所示的锁槽孔中,直至嵌入,将解锁工具拉手柄旁边的收音机从仪表板中拉出,并脱开插头连接	 解锁工具的插入
	3)拆下转向轴的转向盘组件和组合仪表,撬下仪表板中央饰板上的各种电器开关,拔下开关上相应的线束插头	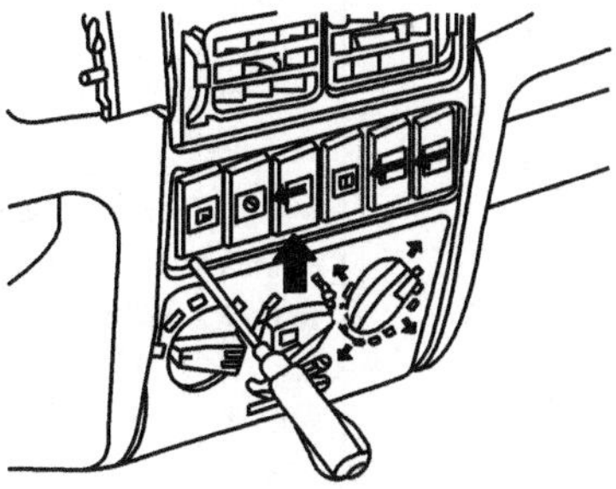 电器开关的拆卸
	4)拆下空调调节开关饰板	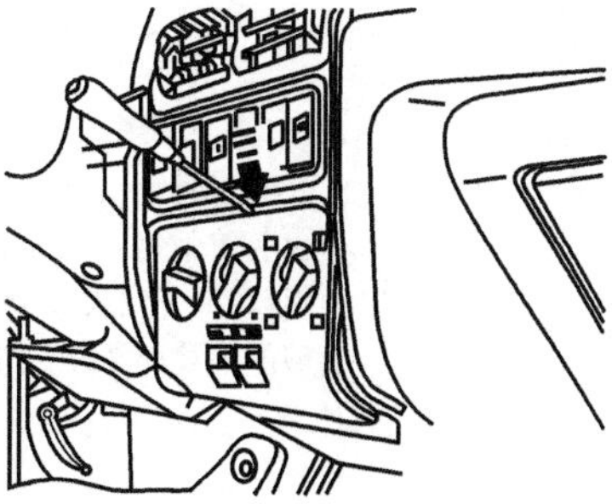 调节开关饰板的拆卸

（续）

操 作 内 容	操 作 步 骤	操 作 图 例
拆卸仪表板	5）旋出右图中箭头所示空调调节开关	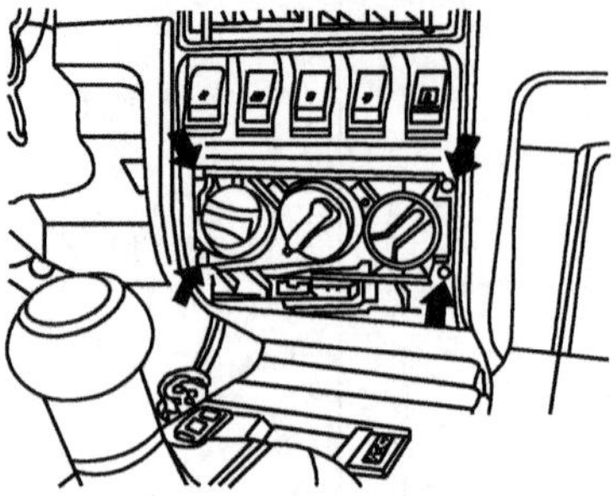 旋出空调调节开关
	6）旋出箭头所指紧固螺栓	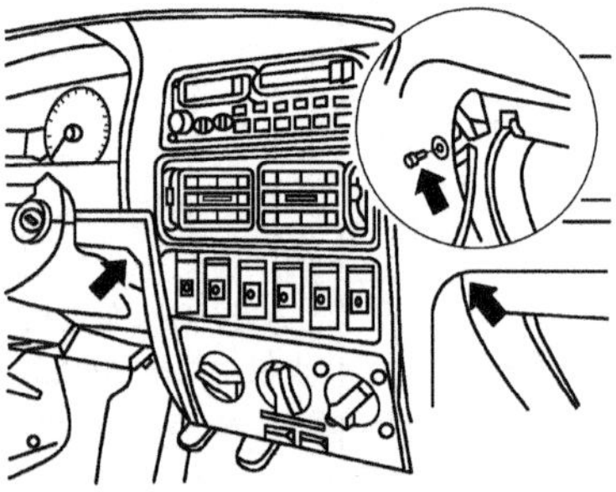 旋出紧固螺栓
	7）用一字螺钉旋具撬出右图中箭头所示仪表板两侧的饰盖，旋出紧固螺栓	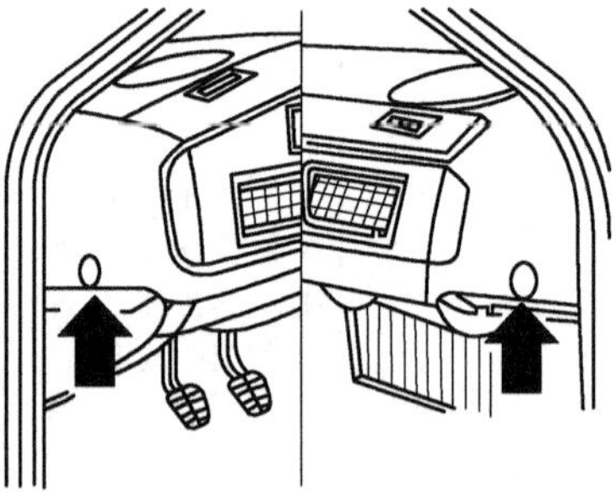 旋出两侧紧固螺栓
	8）打开发动机室盖，从前端旋出右图中箭头所示的两个紧固螺母，拆下仪表板中央饰板下方的两个紧固螺钉，并拆下仪表板	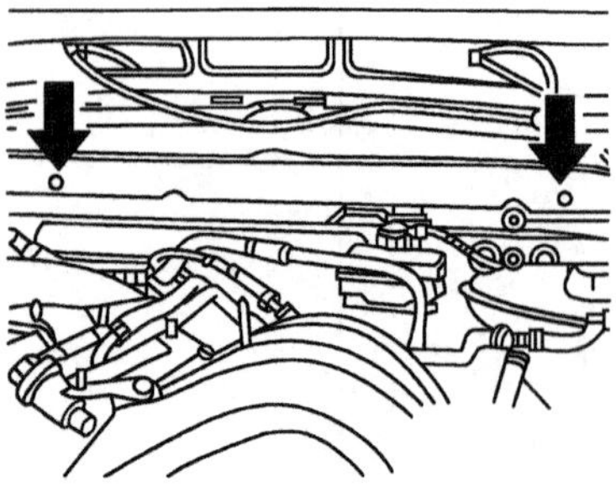 拆卸前端螺钉

三、拆装出风口

1. 拆装中央出风口

（1）中央出风口的拆卸步骤　首先用一字螺钉旋具从支承轴上撬出空调出风导流栅，并将其从前方取下，如图 3-45 所示；然后从仪表板背面拆卸 6 个螺钉，拆卸中央出风口，如图 3-46 所示。

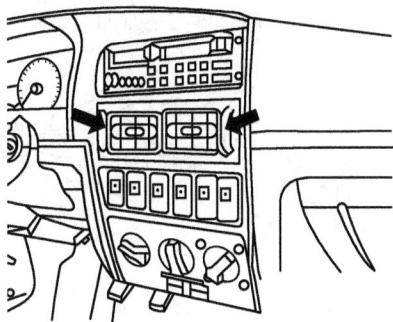

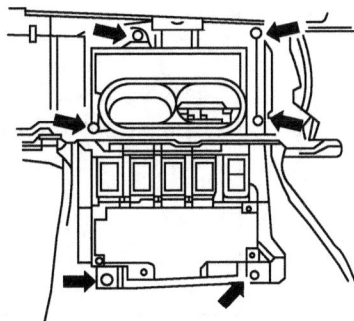

图 3-45　中央出风口出风导流栅的拆卸　　　　图 3-46　中央出风口螺钉的拆卸

（2）中央出风口的安装步骤　中央出风口的安装步骤与拆卸步骤相反。

2. 拆装驾驶人侧及前排乘客侧出风口

（1）驾驶人侧及前排乘客侧出风口的拆卸步骤　首先用一字螺钉旋具从支承轴上撬出空调出风导流栅，并将其从前方取下，如图 3-47 所示；然后旋出图 3-48 中箭头 A 所指的螺钉，沿箭头 B 所示方向按下卡舌，取出空调出风口饰板。

图 3-47　驾驶人侧及前排乘客侧出　　　　图 3-48　驾驶人侧及前排乘客
风口出风导流栅的拆卸　　　　　　　　　侧出风口螺钉的拆卸

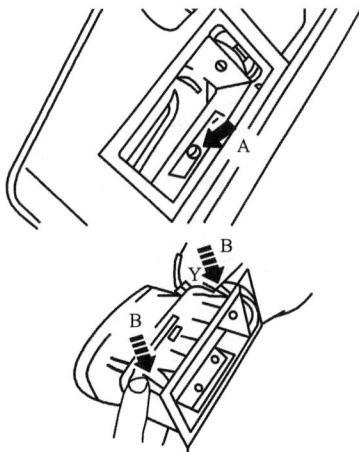

（2）驾驶人侧及前排乘客侧出风口的安装步骤　驾驶人侧及前排乘客侧出风口的安装步骤与拆卸步骤相反。

四、拆装鼓风机

（1）鼓风机的拆卸步骤 鼓风机的拆卸步骤见表3-8。

表 3-8 鼓风机的拆卸步骤

操 作 内 容	操 作 步 骤	操 作 图 例
拆卸鼓风机	1）拆下新鲜空气风箱后,用一字螺钉旋具撬开右图中箭头所指的弹簧夹片,并拆下拉索	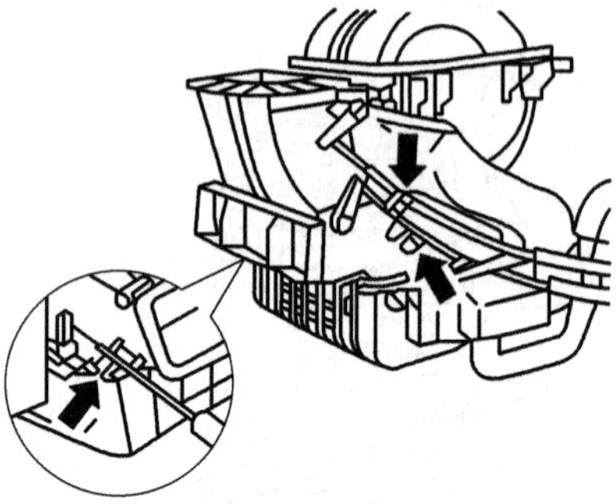 弹簧夹片的拆卸
	2）松开右图中箭头 A 所指的固定夹扣,并沿箭头 B 所指方向水平拆下暖风箱	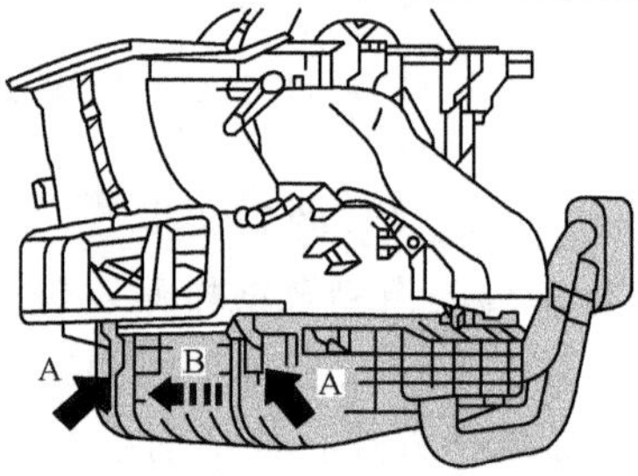 暖风箱的拆卸
	3）旋出右图中箭头 A 所指的左右两侧脚部出风口,旋出箭头 B 所指的紧固螺栓,拆下鼓风机插头	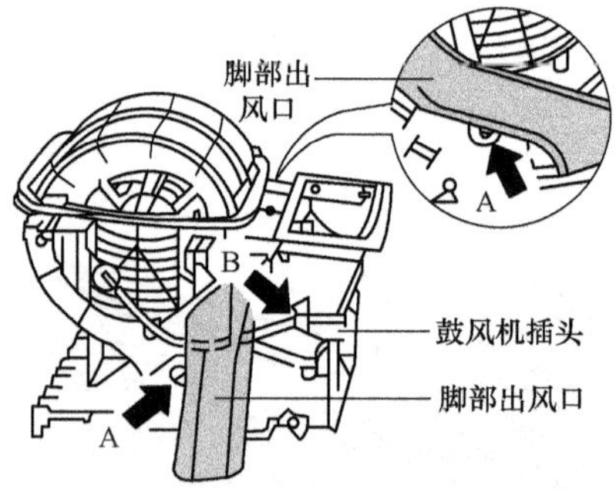 脚部出风口　鼓风机插头　脚部出风口　鼓风机插头的拆卸
	4）小心揭开密封条,用一字螺钉旋具撬开箭头 A 所指的9处弹簧夹片,旋出箭头 B 所指的2个紧固螺栓,拆开新鲜空气风箱左右壳体	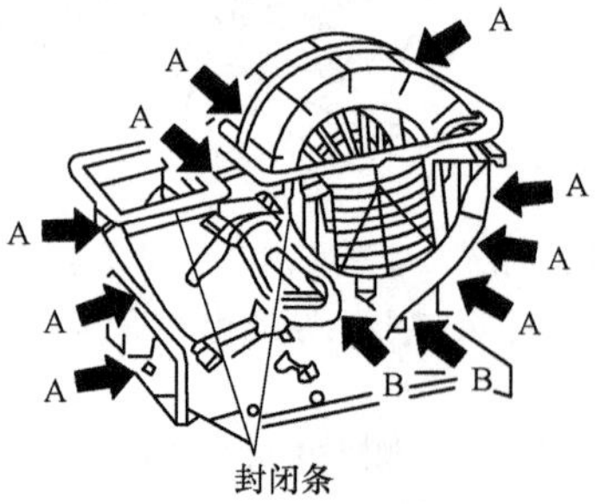 封闭条　紧固螺栓的拆卸

（续）

操作内容	操作步骤	操作图例
拆卸鼓风机	5）拆下箭头 A 所指的插头固定夹，向鼓风机侧推入橡胶块，旋出箭头 B 所指的紧固螺栓，拆下新鲜空气风箱左盖板	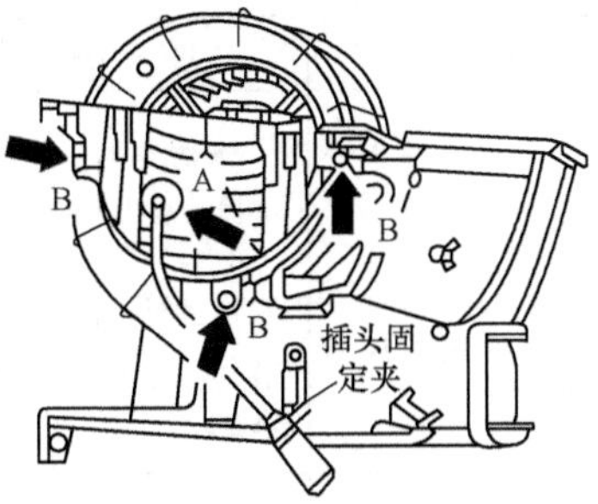 新鲜空气风箱左盖板的拆卸
	6）用一字螺钉旋具沿箭头所指方向按压卡舌，拆下鼓风机	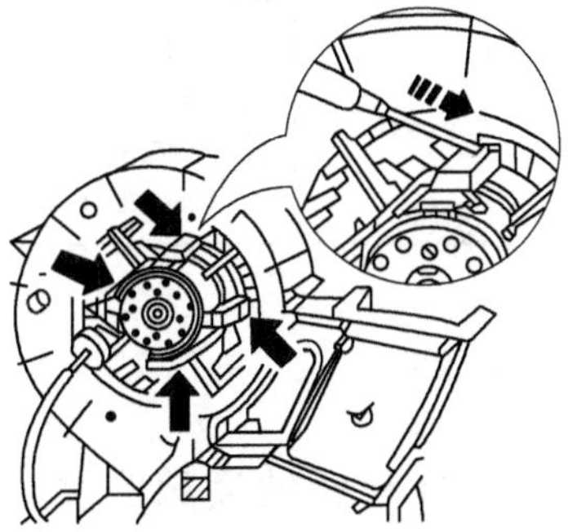 鼓风机的拆卸

（2）鼓风机的安装步骤　鼓风机的安装步骤基本与拆卸的步骤相反，安装时应注意各零部件之间的装配关系。

五、汽车空调的通风与空气净化系统拆装实训操作

请在所提供的汽车或汽车空调实训装置上进行汽车空调通风与空气净化系统的拆装操作，并完成表3-9。

表3-9　汽车空调通风与空气净化系统拆装操作记录表

序　号	操作项目		拆卸步骤	安装步骤	注意事项
1	拆装挡水板和进风罩				
2	拆装通风管道	拆装左侧风道			
		拆装右侧风道			
		拆装中央风道			
3	拆装出风口	拆装中央出风口			
		拆装驾驶人侧及前排乘客侧出风口			
4	拆装鼓风机				

任务评价

考核评价表

序 号	考核内容	考核要点	配 分	评分标准	扣 分	得 分
1	拆装挡水板和进风罩	弹簧夹片、密封条、进风罩的拆装操作	20	拆装操作规范、全面,记录清晰准确得20分;每遗漏一项,或不正确扣10分,扣完为止		
2	拆装通风管道	中央风道、右侧风道、左侧风道的拆装操作	30	拆装操作规范、全面,记录清晰准确得30分;每遗漏一项,或不正确扣10分,扣完为止		
3	拆装出风口	中央出风口、驾驶人侧出风口的拆装操作	20	拆装操作规范、全面,记录清晰准确得20分;每遗漏一项,或不正确扣10分,扣完为止		
4	拆装鼓风机	弹簧夹片、暖风箱、鼓风机插头、紧固螺栓、新鲜空气风箱左盖板、鼓风机的拆装操作	30	拆装操作规范、全面,记录清晰准确得30分;每遗漏一项,或不正确扣6分,扣完为止		

知识链接

一、汽车空调的通风方式

常见的通风方式有三种:第一种是打开风窗玻璃或者在车身内外壁上开设进、出风口进行自然通风,第二种是利用装于车顶的换气扇或抽风机进行强制性通风,第三种是自然通风和强制通风相结合。

(1)自然通风 自然通风也称为动压通风。它利用汽车行驶时相对于车身外部所产生的风压动力(动压),在适当的地方开设进风口和排风口,以实现车内的通风换气。图3-49所示为轿车车身模型风洞实验时的表面压力分布图,这时车身外部大多受到负压,只有在车前及前风窗玻璃周围为正压区。轿车的进风口设在车窗的下部正压区,而且此处设有进气阀门和内循环空气阀门,用来控制新鲜空气的流量,一般在空调系统刚启动而且车内外温差较大时,关闭外循环气道,采用内循环的方式工作,这样可以尽快降低车内温度。排风口设置在轿车尾部负压区。

当自然通风时,车内空气通风流动的情况如图3-50所示,车内外空气流动的情况如图3-51所示。这种通风方式不消耗动力,且结构简单,通风效果也较好。

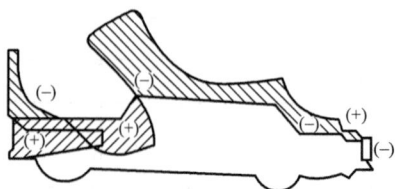

图3-49 轿车车身模型风洞实验时的表面压力分布图

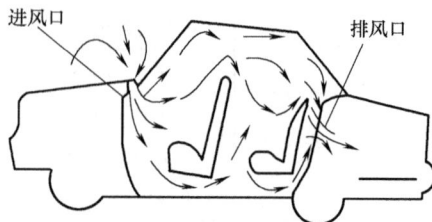

图3-50 车内空气通风流动的情况

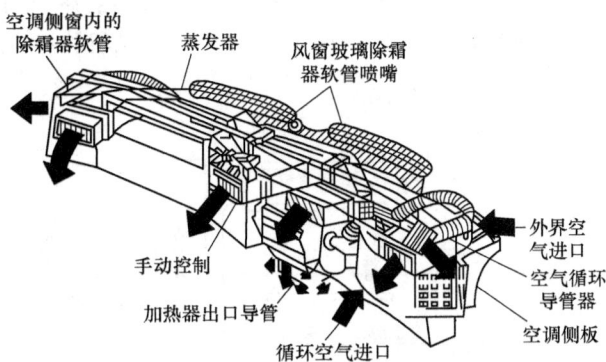

图 3-51　车内外空气流动的情况

（2）强制通风　强制通风是利用鼓风机或风扇，强制将车外空气送入车内进行通风换气的通风方式。这种通风方式需要能源和设备，在备有冷暖装置的车身上大多采用通风、供暖和制冷的联合装置，将车外空气与空调冷暖空气混合后送入车内，此种通风装置常见于高级轿车和豪华旅行车上。鼓风机电动机通常是通过鼓风机继电器控制。

（3）综合通风　综合通风是指一辆汽车上同时采用自然通风和强制通风两种通风方式。采用综合通风系统的汽车比单独采用强制通风或自然通风的汽车结构要复杂得多。最简单的综合通风系统是在自然通风的车身基础上安装强制通风扇，根据需要，两者可分别使用和同时使用。这样，基本上就能满足各种气候条件的通风换气要求。

综合通风系统虽然结构复杂，但耗电少、经济性好，且运行成本低。特别是在春秋季节，用自然通风导入凉爽的车外空气，以取代制冷系统工作，同样可以保证舒适性要求。这种通风方式近年来在汽车上的应用逐渐增多。

二、汽车空调空气净化方式

汽车上的空气净化主要有两种方式：一种是过滤除尘，另一种是静电除尘。

（1）过滤除尘　通常汽车上主要采用由无纺布、过滤纤维等组成的干式纤维滤清器对空气进行过滤除尘。利用惯性，可将来不及随气流转弯的较大尘埃吸附在纤维孔壁上；对于微小颗粒，当其在围绕纵横交错的纤维表面做布朗运动时，会因和纤维接触而沉积下来，并且被与纤维摩擦产生的静电吸附在纤维表面。在汽车空调中，一般选用直径约为 $10\mu m$ 的中孔聚氨酯泡沫塑料、化纤无纺布和各种人造纤维制作滤清器。

（2）静电除尘　图 3-52 所示为静电除尘空气净化装置的工作原理。滤清器用于过滤大颗粒的杂质。静电除尘装置则以静电集尘方式把微小的颗粒尘埃、烟灰及汽车排出的气体中含有的微粒吸附在集尘电极板上。图 3-53 所示为静电除尘空气净化器的工作原理。静电除

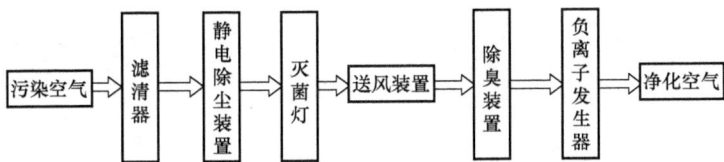

图 3-52　静电除尘空气净化装置的工作原理

尘的工作过程是：由粗滤器除去空气中较粗的尘粒；由静电集尘器吸附细微尘埃；通过活性炭滤清器除去烟气和臭气；由负离子发生器供给负离子；由风机将净化后的空气送入车内。

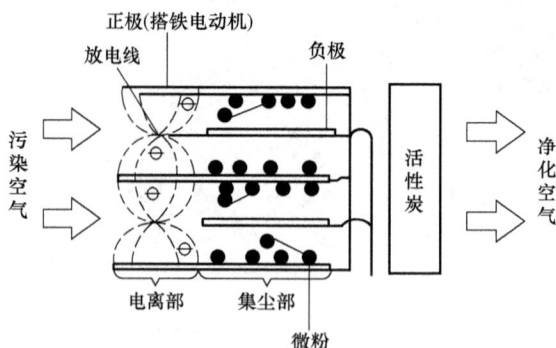

图 3-53　静电除尘空气净化器的工作原理

巩　固　练　习

一、填空题

1. 自然通风是利用汽车行驶时产生的风压，将外部空气引入车内，空气的引入口设在_____，对轿车来说，一般是在_____部位，此处都没有进气阀门和_____，用来控制新鲜空气的流量。

2. 空气净化系统通常有_____和_____两种。两者的区别是：前者只能滤除空气中的_____，而后者除此之外还具有_____的作用，有的还产生负离子，以使空气更新鲜洁净。

3. 客车的新风从_____的正压区进入车厢，从前门_____流出，暖风从足部吹入，车冷风从_____车厢，前车窗下面出来的是除霜用的热风。

二、判断题

1. 为避免车外空气不经空调装置直接进入车内，车外的空气压力要保持略小于车内的压力。　　　　　　　　　　　　　　　　　　　　　　（　　）

2. 强制通风方式是利用鼓风机强制引入车室外的新鲜空气。　　　　　（　　）

3. 在空气净化系统中，能去除烟尘和臭气的是静电除尘器。　　　　　（　　）

三、简答题

1. 简述静电集尘式空气净化装置的工作过程。

2. 简述中央风道的拆卸过程。

课题四　检修供暖系统、通风系统的故障

任务描述

供暖系统的常见故障有：无风、供风不热、风量不足、暖风机不足等，通风系统的常见

故障有：空气滤网堵塞、混气、空调异味、风门关闭不严等。结合此前所学的知识，学会检修供暖系统、通风系统的故障。

任务目标

1. 能分析可能造成汽车空调供暖系统、通风系统故障的原因。
2. 知道汽车空调供暖系统、通风系统故障的检修方法。
3. 能针对汽车空调供暖系统、通风系统的故障进行准确的分析判断，并能制订合理的检修方案。
4. 能按照制订的检修操作方案，顺利排除汽车空调供暖系统、通风系统的故障。

任务分析

要正确完成供暖系统、通风系统的故障检修任务，首先熟悉其常见的故障现象，根据现象分析可能的故障原因，再实施检修操作。本任务学会运用所学的专业知识，按照专业要求规范对汽车空调供暖系统、通风系统常见的故障进行诊断与维修。

任务实施

一、检修水暖式供暖系统的常见故障

水暖式供暖系统的运行和维护比较简单，主要应注意风机的电路及散热器的水路（水阀开闭）是否正常。此外还应注意：

1）当首次运行时，管路可能会因存在空气而出现气堵现象，此时只需将水位最高处的水管卸下一段，将其中的空气排出即可解决问题。

2）在严寒地区，若发动机散热器中未使用防冻防锈液，则晚上停车期间，应将散热器中的水放掉，以免散热器被冻裂。

水暖式供暖系统的故障分析与排除见表 3-10。

表 3-10　水暖式供暖系统的故障分析与排除

故障现象	可能的故障原因	排除方法
无风	1）鼓风机电路断路或接触不良 2）熔丝熔断 3）鼓风机烧坏 4）暖风开关坏或接触不良 5）暖风开关没有打开	1）修理或更换有关线束或接插件 2）更换熔丝 3）修复或更换鼓风机 4）修复或更换开关，去除开关接触面污物或锈斑 5）打开暖风开关
风不热	1）空调操纵拨杆没有移到暖风开启位置 2）暖风水管中有气阻 3）水阀坏，打不开 ①水阀若是钢丝绳操纵可能是钢丝绳断 ②若水阀是真空操纵，可能真空脱落或真空阀损坏，或真空膜泵损坏 ③若水阀是电阀操纵，则可能是电路断路或电磁阀坏 4）发动机上的出水位置不对使冷却液无法进入暖风芯子	1）将空调拨杆移到最大暖风位置 2）将暖风机进水管从中间连接处断开，将水管位置提高，使空气能排空，然后再重新连接 3）换水阀 ①更换钢丝绳 ②查找真空回路问题，对症处理，更换零件 ③查找电磁阀电路，对症处理 4）重新开出水口（要慎重）

（续）

故障现象	可能的故障原因	排除方法
风不够热	1）暖风操纵拨杆没有移到采暖最大开度位置 2）水阀被局部堵塞 3）水阀操纵机构只能部分打开阀门 4）热水管路被局部堵塞 5）发动机出水位置不对，使冷却液向暖风机流动不畅，或回水不畅 6）发动机刚起动不久，冷却液未热 7）外界温度过低，散热器面罩无防冻措施，致使冷却液不热	1）将拨杆移到采暖最大位置 2）清理水阀 3）修理水阀操纵机构 4）清理管子或更换软管 5）重新安排进出水位置 6）让发动机工作一段时间 7）散热器前加棉罩或采取其他保暖措施
风量不足	1）风量开关处在低档位 2）风量开关接触不良 3）暖风进风口被杂物堵塞 4）暖风芯子表面被杂物堵塞	1）风量开关转到高档位 2）去除接触片污垢，拧紧压紧簧片 3）消除杂物 4）清除暖风芯子表面杂物
滑移式操纵杆阻力大	1）操纵板滑槽无润滑 2）操纵板滑槽部分发生变形或压紧簧片太紧 3）各风门转动不灵 4）暖风操纵绳索脏	1）加润滑脂 2）修整或更换滑槽，调节簧片压紧力 3）检查风门操纵机构，调整转轴并加油，拨正阀门，修整风门周边密封片 4）清除绳索脏物
暖风机漏水	1）暖风机芯漏 2）连接管未拧紧或密封圈损坏	1）修补或更换暖风机芯 2）拧紧接头或更换密封圈

二、检修汽车手动空调通风系统的常见故障

（1）空气滤网堵塞

1）故障分析。当空气滤网堵塞后，会影响通风量，很多制冷不足的问题是由于空气滤网堵塞而导致通风口吹出的风量太小，而让驾乘者感到制冷不足。现在越来越多的高级进口汽车配备了活性炭微滤网，它的确能阻绝车外的尘埃和臭味，但在污染严重的地区很快就被堵住了。

2）处理办法。清洁或更换空调滤清器。

（2）混入暖气

1）故障分析。现在的汽车空调系统均有冷气与暖气，假如在需要冷气的情况下因混合门故障或暖水阀关闭不严而混入过多的暖气，就会造成制冷不足。这种情形可从两个现象判断得知：一是在冷车时，冷气较热车时冷；二是发动机室内的冷媒低压管（通常管径较粗，且覆有隔热材料）极冷，但冷气却不冷。

2）处理办法。检查暖水阀、混合门、暖水阀及混合门的拉索，必要时进行更换。

（3）空调异味

1）故障分析。经常在下雨时或一段时间未使用空调之后打开空调便有一股异味，其原因是空调系统内部细菌和霉菌积聚较多，霉菌会随着空调的通风直接吹进车内而污染室内空气，同时污染人体的呼吸道，尤其是夏季的多雨天气。黑暗、潮湿、温暖是霉菌生长所需的

三大因素，空调系统具备了以上条件，几乎所有的汽车空调都无法避免蒸发器上霉菌的生长。一般空调使用一两年后，就会传来一股难闻的酸腐气味，越潮湿、温暖的地区越容易产生。

2）处理办法。

① 热车后打开空调，以最高温度、最强热风在各个风向猛吹 3~5min，保持相对干燥。

② 准备一个备用滤芯，当空调滤芯受潮时，用备用滤芯将受潮的滤芯替换下来，再将受潮的滤芯清理干净，晾晒后备用，另外可使用清洗剂进行外循环风道杀菌。

（4）蒸发器表面脏堵

1）故障分析。如果花粉滤清器不经常维护，蒸发器表面会积附许多粉尘，使其翅片被覆盖，导致气流不能顺利地通过蒸发器表面进行热量交换，使通风风量较小；同时容易引起蒸发器表面结霜使空调制冷效果时有时无。

2）处理办法。清洁或更换花粉滤清器，清洗蒸发器表面。

（5）风门关闭不严

1）故障分析。此类故障一般出现在汽车空调维修之后。维修人员在对汽车空调进行维修时，可能会因为某些元件没有装配到位而引发各种人为故障。如在拆装手动空调控制面板及其拉索时，如果没有装配好，可能会引起风门关闭不严或不能完全打开等故障。

2）处理办法。检查风门及其拉索，必要时进行维修或更换。

三、供暖系统、通风系统的故障检修操作

待修车辆故障现象：开空调后，鼓风机工作，送风口有冷风；当循环按钮由外循环置于内循环时，送风口风量明显减小；将鼓风机档位调至最大，故障依旧。查阅维修资料，进行基本检查并制订维修方案。

参照表 3-11 的操作方法，对故障车辆进行就车检查，并将表格填写完整。

表 3-11　故障现象就车检查记录表

操作项目	操作方法	检查结果	故障判断与分析	维修方案
故障现象就车检查	起动发动机,开启空调,将鼓风机旋钮置于 2 档,内/外循环按钮置于外循环,观察送风口的风量			
	起动发动机,开启空调,将鼓风机旋钮置于 2 档,内外循环按钮置于内循环,观察送风口的风量			
	起动发动机,开启空调,将鼓风机旋钮置于最高速档位,内/外循环按钮置于外循环,观察送风口的风量			
	起动发动机,开启空调,将鼓风机旋钮置于最高速档位,内/外循环按钮置于内循环,观察送风口的风量			

任务评价

考核评价表

序　号	考核内容	考核要点	配　分	评分标准	扣　分	得　分
1	检修水暖式供暖系统的常见故障	没有风、风不热、风不够热、风量不足、滑移式操纵杆阻力大、暖风机漏水故障的检修	50	检修操作规范、全面,记录清晰准确得50分;每错误一项扣5分,扣完为止		
2	检修汽车手动空调通风系统的常见故障	空气滤网堵塞、混入暖气、空调异味、蒸发器表面脏堵、风门关闭不严故障的检修	50	检修操作规范、全面,记录清晰准确得50分;每遗漏一项,或不正确扣5分,扣完为止		

知识链接

一、系统故障诊断的仪表检测法

（1）诊断状态　诊断状态是指诊断故障时系统所处的状态。在发现或听驾驶人述说某种故障现象后,应当在系统处于两种状态时对其进行检查,这样才能完成一个"由表及里"的全面诊断。

1）静止状态。在发动机和制冷系统都静止的状态下,主要是对系统的电气线路、机械传动、功能部件、管路连接等进行外部检查。如电气线路连接是否有松动、脱落,搭铁处是否松动或有污垢和锈蚀等。机械传动部分主要是压缩机传动带的松紧度是否合适,一般以手指压在传动带中间位置,传动带下凹10mm为宜。部件安装是否松动,部件外部是否有损伤,特别是冷凝器,长期工作于自然环境中,溅起的泥浆、雨水容易使其锈蚀,在汽车高速行驶过程中,飞起的石子也有可能将其击伤。管路接头是否松动、泄漏。通风窗口是否有杂物封堵,通风系统各阀门动作是否灵活等。

2）工作状态。起动发动机,接通空调系统,使其分别在怠速、正常行驶转速（压缩机1800r/min）等工况下稳定工作,此时可将控制开关置于最大冷量和最小冷量的位置,检查是否有冷风送入车厢,并进一步用温度计检测送风温度;同时可检查压缩机是否运转,冷凝风扇是否工作。在系统已经工作的情况下,可继续检查其他内容。

（2）检测方法　基本检查只是一种对系统直观、外表的检查,它并没有反映出系统内部循环的情况,而制冷系统工作时,内部压力变化有一定的规律可循;压力与温度及制冷剂量是密切相关的,这正是进行仪表诊断的依据。我们可根据压力的变化情况,进一步诊断出系统可能出现故障的原因及部位。对于制冷系统而言,歧管压力表是最常用的工具。

1）诊断标准。对于不同的制冷剂,其压力与温度的关系是不同的,在制冷系统内的压力范围也有区别。

① 制冷剂为R12的空调系统,正常工作的压力范围是：低压侧在150~250kPa,高压侧在1378~1668kPa。

② 制冷剂为R134a的空调系统,正常工作的压力范围是：低压侧在150~250kPa,高压

侧在 1370~1570kPa 。

注：根据车型不同，测试工况（发动机转速、蒸发器入口温度）不同，压力范围略有差异，详见随车制造商手册。

2）诊断方法。用歧管压力表组测量系统压力时，首先将压力表组的高、低压手动阀关闭，然后将压力表组的高、低压软管分别连接到系统的高、低压检修阀上，并利用系统内制冷剂压力排出管内空气。启动空调系统，待压力表指示稳定后即可读取压力值。根据压力表的指示判断，分析故障原因。对于电气系统可用万用表、解码仪等进行检测。

二、汽车手动空调通风系统的检修流程

（1）观察故障现象　通过对故障现象的观察，初步判断故障原因和部位。例如，鼓风机置于最高速档位，但通风口出风量小，制冷效果良好，则可初步判断是风道堵塞，包括花粉滤清器、蒸发器表面、风门等。

（2）进行基本检查　对汽车空调系统进行相关的基本检查，进一步确定故障原因与部位。检查控制面板工作是否正常，制冷系统工作是否正常，冷凝器风扇是否工作，鼓风机是否工作，高、低压管路是否有明显的温差，制冷剂是否足够等，通过对汽车空调进行基本检查，可以排除一些外在的简单的故障原因。

（3）制订检修方案　通过故障现象观察和就车基本检查，针对故障现象并结合汽车空调的结构与工作原理制订合理可行的检修方案；然后依照检修方案逐一排查故障并找到故障部位，进而排除故障。

巩 固 练 习

一、填空题

1. 造成汽车水暖式供暖系统没有风的原因有鼓风机电路断开或_____，熔丝熔断，鼓风机烧坏，_____。

2. 造成汽车空调暖风机漏水的原因有_____、_____。

3. 水暖式供暖系统的运行和维护比较简单，主要应注意_____及_____（水阀开闭）是否正常。

二、判断题

1. 如果送风口的气流明显减弱，则花粉滤清器可能堵塞。　　　　　　　（　　）

2. 暖风进风口被杂物堵塞与出风口风量不足没有关系。　　　　　　　（　　）

3. 一般空调使用一两年后，就会传来一股难闻的酸腐气味。越潮湿、温暖的地区越容易产生。　　　　　　　　　　　　　　　　　　　　　　　　　　　（　　）

三、简答题

简述花粉滤清器维护的注意事项。

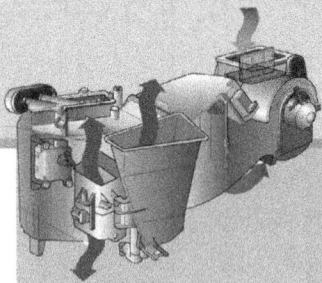

单元四

汽车空调控制系统的结构与检修

单元概述

　　汽车空调系统控制电路是为了保证各装置之间的相互协调工作，正确完成各种控制功能和各项操作而设置的，是汽车空调系统的重要组成部分。尽管汽车空调种类繁多，电路形式各不相同，但其电气控制系统都包括压缩机电磁离合器控制电路、冷凝风扇控制电路和鼓风机控制电路等基本电路、控制装置以及保护装置。本单元重点学习汽车空调的常用控制装置、保护装置及控制电路，并分析几款典型车系的汽车空调电路。

单元学习目标

知识目标

1. 知道拆装检修汽车空调控制装置、保护装置的操作方法。
2. 知道分析典型汽车空调控制电路的方法。
3. 知道检修汽车空调控制系统故障的操作方法。

能力目标

1. 能熟练完成拆装检修汽车空调常用控制装置、保护装置的操作。
2. 能就车识别其空调控制系统电路。
3. 能熟练完成空调控制系统的故障检修操作。

职业道德目标

　　在完成汽车空调控制系统的检修过程中，养成勤俭节约的良好职业素养，杜绝形成只换不修的工作作风，同时积极关注行业动态，形成积极探索、勇于创新的良好习惯。

课题一　　检测汽车空调控制装置

任务描述

　　汽车空调常用控制装置包括：温度控制、真空控制和速度控制等，作为一名汽车空调维修人员，学习检修汽车空调的控制系统，要求先学会温度控制、真空控制和速度控制的检测。

任务目标

1. 知道拆装汽车空调控制装置的检测方法和要求。
2. 能熟练完成检测与调整汽车空调温度控制器的操作。
3. 能熟练完成检测真空控制器、真空转换阀和单向阀、速度控制装置的操作。

任务分析

学会检测汽车空调温度控制、真空控制和速度控制的操作方法，应有万用表、歧管压力表和真空泵等检测工具的使用基础。

任务实施

一、检测与调整温度控制器

1. 检测温度控制器

1）将万用表（欧姆档）表笔或者自带电源试灯连接到温度控制器的两个端子上。

2）观察万用表是否显示低电阻或者试灯是否点亮。在室温时，温度控制器一般会闭合。如果显示低电阻或者试灯点亮，将毛细管的端部或者感温包浸入冰水中，观察电阻是否增加或者试灯是否熄灭。当温度降低到低于设定值时，温度控制器触点应打开，若电阻增加或试灯熄灭则进行下一步，否则说明温度控制器有故障。如果不显示低电阻或者试灯不亮，也进行下一步操作。

3）将温度控制器的毛细管或者感温包浸入热水中。

4）观察万用表指示电阻是否降低或者试灯是否点亮。如果电阻降低了或者试灯点亮了，则说明温度控制器正常。如果电阻不降低或者试灯熄灭，则说明温度控制器有故障，一般故障是触点卡在打开位置。

2. 调整温度控制器

当需要对温度控制器进行调整时，必须先做外观检查，以确定该温度控制器是否有调整螺钉。各种温度控制器触点通、断之间的温度范围都是可调的，有些型号的温度控制器有一个可拆卸的纤维盖板，盖板下都有一个调整螺钉。如果没有调整螺钉，其弹簧张力和触点间距都是可变的，这样便可通过转动凸轮来增加或减少弹簧张力，以进行蒸发器温度的调整。转动凸轮有两种方法：一种是转动装有旋钮的凸轮轴，另一种是利用拉索机构。

1）把歧管压力表组件和制冷系统相连接，先调整空调至最大制冷量位置，然后起动发动机，运行 10~15min，将转速稳定在 1500~1750r/min。

2）按规定（在制冷系统内制冷剂达到额定量条件下）读取高压侧压力表读数，这时读出的数值应和表 4-1 所列的值应接近。

3）检查观察窗中有无气泡，并读取低压侧压力表读数，以观察温度控制器的运行状况，在制冷系统稳定运行 10~15min 后，此读数值为 0.184~1MPa。应注意的是，当压力在高、低压表的示数之间时，蒸发器结霜，温度控制器应将压缩机电磁离合器断开。如果温度控制器不能使电磁离合器再次吸合，应把温度控制器移向暖和的位置，以检查温度控制器触点的断开距离是否适当，若不适当应调整。

表 4-1 蒸发器温度、压力之间的关系

蒸发器压力/MPa	蒸发器温度/℃	高压表读数/MPa	环境温度/℃
0	−29.4	0.309	−6.6
0.0039	−28.8	0.377	−1.1
0.0157	−26.1	0.497	4.4
0.0309	−23.3	0.590	10.0
0.042	−20.5	0.720	15.5
0.063	−17.7	0.864	21.1
0.080	−15.0	0.960	23.9
0.1	−12.2	1.098	26.6
0.117	−9.4	1.269	32.2
0.144	−6.6	1.338	35.0
0.154	−5.5	1.509	37.7
0.164	−4.4	1.646	40.5
0.173	−3.3	1.784	43.3
0.184	−2.2	1.887	46.1
0.195	−1.1	1.989	48.8
0.254	4.4	2.092	51.6
0.319	10.0	2.230	54.5
0.395	15.5		
0.480	21.1		
0.576	26.6		
0.683	32.2		
0.802	37.7		
0.933	43.3		
1.077	48.8		
1.228	54.4		

注：所指条件是车速为 48km/h 和发动机转速为 1750r/min。

4）在触点闭合前的瞬间，应记录压力表读数。在触点从断开到再闭合的过程中，压力表的变化应从 0.18MPa 升高到 0.22MPa。温度控制器的检查不能少于 3 次，以确定运行状况是否前后一致。温度控制器一般和蒸发器装在同一壳体内。

5）拆除温度控制器通道上的零件，打开至调整螺钉的通道，逆时针方向转动调整螺钉，可减小触点间的距离，从而减小触点断开压力；顺时针方向旋转调整螺钉，可增加触点间的距离，从而增加触点的断开压力；在高湿度地区，要求触点断开压力要高于平均压力，否则蒸发器上就要结冰。在干燥地区，湿度很低，可以允许把温度控制器调整到断开压力为 0.01~0.11MPa 时触点断开，此时，蒸发器也不会结冰。

二、检测真空控制装置

1. 检测真空动作器密封性

1）使用真空泵和真空表检查漏气量，当真空度为 33.2kPa 时，在 1min 内，真空度下降不得大于 3.32kPa，否则需更换。

2）在无仪器时，可用嘴吸吮的方法检查是否漏气，若漏气，应更换。

2. 检测空调系统真空转换阀

1）先拆去导线和真空管，用吹气方法检查图 4-1 所示的管 A 与管 B，及管 A 与大气间的通气性能。

2）在断路状态下，管 A 与管 B 应处于通路状态，而管 A 与大气不通。

3）在电磁阀接通电源后，管 A 与管 B 应不通，管 A 与大气则相通。

4）电磁机构的电流值不得大于 0.25A，如果不正常，则应更换真空转换阀。

3. 检测空调系统单向阀

1）从车上拆下要检查的单向阀，将其与真空泵和真空表连接，如图 4-2 所示。单向阀中气流正常的流动方向应该背离真空泵。如果真空泵工作时真空表指示真空，说明阀门关闭；若不指示真空，说明阀门被打开，证明阀已损坏。

2）将单向阀的方向颠倒，使阀中气流的正常流动方向朝向真空泵。如果真空泵工作时，真空表指示真空，说明阀堵塞，证明阀已损坏；如果真空表不指示真空，证明阀良好。应及时更换损坏的单向阀。

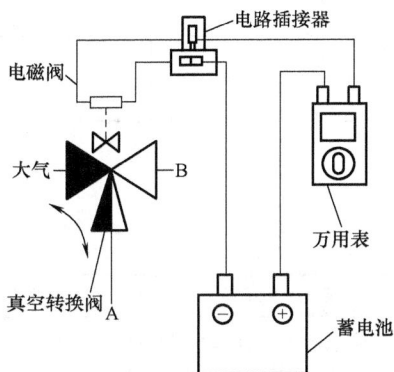

图 4-1 真空转换阀的检查

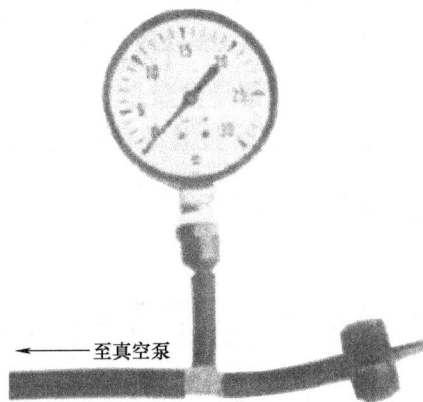

图 4-2 单向阀与真空转换阀的连接

三、检测速度控制装置

怠速控制装置和加速控制装置的检查方法如下：

1）起动汽车空调发动机，注意观察节气门的位置。

2）检查真空转换阀线圈。用万用表对线圈进行检查，若线圈电阻为正常值，则说明线圈正常；若线圈电阻值无穷大，则表示线圈已断路；若线圈电阻值小于正常值，则表示线圈已短路。

3）在未按下空调开关时检查真空转换阀，管 A 与管 B 应导通，管 A 与大气之间截止。

若按下空调开关，管 A 与大气相通，如图 4-3 和图 4-4 所示。

4）检查真空驱动器。

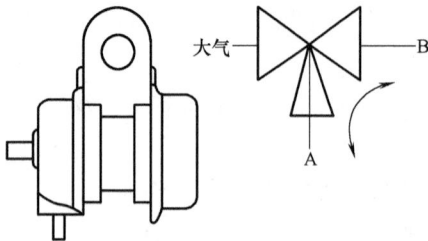

图 4-3　真空转换阀断电状态

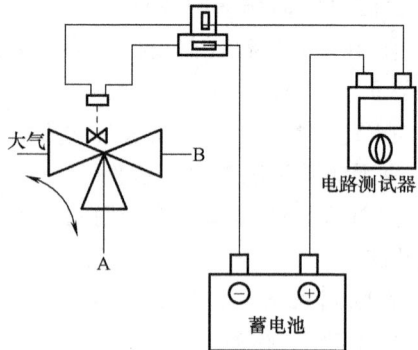

图 4-4　真空转换阀通电状态

四、控制装置检测实训操作

就车或在汽车空调实训设备上进行控制装置故障诊断与维修实训操作，并将表 4-2 填写完整。

表 4-2　汽车空调控制装置检测操作记录表

序　号	操 作 项 目	操 作 方 法	注 意 事 项	操作时遇到的问题
1	检测温度控制器			
2	调整温度控制器			
3	检测真空控制装置			
4	检测速度控制装置			

任务评价

考核评价表

序　号	考核内容	考核要点	配　分	评分标准	扣　分	得　分
1	检测温度控制器	检测温度控制器的步骤、注意事项	25	检测操作规范、全面，记录清晰准确得20分；每遗漏一项，或不正确扣4分，扣完为止		
2	调整温度控制器	调节温度控制器的步骤、注意事项	20	检测操作规范、全面，记录清晰准确得20分；每遗漏一项，或不正确扣3分，扣完为止		
3	检测真空控制装置	检测真空控制装置的步骤、注意事项	20	检测操作规范、全面，记录清晰准确得20分；每遗漏一项，或不正确扣3分，扣完为止		
4	检测速度控制装置	检测速度控制装置的步骤、注意事项	20	检测操作规范、全面，记录清晰准确得20分；每遗漏一项，或不正确扣3分，扣完为止		

知识链接

一、温度控制装置

1. 温度控制器的功用

温度控制器又称为温控开关、恒温器，它是汽车空调系统中一种控制温度的开关元件，主要用于检测蒸发器的表面温度并控制压缩机的开与停，起到调节车内温度及防止蒸发器结霜的作用。温度控制器一般安装在蒸发箱中或靠近蒸发箱的冷气控制板上。

2. 结构原理

在电磁离合器控制的空调制冷系统中，温度控制器有波纹管式、双金属片式及热敏电阻式三种。

（1）波纹管式温度控制器　波纹管式温度控制器也称为压力式温度控制器，它是一种热力机械式温控开关，这种控制器将一根由毛细管连接的温度传感器（感温包）放在需要感温的部位，一般插在蒸发器中间。

波纹管式温度控制器的结构如图 4-5 所示。与温度控制器相连接的毛细管内充有一种对温度敏感的液体或者气体，在温度控制器内，毛细管与波纹管相连，波纹管与一个摆动框架总成相连，并设有两个触点，其中一个通过绝缘板固定到摆动框架上，另一个通过绝缘板固定到温度控制器壳体上。

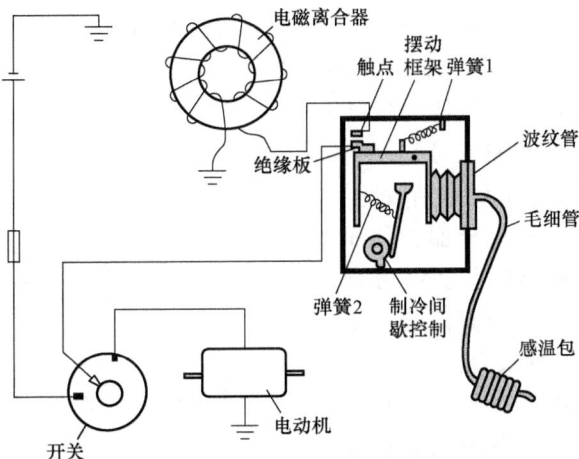

图 4-5　波纹管式温度控制器的结构

当蒸发器温度比较高时，毛细管内的气体膨胀，压力作用于波纹管上，如图 4-6 所示。在这个压力的作用下，为了克服弹簧 2 的拉力，波纹管变形使触点闭合，电路导通，电磁离合器接合，压缩机运转。当制冷系统工作一段时间后，车内温度逐渐降低，蒸发器表面温度也逐渐降低，波纹管逐渐收缩。当温度降到一定值，波纹管收缩到一定程度时，波纹管对摆动框架的压力不足以克服拉力弹簧 1 的拉力，从而使触点分开，电路断开，电磁离合器脱开，压缩机停转。接下来蒸发器温度又逐渐升高，波纹管膨胀，推动框架使触点闭合，压缩机又开始转动。如此反复，蒸发器便不会结霜，并保持了车内温度的稳定。

温度控制器中有一设定温度的调节旋钮与凸轮相连，当顺时针方向转动旋钮时，弹簧2被拉紧，这时需要比较高的温度才能使触点闭合，即车内温度需设定得比较高。弹簧1调节触点断开的温度范围，即断开时间，能有足够的时间让蒸发器结霜。

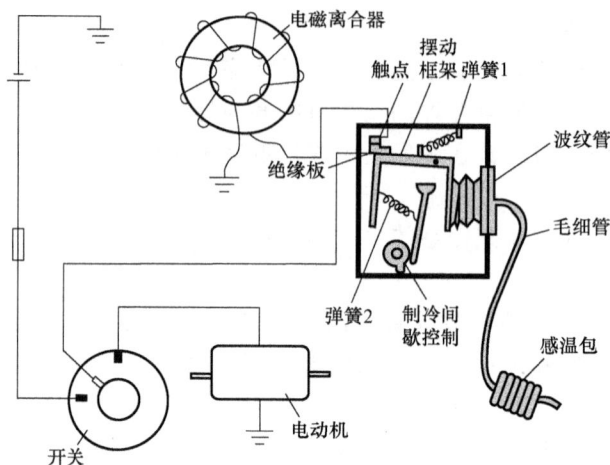

图 4-6　波纹管式温度控制器闭合位置

（2）双金属片式温度控制器　双金属片式温度控制器因为成本低常常被用作售后安装式空调的替换部件。它没有毛细管，只是依靠流经双金属片的空气来维持正常工作。

这种温度控制器的结构如图4-7所示：它是由两片对温度变化胀缩程度不同的金属片组成的，上面有一个动触点，壳体上有一个静触点。

冷空气通过温度控制器，会使温度控制器中双金属片中的一片收缩成弓形。随着空气温度不断降低，这片金属不断收缩，直到使触点分开，断开电磁离合器，使压缩机停止转动，当温度升高时，另一片金属受热伸长，把触点拉回，触点闭合，电流接通，压缩机电磁离合器吸合。

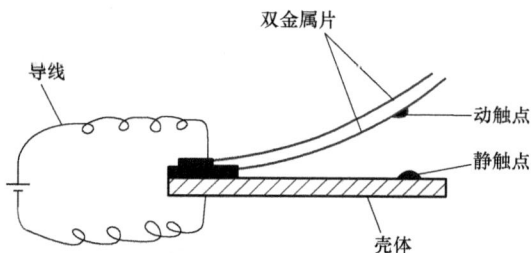

图 4-7　双金属片式温度控制器的结构

（3）热敏电阻式温度控制器　在现代汽车空调制冷系统中，热敏电阻式温度控制器已经成为空调放大器的一个重要组成部分。它的感温元件是热敏电阻，将温度的变化转换为电阻的变化，即转变成电路中电压的变化。它一般安装在蒸发器的出口，用于检测蒸发器的出口温度，通过一根导线与晶体管电子电路相连，控制电路的接通与断开。图4-8所示为一种典型的热敏电阻式温度控制器控制电路。

这种温度控制器主要由温度检测电路、信号放大电路和电子开关电路三部分组成。

当空调开关接通后，蓄电池的电压便经空调开关→热敏电阻 R_{13}→R_1→R_3 加至 VT_1 的基极上，使得 VT_1 导通，VT_2、VT_3 和 VT_4 也导通，此时电流便由蓄电池→空调开关→电磁线圈→VT_4→搭铁，使触点闭合，即电磁离合器线圈通电吸合，压缩机运转。当车内温度下降到低于设定值时，即蒸发器出风口温度低于规定值，热敏电阻 R_{13} 的阻值增大，使 VT_1 的

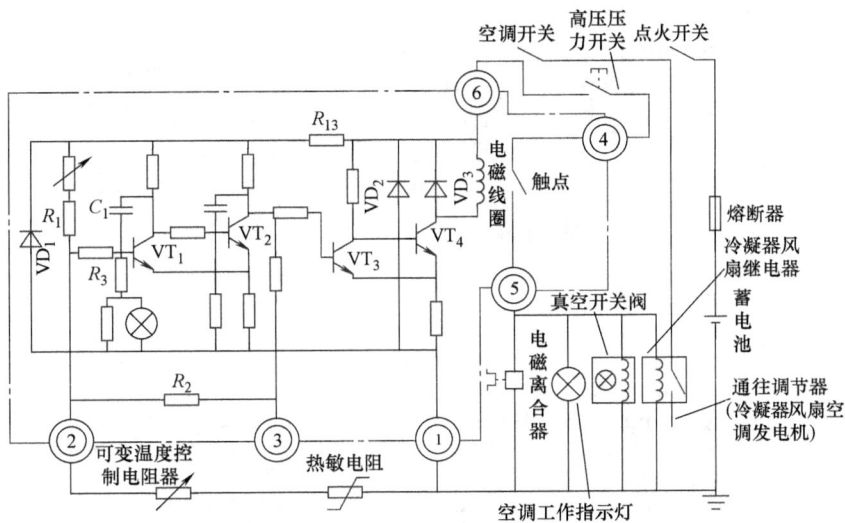

图 4-8 典型的热敏电阻式温度控制器控制电路
①~⑥—放大器接点

基极电位降低，这时 VT_1、VT_2、VT_3 和 VT_4 均截止，电磁线圈中无电流通过，常开触点断开，电磁离合器线圈断电，压缩机停止工作。当压缩机停止工作后，蒸发器表面温度又要慢慢上升，负温度特性系数的热敏电阻 R_{13} 阻值减小到一定值时，重新使 VT_1、VT_2、VT_3 和 VT_4 导通，触点闭合，使得压缩机再次工作。重复上述过程，可以使车内温度稳定在所要求的范围内。

二、真空控制装置

1. 真空控制装置的功用

汽车手动、半自动、自动空调系统的许多控制系统是由空气（真空或压缩空气）驱动的，而其他控制系统基本是由电动或者电子控制装置驱动的。真空控制装置中的单向阀、真空罐、真空动作器及真空电磁阀等零部件损坏时，将会使空调系统的某些功能无法执行，影响汽车空调的正常使用。

2. 真空控制装置的结构原理

当汽车发动机工作时，发动机本身能够提供一个稳定的真空源，这个真空源通常取自进气歧管，并通过直径较小的合成橡胶管、塑料管或尼龙管送给各种装置。而发动机真空源随着发动机的变化而变化，因此真空系统必须使用真空罐和单向阀。

（1）真空驱动装置　真空驱动装置也称为真空电动机。所谓真空驱动装置，实际上是一种带膜片的真空盒，由于它能传递位移，所以又称其为真空动作器。有的真空膜盒自带弹簧，如图 4-9 所示。

真空动作器还分有单腔式和双腔式。单腔式是膜盒一侧与大气相通，受到一个大气压的作用，该侧是高压侧，另一侧是低压侧。当低压侧与真空源相通时，膜片被压向低压侧，带动拉杆向低压侧方向移动；当真空源关闭时，低压侧与大气相通，膜片两边压力相同，膜片回到原位，带动拉杆移回到原位，即拉杆的动作受真空源的支配。如图 4-9a、b 所示。

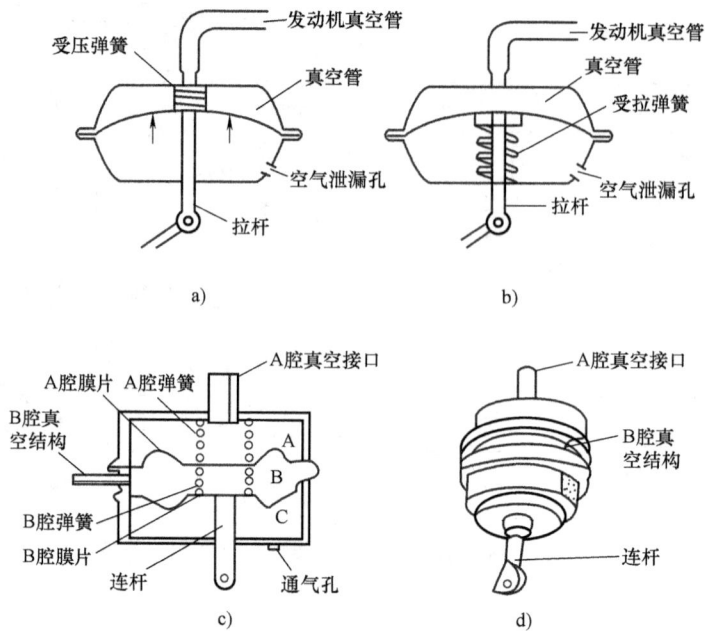

图 4-9　真空膜盒和双腔式真空驱动装置

a）真空膜盒动作（一）　b）真空膜盒动作（二）　c）双腔式真空驱动装置内部结构　d）双腔式真空驱动装置外形

　　双腔式的内部结构和外形如图 4-9c、d 所示。当只有 A 腔有真空作用时，膜片带动连杆只提到一半位置。如果 A、B 腔同时有真空作用时，连杆就被提到极限位置。如果 A、B 两腔都没有真空作用，则连杆处于最下端，所以双腔式真空驱动装置控制的风门有三个位置：全开、全闭和半开，也可以同时控制两个风门。一个开，一个关，或者两个同时半开。

　　（2）单向阀和单向继动器　真空系统中通常装有真空单向阀和单向继动器，用于防止在发动机进气歧管真空度低于真空驱动装置工作所需要的真空度时系统不能正常工作。另外，大多数真空系统都有真空罐，单向阀和单向继动器通常安装在真空罐与真空源之间。

　　图 4-10 所示为一典型的真空单向阀。它主要用来防止在进气歧管真空度较低的情况下真空气室真空度的下降，以及防止真空度较低时真空系统的频繁工作。如图 4-10a 所示，当发动机的真空度正常时，单向阀在发动机真空度的作用下打开，膜片在发动机真空度的作用下被吸下，允许真空度从真空单向阀移至真空电动机。如图 4-10b 所示，当发动机真空度较低时，由于发动机的真空度低于 A 口处的真空度，在弹簧的作用下，膜片上移，因而堵住了 A 和 B 之间的通道，从而保持了真空电动机的真空度，单向阀关闭，防止 D 口的真空度下降。

　　（3）热水阀控制　汽车空调供暖系统热交换器热水流量的控制有真空控制和绳索控制两种。

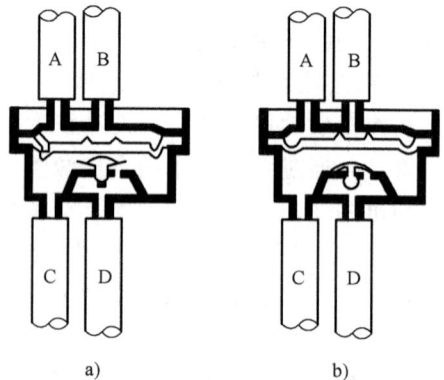

图 4-10　典型的真空单向阀

A—到真空动作器　B—来自转换器的真空
C—发动机真空　D—单向阀真空

图 4-11 所示为真空控制结构；图 4-11a 表示没有真空作用时，在弹簧的作用下热水阀关闭；图 4-11b 表示有部分真空作用时，热水阀打开一点；图 4-11c 则表示全真空作用时，水流量最大。

用真空控制热水阀的开闭还有一种结构，如切诺基汽车的热水阀。它依靠真空膜泵转动阀片，控制发动机冷却液进入加热器，或直接进入水泵。

（4）模式门控制　模式门控制指在空调仪表板上的许多模式开关（按钮），用来人为控制各种模式风门的开闭。空调模式门有除霜门、内外进风门（指内、外风循环）、暖风/冷风出风门、中央风门和脚部风门等，可用绳索操纵，也可用真空操纵（近来发展为用电动机操纵）。

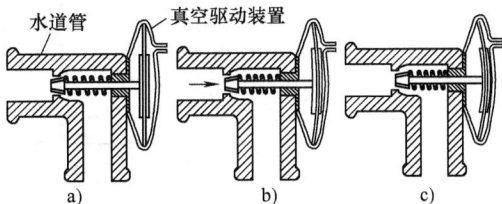

图 4-11　真空控制结构

图 4-12 所示为桑塔纳 2000GSi-AT 型轿车空调装置控制系统中的真空线路图，从图中可以直观地看到利用真空动作器开闭风门。控制系统的真空源来自发动机进气歧管。当发动机工作时，进气歧管处是真空源，为保证空调控制系统的可靠工作，在真空管路中设有真空罐，可使真空波动变小。

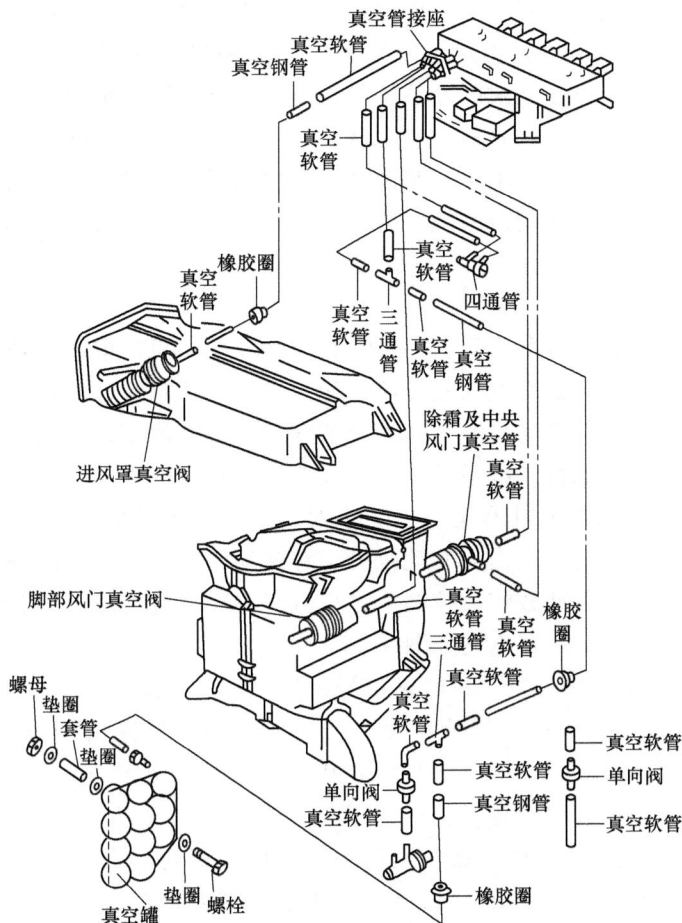

图 4-12　桑塔纳 2000GSi-AT 型轿车空调装置控制系统中的真空线路图

有些温度自动控制系统中，在内外进风口处各设有一组双金属片式的温度传感器，如图4-13所示。根据感应到的内外空气温度差，该传感器会自动打开真空调节器内的泄流孔，改变真空度的大小，从而改变真空动作器推杆的伸出长度，实现新风阀门开度的调节。

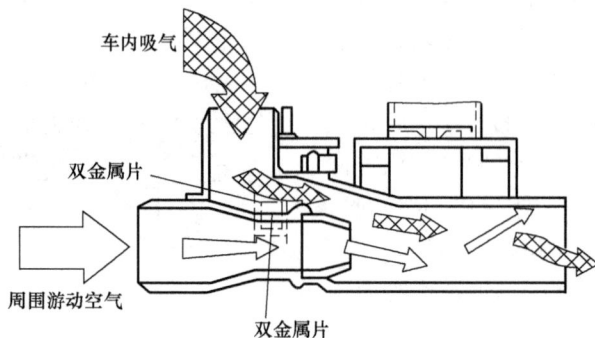

图 4-13　恒温真空调节器

三、速度控制装置

在非独立式汽车空调制冷系统中，压缩机由发动机带动，当发动机处于怠速状态或汽车低速行驶（如在拥挤的城市道路慢速行驶）时，风压和风量均不充足，散热效果差，冷却液温度升高。同时，由于非独立式制冷系统的冷凝器通常安装在散热器前面，进一步影响发动机散热器的散热效果，发动机容易过热，从而影响发动机正常工作。另外，当发动机处于怠速时，发动机提供的电能严重不足，制冷系统还要大量消耗蓄电池的电能。因此，对于由发动机带动压缩机的非独立式制冷系统，为了保证汽车的正常运行，必须增加发动机速度控制器。

1. 怠速控制装置

发动机怠速控制装置有两种类型：一种是自动切断压缩机的电磁离合器电路，发动机怠速时使制冷系统停止工作，减轻发动机负荷，稳定发动机的怠速性能；另一种是当发动机怠速还需要使用制冷系统时，发动机能自动加大节气门开度，使发动机在怠速时转速提高，这样既能保证有足够的动力维持制冷系统工作，又能保证自身的正常运转。

（1）怠速继电器　怠速继电器是为了防止发动机处于怠速时，由于压缩机负荷造成的发动机工作不稳定。其主要功能是当发动机处于怠速运转时自动切断压缩机电磁离合器。这种方法是利用点火线圈的脉冲数作为控制信号，汽车制冷系统的怠速控制线一般接在点火线圈低压侧的负极上。怠速继电器电路如图4-14所示。

在图4-14所示的电路中，发动机转速信号由接线柱送入怠速继电器电路，VT_1、VT_2及相应的阻容元件组成了频率/电压转换电路，送入的发动机转速信号经电阻R_1、R_2、电容C_1衰减，并在滤波后由VT_1放大，放大后的脉冲电压又被由电容C_2、电阻R_5和二极管VD_2组成的微分电路，使其脉冲宽度为一固定值，再经VT_2放大整形以及R_7、C_3滤波后，便在由R_8、RP和R_9组成的分压电路两端得到一电压幅值与输入脉冲频率成反比的直流电压，该电压经电位器分压后送入由VT_3、VT_4组成的施密特触发器输入端，用来控制触发器的导通和截止，通过继电器K来控制压缩机电磁离合器线圈电路的接通和断开。

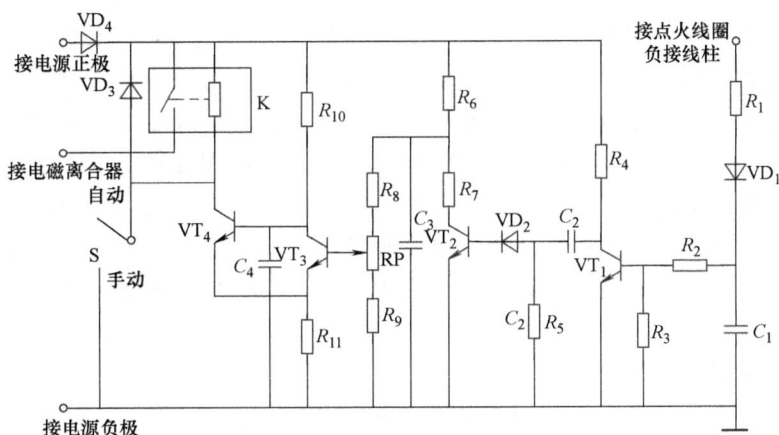

图 4-14 怠速继电器电路

当发动机怠速运转时，点火信号频率较低，经频率/电压转换电路得到的直流电压较高，施密特触发器的输入电压也较高，因而 VT₃ 导通，VT₄ 截止，继电器 K 触点断开，从而切断了电磁离合器线圈电路，压缩机不工作；当发动机转速升高到某一值时，点火信号频率增加，输入到施密特触发器的电压下降，VT₄ 导通，继电器 K 触点闭合，接通电磁离合器线圈电路，压缩机工作。电位器 RP 可用于调节输入到施密特触发器的输入电压，进而调节电磁离合器开始接通和断开时的发动机转速。一般接通转速为 900～1000r/min，断开转速为 600～700r/min。该怠速继电器具有手动和自动两个控制档位，当自动控制档位出现故障时，可将开关拨到手动控制档位以应急使用，此时，继电器线圈的电流经手动开关搭铁构成回路，压缩机的工作状态将不再受发动机转速的控制。

（2）怠速提高装置 怠速继电器的作用是发动机转速低到某一最低转速时控制制冷压缩机停止运转，以保证发动机正常运转。但是，这种使制冷系统停止工作的措施并不理想，特别是在堵车或者炎热的夏季，这种情况就更为突出。采用怠速提高装置就能解决这一矛盾，即空调开关闭合后，在接通电磁离合器电源的同时，自动地提高发动机的怠速转速，使发动机在怠速时带动制冷压缩机仍能维持正常运转。

常见的怠速提高装置有节气门直接驱动式、旁通空气道式、发动机怠速电动机控式三种形式。它们的工作原理基本相同，下面重点介绍节气门直接驱动式怠速提高装置，图 4-15 为其工作示意图。

节气门直接驱动式怠速提高装置的主要控制元件有真空电磁阀、节气门位置控制器、真空输送阀和管道等。真空转换阀的真空电磁阀线圈并联在压缩机电磁离合器电路中，真空源来自化油器节气门的下方。真空电磁阀的三通阀门分别接大气、节气门位置控制器和真空源。接节气门位置控制器的阀门只能分别与真空电磁阀的真

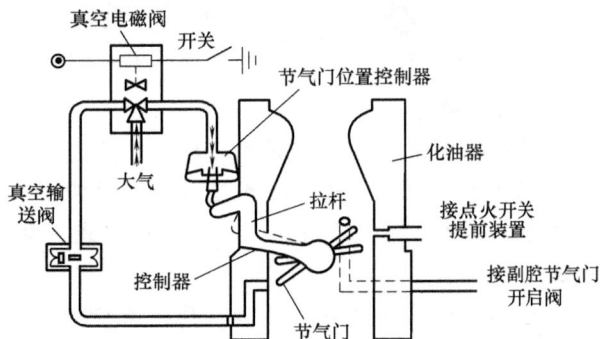

图 4-15 节气门直接驱动式怠速提高装置

空源阀门和大气阀门相通，工作状态受真空电磁阀控制。节气门位置控制器通过拉杆和控制臂来控制节气门的开度。当汽车制冷系统的开关断开时，真空转换阀的真空电磁阀电路不通，三通阀因受到内部压缩弹簧的作用，真空源阀门开启，化油器节气门下方的真空源通过真空输送阀作用在节气门位置控制器膜片上，使膜片上行，拉杆运动，节气门从特定位置移到正常怠速位置，当接通制冷系统时，电流即通过真空转换阀的真空电磁阀线圈，真空电磁阀电路接通，三通阀受到电磁力的作用，使真空输送阀关闭，大气阀门开启，节气门位置控制器膜片通大气。在膜片弹簧的作用下，膜片拉杆下行，此时若踏下加速踏板，节气门将在操纵臂的作用下移到比怠速时略大开度的位置上稳定下来，防止因制冷系统工作而导致发动机熄火。

2. 加速控制装置

当汽车加速时，需要尽可能大的发动机功率来提高车速。此时应切断电磁离合器线圈电路，使压缩机停止工作。为此，大多数汽车上都设置了加速控制装置。目前汽车上使用较多的加速控制装置如图 4-16 所示，加速开关实物如图 4-17 所示。

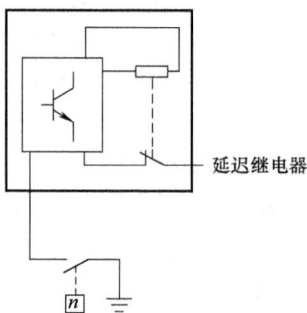

图 4-16　加速控制装置

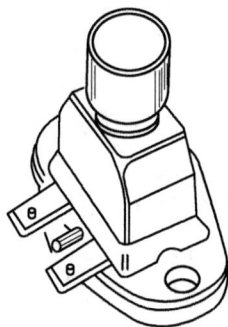

图 4-17　加速开关

加速控制装置由加速开关和延迟继电器组成。加速开关一般装在加速踏板下，或装在其他位置通过连杆或钢索来操纵。当加速踏板踏下行程达到最大行程的 90% 时，加速开关及延迟继电器会切断电磁离合器线圈电路，使压缩机停止工作，从而解除压缩机的动力负荷，使发动机的全部输出功率用来克服加速时的阻力，提高了车速。当踏板行程小于 90% 时或加速开关打开后延迟十几秒后，则自动接通电磁离合器线圈电路，使压缩机又恢复工作。

巩固练习

一、填空题

1. 汽车空调常用的控制装置包括：_____、_____、_____等。

2. 在检测速度控制装置时检查真空转换阀线圈。要用_____对线圈进行检查，若线圈电阻为正常值，则说明线圈_____；若线圈电阻值无穷大，则表示线圈_____；若线圈电阻值小于正常值，则表示线圈_____。

3. 检测真空动作器密封性时，使用真空泵和真空表检查漏气量，当真空度为 33.2kPa 时，在 1min 内，真空度下降不得大于_____，否则需更换。

4. 在电磁离合器控制的空调制冷系统中，温度控制器有_____、_____和_____三种。

二、选择题

1. 检测真空单向阀时，从车上拆下要检查的单向阀，将其与真空泵和真空表连接如下图，如果真空泵工作时真空表指示真空，说明阀门（　　　　）。

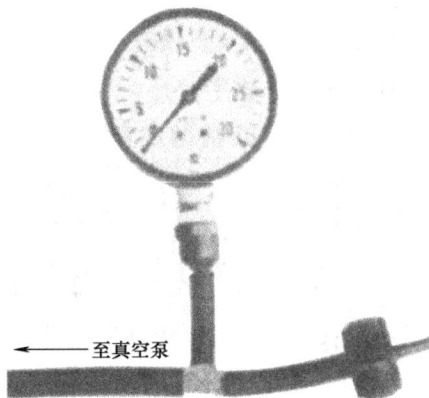

← 至真空泵

A. 正常　　　　　　B. 关闭　　　　　　C. 被打开　　　　　　D. 已损坏

2. 对于由发动机带动压缩机的非独立式制冷系统，为了保证汽车的正常运行，必须增加发动机（　　　　）。

A. 速度控制器　　　B. 温度控制器　　　C. 真空控制器　　　D. 以上都不正确

3. 加速控制装置在汽车行驶加速或超车加速时应（　　　　）。

A. 稳定发动机怠速　　　　　　　　B. 加大节气门开度，提高发动机转速

C. 切断空调电磁离合器电源　　　　D. 以上都不正确

三、简答题

1. 如何检测温度控制器？

2. 真空控制装置的功用是什么？

课题二　　拆装检查汽车空调压力保护装置

任务描述

汽车空调常用的保护装置主要有压力保护装置，要学习拆装检修汽车空调的保护装置，主要学习拆装与检查汽车空调压力开关。

任务目标

1. 掌握拆装检修汽车空调保护装置的操作要求。

2. 能熟练完成拆装和检修汽车空调压力保护装置。

任务分析

通过压力开关既可对汽车空调进行压力控制，也可对其进行系统保护，压力开关一般安

装在空调管道或储液干燥器上。一旦压力异常，压力开关就会闭合或断开。本任务要求能熟练完成拆装和维修汽车空调保护装置。

任务实施

一、拆装压力开关

汽车空调系统中有许多类型的压力开关，有的压力开关在更换时不需从系统中放掉制冷剂，但有的压力开关在更换之前必须将制冷剂回收。不需要放出制冷剂的压力开关的螺纹接口端内装有阀型阻尼器，称为气门阀。当拧上压力开关后，有销压在气门阀杆上，气门阀的结构如图4-18所示。

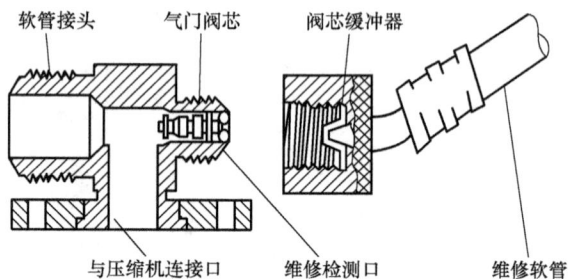

图4-18　气门阀的结构

二、检查压力开关

1）将歧管压力表组件和软管接到高、低压检修阀上。当系统中制冷剂压力高于0.21MPa时，低压开关应接通，否则为性能不良，应予以更换。

2）在制冷系统工作时，用纸板或其他绝热板挡住冷凝器的散热，以恶化其冷却效果，这时冷凝器的温度会逐渐升高，当高压侧压力达到2.1~2.5MPa时，电磁离合器应立即断电；然后拿开纸板，待高压侧压力降低到1.9MPa时，电磁离合器应立即通电，使压缩机工作，否则认为压力开关性能不良。

3）高压开关的触点是常闭触点。用万用表测量其两个接线端，如果是断路，说明高压开关已损坏；如果电阻为零，则说明其性能良好。高压开关的检查如图4-19所示。

4）低压开关的触点在没有压力的作用下是常开的。用万用表测量其两个接线端，如果性能正常，应该是断路，否则认为其性能不良。低压开关的检查如图4-20所示。

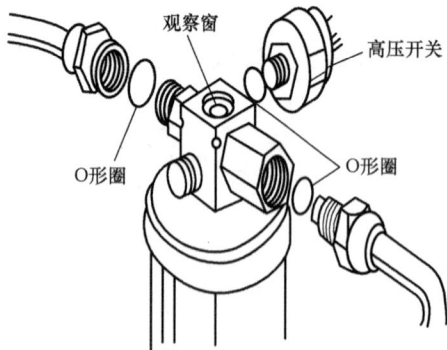

图4-19　高压开关的检查

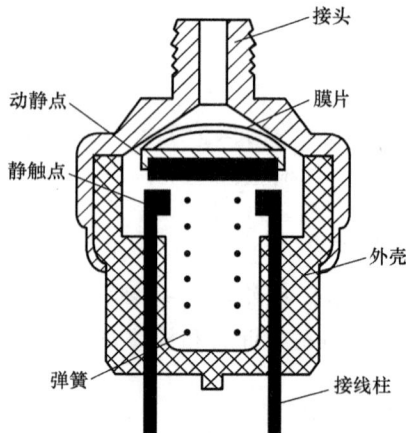

图4-20　低压开关的检查

5）在有压力的情况下检测压力开关的准确度较高。低压开关一般在 0.2MPa 左右触点闭合，高压开关在 2.65MPa 左右触点断开。

三、检查典型汽车空调压力开关

以桑塔纳 3000 型轿车空调压力开关为例，其检查方法如下：

1）关闭歧管压力表组高压端和低压端的手动阀，把歧管压力表组上的两条维修软管与压缩机高压端和低压端的检修阀连接起来（一般压缩机低压端检修阀上标有大写的英文字母"S"，高压端检修阀上标有大写的英文字母"D"）。

2）起动发动机，使发动机在大约 2000r/min 的转速下运转。

3）用万用表检查压力开关的工作情况。空调压力开关插接器如图 4-21 所示。

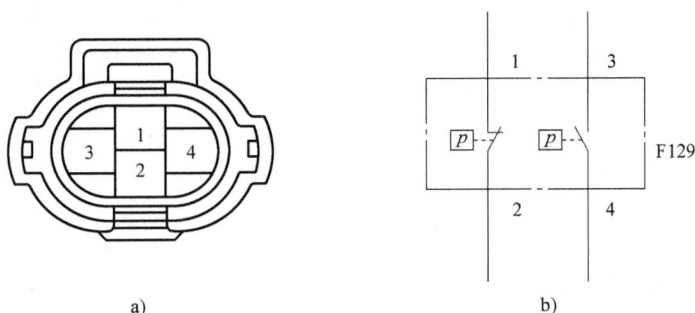

图 4-21 空调压力开关插接器
a）插接器结构 b）线路原理
1~4—端子

4）控制电磁离合器的闭合和断开，检查压力开关端子 1 和端子 2 之间的导通情况，低压侧压力如果降至 0.196MPa 时应不导通，压力升至 0.225MPa 时应导通；高压侧压力如果升至 3.14MPa 时应不导通，压力降至 2.25MPa 时应导通。

5）控制冷却风扇工作，如果制冷剂压力发生变化，检查压力开关端子 3 与端子 4 间的导通情况，压力升至 1.77MPa 时应导通，风扇高速运转；压力降至 1.37MPa 时应不导通，风扇又恢复低速运转。

如果导通情况不符合要求，说明压力开关性能不良，应更换。

四、汽车空调保护装置的拆装检查实训操作

请在所提供的汽车或汽车空调实训装置上完成拆装检查汽车空调保护装置的实训操作，并填写表 4-3。

表 4-3 拆装检查汽车空调保护装置实训操作记录表

序　号	操作项目	拆卸步骤	安装步骤	注意事项
1	拆装压力开关			
2	检查压力开关			

任务评价

考核评价表

序　号	考核内容	考核要点	配　分	评分标准	扣　分	得　分
1	拆装压力开关	操作前准备,拆装操作	30	操作规范、全面,记录清晰准确得 30 分;每遗漏一项,或不正确扣 15 分,扣完为止		
2	检查压力开关	歧管压力表组件的应用,操作步骤,注意事项	30	检查操作规范、全面,记录清晰准确得 35 分;每遗漏一项,或不正确扣 12 分,扣完为止		
3	检查典型汽车空调压力开关	歧管压力表组件的应用,操作步骤,注意事项	40	检查操作规范、全面,记录清晰准确得 40 分;每遗漏一项,或不正确扣 15 分,扣完为止		

知识链接

一、压力保护装置

1. 压力保护开关

汽车空调系统中一般设有一个或几个压力保护开关,分高压保护和低压保护两种。压力开关有低压开关、高压开关和三位压力开关等类型。

（1）低压开关　低压开关有两种:一种设在高压回路中,主要目的是保护压缩机不会在缺少制冷剂的情况下空转,以免压缩机因缺乏冷冻机油而遭受破坏,同时也起到低温环保的作用,以免在过低的环境温度下使制冷系统工作时造成蒸发器表面结冰,增加不必要的功耗;另一种低压开关设在低压回路中,感受吸气压力,用来控制高压旁通阀的除霜作用,即当低压压力低到某一规定值时,接通高压旁通阀（电磁阀）,让部分高压蒸气直接进入蒸发器,以达到除霜的目的。这种低压开关一般用于大型空调器中。

低压开关的外形及结构如图 4-22 所示。低压开关安装在冷凝器与膨胀阀间的高压管路

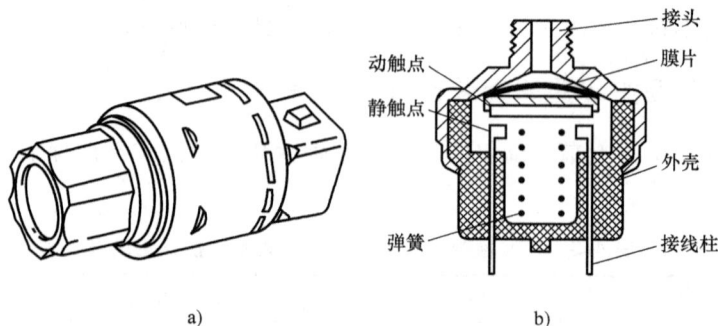

a) 　　　　　　　　　　　　　　　　b)

图 4-22　低压开关的外形及结构

a）外形图　b）结构图

上或储液干燥器上，串联在电磁离合器电路中。当制冷系统内压力高于 0.27MPa 时，说明系统内有制冷剂，开关触点闭合；当制冷系统内压力低于 0.2MPa 时，触点则在弹簧的作用下打开，压缩机停止工作。

（2）高压开关　高压开关一般安装在制冷系统高压管路上或储液干燥器上，用来防止系统压力过高而造成压缩机过载或系统管路损坏。高压开关有常闭型和常开型两种，如图 4-23 所示。

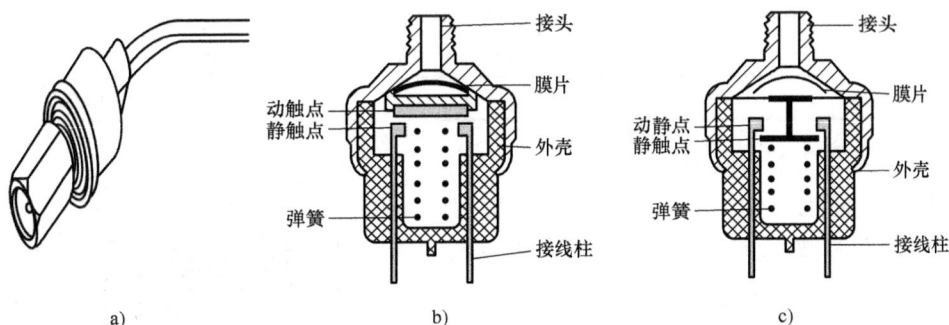

图 4-23　高压开关
a）实物　b）常开型　c）常闭型

常闭型高压开关的触点串联在压缩机电磁离合器的电路中，压力导入口则直接或通过毛细管连接在高压管路上。当制冷系统高压管路内压力正常时，高压开关的触点始终处于闭合状态，压缩机正常工作。当由于某种原因使高压管路内的压力超过某一规定值时，在制冷剂的高压作用下触点打开，切断电磁离合器电路，使压缩机停止工作，从而避免高压管路压力进一步升高。当高压管路的压力恢复正常值时，触点自动闭合，压缩机又重新工作。高压开关的切断压力和触点恢复闭合的压力因车型而异，一般触点断开的压力在 2.1~3.0MPa，恢复闭合的压力为 1.6~1.9MPa。

常开型高压开关一般用来控制冷凝器冷却风扇的高速档电路。当压力超过某一规定值时，自动接通冷凝器冷却风扇的高速档电路，使冷凝器冷却风扇高速运转，以加强冷凝器的冷却能力，降低冷凝温度和压力，而当压力低于规定值时自动断开冷凝器冷却风扇的高速档电路。

（3）三位压力开关　所谓三位压力，是指制冷系统高压侧压力过高、中压和低压过低三种压力状况，三位压力开关安装在系统高压侧的储液干燥器上，以感受高压侧制冷剂的压力信号。此三位开关在低压时可防止因系统制冷剂泄漏而损坏压缩机；当系统内的制冷剂异常高压时保护系统不受损坏；正常状况下，在冷凝器风扇低速运转时，可降低噪声、节省动力；在系统压力升高后（即中压时）风扇高速运转时，改善冷凝器的散热条件，从而实现风扇二级变速。

图 4-24 所示为三位压力开关，它由隔膜、碟形弹

图 4-24　三位压力开关

簧、轴和接点组成，接点分低压和高压异常时会动作的接点和用于控制冷凝器风扇或发动机散热器风扇的接点。

三位压力开关的参数见表4-4（以R134a制冷剂为例）。

表4-4　三位压力开关的参数

压力开关性质	开关值/MPa	开关动作	作　用
高压	≥3.14	电路断开（关）	压缩机停转
中压	≥1.77	电路接通（开）	冷凝器风扇高速运转
中压	≤1.37	电路断开（关）	冷凝器风扇回到低速运转
低压	≤0.196	电路断开（关）	冷凝器风扇回到低速运转

三位压力开关的工作原理如下：

1）当制冷剂压力小于或等于0.196MPa时，隔膜、碟形弹簧和弹簧的弹力大于制冷剂压力，高、低压触点断开（OFF），压缩机停转，实现低压保护，如图4-25所示。

2）当制冷剂压力在0.196～1.37MPa时，制冷剂压力高于开关的弹簧压力，弹簧会挠曲，高、低压触点接通（ON），压缩机正常运转，如图4-26所示。

3）当制冷剂压力大于或等于3.14MPa时，制冷剂压力大于隔膜、碟形弹簧的弹力，碟形弹簧反转，以断开高、低压触点，压缩机停转，实现高压保护，如图4-27所示。

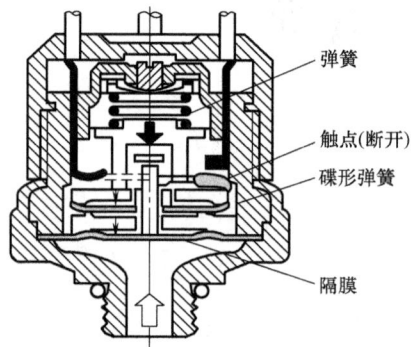

图4-25　低压保护

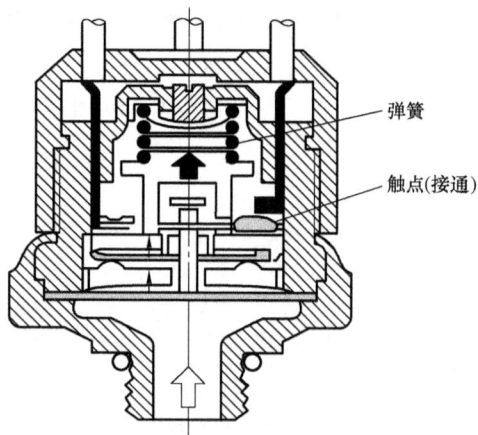

图4-26　正常运转

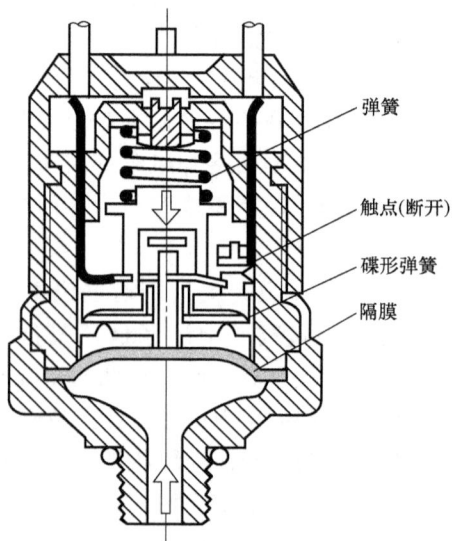

图4-27　高压保护

4）当制冷剂压力大于或等于1.77MPa时，制冷剂压力就大于隔膜弹力，隔膜会反转，将轴向上推，以接通冷凝器风扇（或散热器风扇）的转速转换接点，风扇以高速运转，实现中压保护；当压力降至 1.37MPa 时，隔膜恢复原状，轴下落，触点断开，冷凝风扇又以低速运转，如图 4-28 所示。

2. 泄压阀

泄压阀的结构如图 4-29 所示，它通常安装在压缩机高压侧或储液干燥器上。在正常情况下，由于弹簧的压力，将密封塞压向阀体，与 A 面凸缘紧贴，压缩机内制冷剂不能流出。

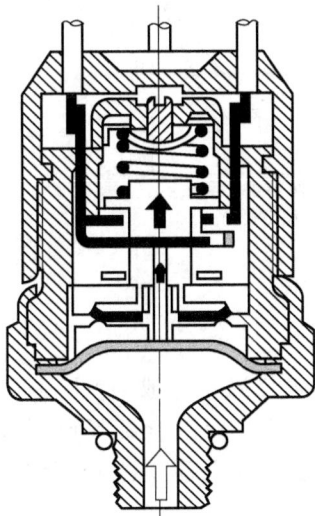

图 4-28　中压保护

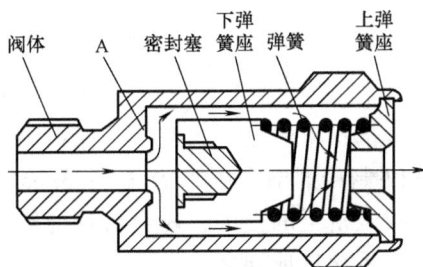

图 4-29　泄压阀的结构

当压缩机内压力异常升高时（如以 R134a 为制冷剂，当压力升至 3.65MPa 时），弹簧被压缩，阀打开将制冷剂释放出来，压缩机压力就会立即下降。当压力下降至调整值（0.21MPa 左右）时，弹簧又立即将密封塞推向阀体 A 面，将阀关闭。

采用泄压阀时，制冷剂只会释放出很少的一部分，空气也不会进入系统，而且便于判断故障原因。图 4-30 所示为泄压阀在压缩机上的安装示意图。

3. 减压安全阀

在一些制冷剂为 R134a 的空调系统中，设置有减压安全阀以代替易熔塞或高压泄压阀，起到防止污染环境的作用。它安装在压缩机气缸体上，如图 4-31a 所示，若制冷系统压力异常高至 3.43~4.14MPa 时，减压安全阀受到高压而开启，将一部分制冷剂释放回低压端，以降低制冷系统压力，如图 4-31b 所示。

由于高压管道上一般还设置有压力保护开关，当制冷系统压力异常高时，压力保护开关就会切断电磁离合器电源。因此，减压安全阀只作为压力开关的后备，起双重保护作用。

图 4-30　泄压阀在压缩机上的安装示意图

4. 易熔塞

在一些早期采用 R12 制冷剂空调系统的汽车上，储液干燥器的顶端安装有一个易熔塞，其结构如图 4-32 所示。它的作用是当冷凝压力过高时，易熔合金立即熔化，将容器内的高

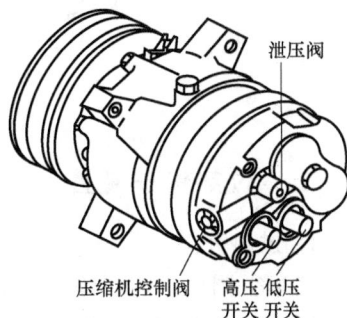

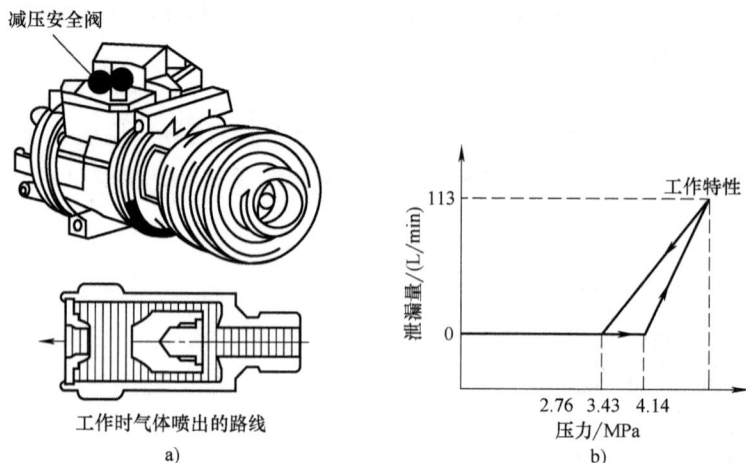

图 4-31 减压安全阀的安装及工作特性
a）安装　b）工作特性

压制冷剂全部排空泄放，起到安全保护的作用，易熔合金的熔化温度一般为 95~100℃，所对应的 R12 制冷剂饱和压力为 3.0~3.65MPa。使用易熔塞会让制冷剂全部释放到大气中，不但会造成经济上的损失，还会对环境造成污染，且当易熔合金熔化后，空气还将进入制冷系统，会对系统造成损坏。

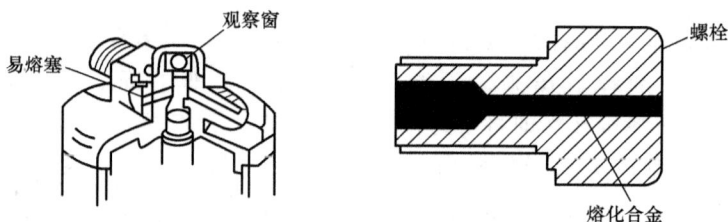

图 4-32　易熔塞的结构

二、过热保护装置

1. 过热开关

汽车空调保护装置除了压力保护装置外，还有过热保护装置。过热开关有两种：一种装在压缩机缸盖上，控制电磁离合器电源中断使压缩机停转；另一种装在蒸发器出口管路上，作用结果是使泄漏警告灯亮。这两种结构的目的都是防止由于缺少制冷剂而造成压缩机损坏。

1）安装在压缩机缸盖上的过热开关是一种"温度—压力"感应开关。在正常情况下，此开关处于断开位置；当系统处在高温高压状态或者低温低压条件下，此开关保持常开；当系统处于高温低压状态时，此开关闭合。系统的高温低压状态通常是在缺少制冷剂时出现，此时若压缩机继续保持运转，将会因缺少润滑及过热而损坏。过热开关能使压缩机停止转动，直到故障排除，再恢复运转，起到故障自动保护的作用。

2）安装在蒸发器出口的过热开关。空调器过热开关置于蒸发器出口管路上，其结构如

图 4-33 所示。当制冷剂温度升高到一定值时，膜片下的蒸发压力会使膜片上升，推动螺钉，带动动触点与静触点接触，使过热开关接通，在过热开关后面串接一个过热时间继电器。当过热状况持续而不是瞬时的情况下，泄漏警告灯点亮。

2. 热力熔断器

图 4-34 所示为热力熔断器的工作原理，它与过热开关配合使用，由温度感应丝和绕线式电阻加热器组成。当过热开关闭合时，通向电磁离合器线圈的电流通过热力熔断器中的加热器，使加热器温度升高，直到把熔断器熔丝熔化，这样电磁离合器电路中断，压缩机停止运转。

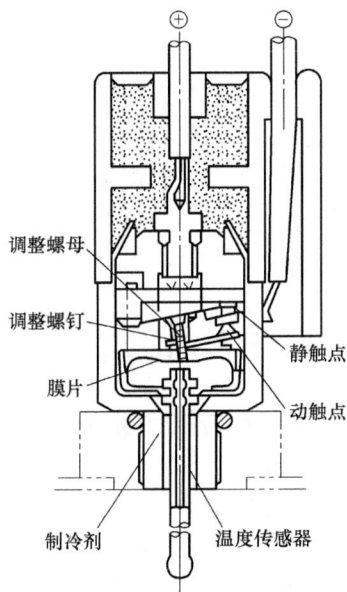

图 4-33　汽车空调过热开关的结构

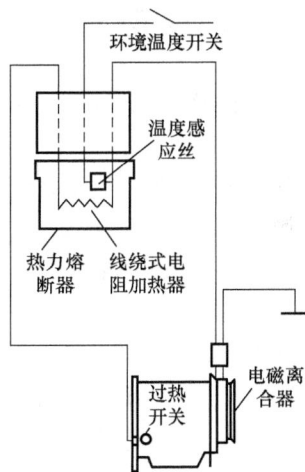

图 4-34　热力熔断器的工作原理

3. 环境温度开关

环境温度开关是一个由改变环境温度来驱动的电气开关，环境温度传感器和温度开关总成如图 4-35 所示。它位于发动机区域以外只能感受环境温度的位置。该开关的实际安装位置取决于设计时的安排，但绝不能安装在能够感受到发动机热量的位置。

如果按下主开关，环境温度开关将在 16.7℃ 下接通空调压缩机电磁离合器。如果环境

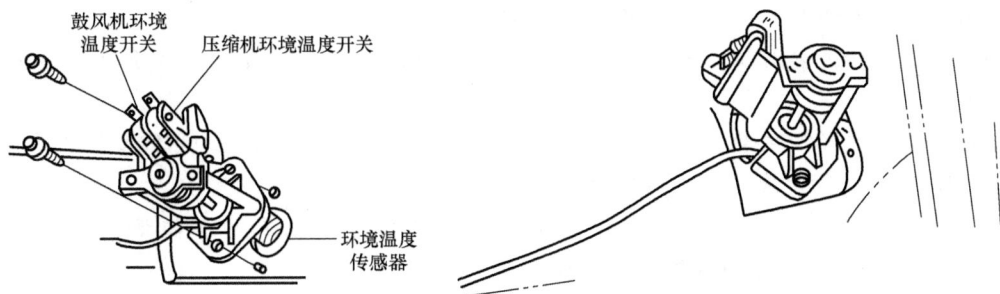

图 4-35　环境温度传感器和温度开关总成

温度低于4℃，则该开关断开空调电磁离合器。当环境温度在12.78~17.78℃时，环境温度开关对主控制装置和时间延迟继电器形成旁通回路，允许鼓风机转动而不管发动机冷却液温度的高低。

当空调压缩机或鼓风机在较低的环境温度下工作时，进入空气的湿度由于冷凝器的作用而降低。汽车在雨天、潮湿或阴冷气候条件下，采用环境温度开关可以防止车窗产生雾气。

巩固练习

一、填空题

1. 温度控制器主要感受_____，从而控制压缩机电磁离合器电路的通断，起到调节和防止_____的作用。

2. 波纹管式温度控制器的感温元件主要是_____和_____，双金属片式温度器的感温元件是_____，电子式温控器的感温元件是_____。

3. 设置压力开关的主要目的是_____和_____。当压力异常时，压力开关就会闭合或断开，达时空调系统会切断_____或接通_____。

4. 高压开关安装在空调制冷系统高压管路或_____上。它有_____和_____两种类型。

5. 当压力低至规定值时，自动断开压缩机电磁离合器电路的低压开关一般安装在_____，而这时自动接通高压旁通阀的低压开关则安装在_____。

6. 将歧管压力表软管接到高、低压检修阀上，通常当系统中制冷剂压力_____时，低压开关就应接通；否则为性能不良，应予更换。

7. 三位压力开关可以在压力过高或过低时，_____，防止损坏压缩机及制冷系统元件。正常工况下，压力偏低时使_____，降低噪声、节省动力；压力升高后即中压范围，使_____，以改善冷凝器的散热条件。

8. 若高压开关失灵，作为压力异常升高时的第二道保护装置是_____。

二、判断题

1. 对波纹管式温度控制器而言，蒸发器表面温度升高时，其感温元件内温度也升高，压力增加波纹管伸长，推动杠杆机构使触点闭合，电磁离合器电路通电。（　　）

2. 常闭型高压开关一般在压力为1.6~1.9MPa时断开压缩机电路。（　　）

3. 低压开关有两种，一般都安装在低压管路中。（　　）

4. 高压温度传感器与压力开关不同的是，它只能传递压力温度信息给ECU，不能直接控制电路的通断。（　　）

5. 怠速继电器属于主动调节式装置，感应来自点火线圈初级低压端的脉冲信号。当发动机怠速时开启A/C开关，会自动提升发动机转速。（　　）

6. 电子式超速控制器利用点火线圈低压侧脉冲信号检测发动机转速，当转速达到4500r/min或更高设定值时切断压缩机工作，在10s后自动接通。（　　）

7. 环境温度开关的作用是当大气温度低于某值时，压缩机不能起动。（　　）

8. 水温开关用来监视冷却液温度，一般当其温度超过120℃时，水温开关断开，切断压

缩机电路。　　　　　　　　　　　　　　　　　　　　　　　　（　　）

三、简答题

在汽车空调控制系统中，哪些元器件出现故障会导致压缩机不能正常工作？

课题三　　识读典型汽车空调控制电路

任务描述

要学会识读汽车控制电路，主要是要学会对这些电路的识读与理解。

任务目标

1. 能识读上海桑塔纳 LX 型轿车空调电路。
2. 能识读出所提供车辆或汽车空调的实训装置上空调系统的控制电路。

任务分析

本任务要求学会维修和更换汽车空调控制的零配件，能够解决自动空调线路常见故障的检修问题。

任务实施

一、上海桑塔纳 LX 型轿车空调电路分析

桑塔纳轿车空调装置采用的是 CCTXV 系统，即热力膨胀阀—离合器系统。

该电路由电源电路、温度控制电路、鼓风机控制电路、冷凝器风扇电路、怠速控制电路和压力控制电路组成，如图 4-36 所示。

其工作过程如下：

1）点火开关 1 断开（置 OFF）时，减负荷继电器 2 的线圈电路切断，触点张开，空调系统不工作。

2）点火开关接通（置 ON）时，减负荷继电器线圈电路接通，触点闭合，主继电器 3 中的 J_2 线圈通电，接通鼓风机电路。此时可由鼓风机开关 16 进行调速，使鼓风机按要求的转速运转，进行强制通风、换气或送出暖风。

3）需要制冷系统工作时，接通空调 A/C 开关 4，便可接通下列电路：

① 空调 A/C 开关的指示灯 5 亮，表示空调 A/C 开关已经接通。

② 新鲜空气电磁阀 6 接通新鲜空气控制电磁阀的真空通路，而使鼓风机强制通过蒸发器总成的空气通道进风，否则将无法获得冷气。

③ 电源经环境温度开关 7、恒温器 8、低压保护开关 13 对电磁离合器 9 线圈供电，同时对怠速开关真空转换电磁阀 10 供电。另一路对主继电器中的 J_1 线圈供电，使两对触点同时闭合，其中一对触点接通冷凝器冷却风扇继电器 11 线圈电路；另一对触点接通鼓风机电路。

低压保护开关串联在恒温器和电磁离合器之间，当制冷系统缺少制冷剂，系统压力过低后，开关断开，停止压缩机工作。

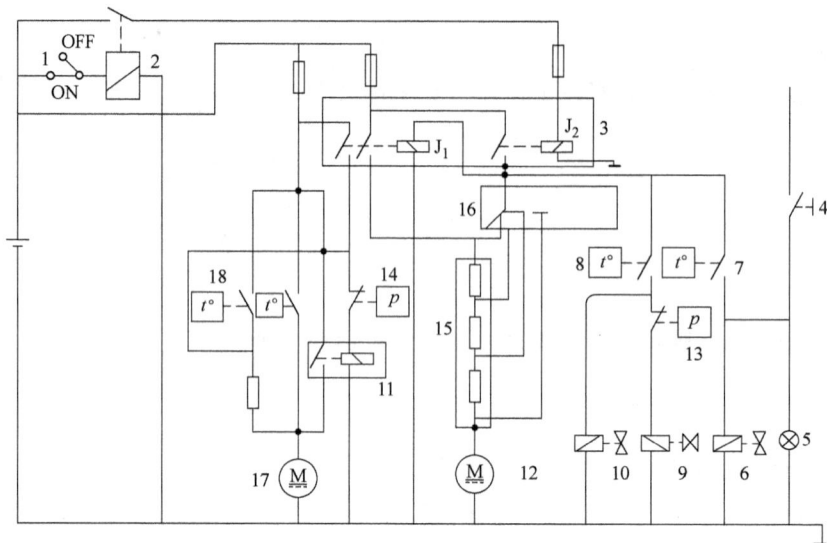

图 4-36　上海桑塔纳 LX 型轿车空调电路

1—点火开关　2—减负荷继电器　3—主继电器　4—空调 A/C 开关　5—空调开关指示灯　6—新鲜空气电磁阀

7—环境温度开关　8—恒温器　9—电磁离合器　10—怠速开关真空转换电磁阀　11—冷却风扇继电器

12—鼓风机　13—低压保护开关　14—高压保护开关　15—鼓风机调速电阻　16—鼓风机开关

17—冷却风扇电动机　18—冷却液温控开关

高压保护开关 14 串联在冷却风扇继电器和主继电器 J_1 的一对触点之间。当制冷系统高压值超过规定值时，高压保护开关触点闭合，将电阻短路，使风扇电动机高速运转，以增强冷凝器的冷却能力。同时，冷却风扇电动机还直接受发动机冷却液温控开关 18 的控制。当不开空调 A/C 开关时，若发动机冷却液温度低于 85℃时，风扇电动机不转动；当高于 95℃时，风扇电动机低速转动；当冷却液温度达到 105℃时，风扇电动机将高速转动。

主继电器中的 J_1 触点在空调 A/C 开关接通时即可闭合，使鼓风机低速运转，以防止蒸发器表面温度过低而结冰。

4）点火开关置于启动位置（ST）时，减负荷继电器线圈电路切断，触点张开，中断空调系统的工作，以保证发动机起动时，蓄电池维持足够的电能。

二、识读典型汽车空调控制电路的实训操作

识读图 4-37 桑塔纳 2000GSi 型轿车空调系统控制电路，并按要求在表 4-5 中画出电路图。

表 4-5　画出电路图

操 作 项 目	电 路 图
画出鼓风机电动控制线路	
画出控制面板电源电路	
画出蒸发器温度传感器电路	

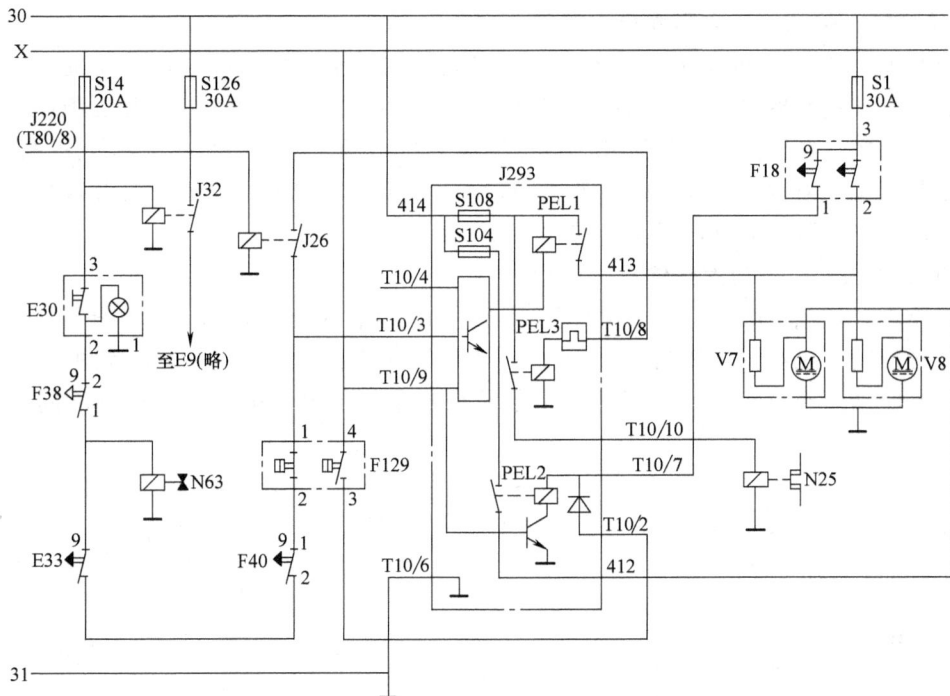

图 4-37　桑塔纳 2000GSi 型轿车空调系统控制电路

E9—鼓风机开关　E30——空调开关　E33—蒸发器温控开关　F18—冷却风扇热敏开关　F38—环境温度开关

F40—空调冷却液温度控制开关　F129—组合开关　J26—压缩机切断继电器　J32、J293—空调控制器

PEL1、PEL2、PEL3—继电器　S1—冷却风扇熔断丝　S14—空调继电器熔断丝　S104—冷却风扇熔断丝（高速档 30A）

S108—冷却风扇熔断丝（低速档 20A）　S126—空调鼓风机熔断丝　N25—压缩机电磁离合器

N63—新鲜空气电磁阀　V7、V8—左、右冷却风扇

任务评价

考核评价表

序　号	考核内容	考核要点	配　分	评分标准	扣　分	得　分
	识读桑塔纳轿车空调系统电路	风机及其控制电路分析、冷凝风扇及其控制电路分析、电磁离合器及其控制电路分析	100	认识全面，分析到位、准确得 100 分；每遗漏一项，或不正确扣 20 分，扣完为止		

知识链接

汽车空调的种类繁多，电路形式各不相同，但其电气系统都有一定的规律可循。分析电路时，只要分成鼓风机控制、冷凝器风扇控制、温度控制（压缩机控制）、除霜加热控制、保护电路等即可清楚地了解其电路控制原理。

一、鼓风机控制电路

目前汽车空调中主要有三种方式来控制电动机的转速。

1. 鼓风机开关和调速电阻联合控制型

控制原理：如图 4-38 所示，鼓风机电阻串联在鼓风机开关与鼓风机电动机之间，它一般被安装在空调蒸发器组件上，利用气流进行冷却，风机开关一般装在操作面板内，设置不同档位供调速用，在设置时，风机开关可控制鼓风机电源正极，也可控制鼓风机电路搭铁。风机的控制档位一般有二、三、四、五速四种，最常见的是四速，通过改变鼓风机开关与调速电阻的接通方式可令鼓风机以不同转速工作。

2. 电控模块通过大功率晶体管控制型

控制原理：现代中高档轿车为实现风速的自动控制，风机的转速一般由电控模块通过大功率晶体管控制，控制原理如图 4-39 所示，功率组件控制鼓风机的运转，它把来自程序机构的鼓风机驱动信号放大，放大器的输出信号根据车内情况，按照指令提供不同的鼓风机转速。

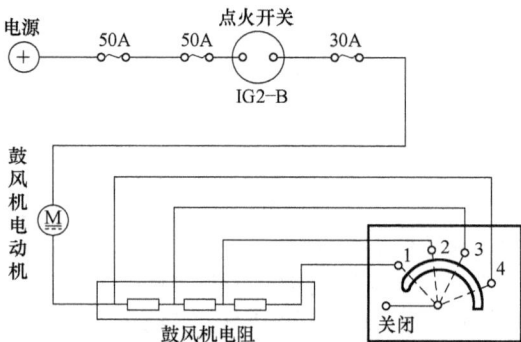

图 4-38　鼓风机开关和调速电阻电路控制型

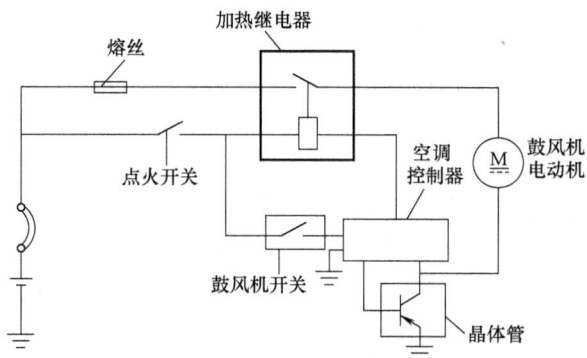

图 4-39　功率晶体管控制型

如果车内温度比所选定的温度高很多，在空调工作状态下，鼓风机将高速运转；而当车内温度降低时，鼓风机速度又降为低速。

相反地，如果车内温度比所选定的温度低得多，在加热状态下，鼓风机将起动为高速；而当车内温度上升后，鼓风机速度降为低速。

3. 晶体管与调速电阻器组合型

控制原理：鼓风机控制开关有自动（AUTO）档和不同转速的人工选择模式，如图 4-40 所示，当鼓风机转速控制开关设定在 AUTO 档时，鼓风机的转速由空调计算机根据车内、车外温度及其他传感器的参数控制。若按动人工选择模式开关，则空调电路取消自动控制功能，执行人工设定功能。

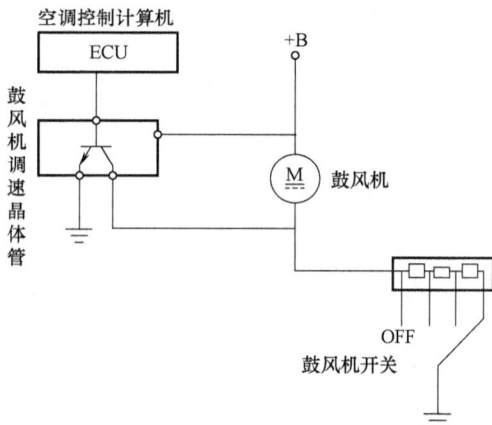

图 4-40　晶体管与调速电阻器组合控制型

二、冷凝器风扇控制电路

对于一般小客车和大中型客车，由于车辆底盘结构和轿车有很大的不同，其冷凝器一般不装在散热器前，故冷凝器风扇需单独设置，一般只受空调开启信号控制。轿车空调的冷凝器一般都装在散热器前，为了减少风扇的配置，使结构简化，轿车在设计上一般都将散热器冷却风扇和冷凝器风扇组装在一起，利用一个或两个风扇对散热器和冷凝器进行散热。

车型不同，则配置风扇的数量不同，控制线路设计方面差异也很大，但其控制方式则大同小异，一般根据冷却液温度信号和空调信号共同控制，同时满足散热器散热和冷凝器散热需要，下面就一些较典型的冷凝器散热风扇电路进行分析。

1. A/C 开关直接控制型

控制原理：这种控制电路比较简单，其控制原理如图 4-41 所示，空调开关拨至 ON 的位置，在供电给压缩机电磁离合器的同时，加电源至冷凝器风扇继电器线圈，继电器触点开关闭合，冷凝器风扇高速运转此电路与压缩机控制电路是并联关系。

2. A/C 开关和冷却液温度开关联合控制型

控制原理：有些汽车的发动机冷却系统和空调冷凝器共用一个风扇进行散热，如图 4-42 所示。这种风扇有两种转速，即低速和高速风扇电动机转速

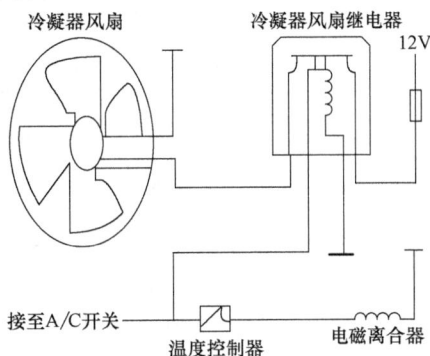

图 4-41　A/C 开关直接控制型

的改变是通过改变线路中电阻值的方法实现的，从图 4-42 中可看出，起关键控制作用的是 A/C 开关和冷却液温度开关，当空调开关开启时，常速风扇继电器通电工作。由于线路中串联了一个电阻，风扇低速运转；当冷却系统冷却液温度达到 89～92℃时，散热器风扇也是低速运转；一旦发动机冷却液温度升至 97～101℃时，冷却液温度开关闭合，高速风扇继电器接通，电阻被短路，散热器风扇高速运转，以加强散热效果。

3. 制冷剂压力开关与冷却液温度开关组合控制型

目前很多轿车采用制冷剂压力开关和冷却液温度开关组合的方式对冷却风扇系统进行控制，如图 4-43 所示，其起控制作用的是冷却液温度开关和高压开关，冷却液温度开关和高压开关处于不同状态，则控制继电器形成不同的组合，从而控制两个并排的风扇不运转、低速运转或高速运转。

（1）空调不工作时　在不开空调的情况下，风扇的工作取决于发动机的冷却液温度。

控制原理：当发动机冷却液温度低于 93℃时，由于冷却液温度较低，冷却液温度开关处于闭合状态，3 号冷却风扇继电器和 1 号冷却风扇继电器工作其中，3 号冷却风扇继电器 4 与 5 接通，1 号冷却风扇继电器常闭触点被打开的同时，由于空

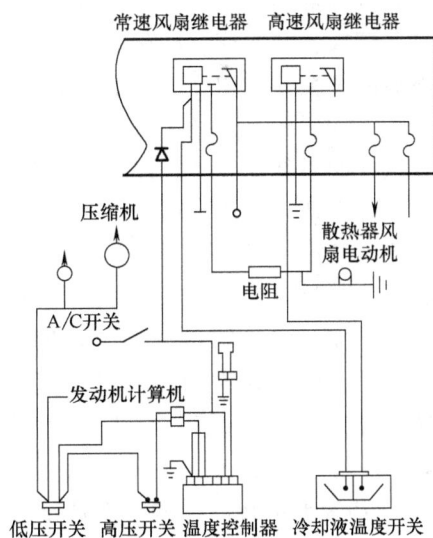

图 4-42　A/C 开关与冷却液温度
开关联合控制型

调不工作，高压开关处于常闭合状态，2 号冷却风扇继电器通电工作，使常闭触点打开，这时两个冷却风扇均不工作，使发动机尽快暖机。

当发动机冷却液温度高于 93℃时，冷却液温度开关打开，1 号和 3 号继电器回到原始状

态，即不工作。虽然这时高压开关使 2 号继电器常闭触点打开，但并不影响风扇的工作，加至 1 号冷却风扇电动机和 2 号冷却风扇电动机的都是 12V 电压，此时，两风扇同时高速运转，以满足发动机冷却系统散热的需要。

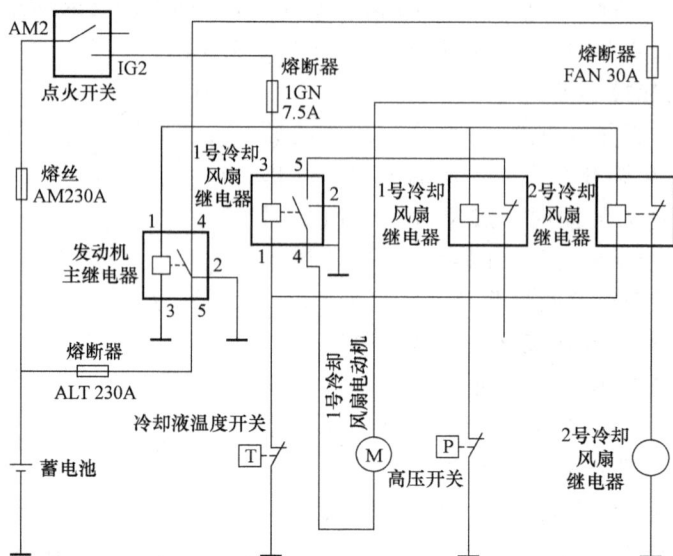

图 4-43　丰田雷克萨斯 LS400 型轿车冷却风扇控制系统电路

（2）空调工作时　当空调工作时，冷却液温度控制器回路仍然起作用，这时冷却风扇受空调和冷却液温度控制回路的双重控制。

控制原理：开空调，高压端压力大于 13.5kPa，且冷却液温度低于 93℃，这种情况下，冷却液温度开关处于闭合状态，而高压开关打开，这时 1 号和 3 号继电器受控动作，而 2 号继电器不工作，即触点处于常闭状态。这样，继电器使两个冷却风扇电动机串联工作，故两个冷却风扇同时低速运转，以满足冷凝器散热需要。

注：开空调，高压端压力大于 13.5kPa，且冷却液温度高于 93.5℃。这种情况下，高压开关和冷却液温度开关都打开，1、2、3 号继电器均不工作，加至两冷却风扇电动机的都是 12V 电压，故两冷却风扇同时高速运转。

综上所述，两冷却风扇的工作同时受冷却液温度和空调信号影响，处于同时不转、同时低速转或同时高速转三种状态之间循环。其工作原理简图如图 4-44 所示。

4. 冷却液温度传感器和制冷剂压力开关组合控制型

除采用继电器完成风扇的转速控制方法外，还可采用专用控制器对风扇进行控制。它根据空调信号和冷却液温度信号进行联合控制，如图 4-45 所示。

风扇控制单元控制散热器风扇和冷凝器风扇的运转，控制单元根据冷却液温度传感器及空调系统的空调压力开关（A、B）的输入信号决定是否转动风扇及

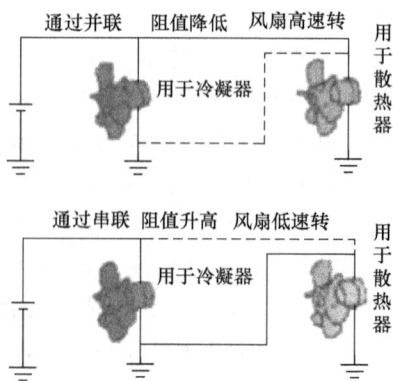

图 4-44　冷却风扇工作原理简图

转动的速度。除此之外，当冷却液温度高于109℃时，则温度开关关闭空调的工作。若空调系统压力高于正常压力时，则压力开关 A 关闭且风扇高速转动。

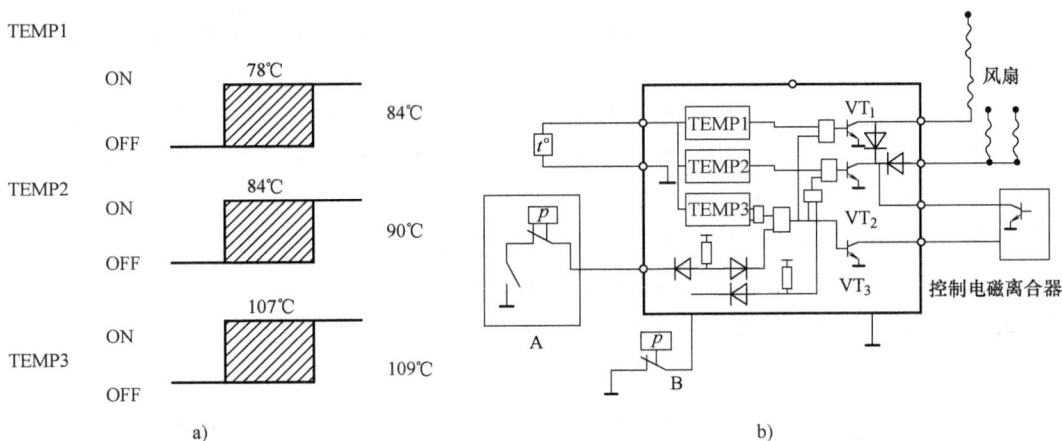

图 4-45　冷却液温度传感器和制冷剂压力开关组合控制型

5. 制冷剂压力开关与 ECU 组合控制型

大多数高级轿车都采用这种布置和控制方式，如图 4-46 所示，两个散热风扇有三种不同的运转工况。

6. 电控液力电动机冷却风扇控制型

电控液力电动机冷却风扇与一般的电控风扇系统有较大差异。如图 4-47 所示，在此系统中，风扇 ECU 通过电磁阀控制作用在液力电动机上油液压力，这样就可以根据发动机工况和空调状态而自动控制冷却风扇的转速，其工作过程如下：

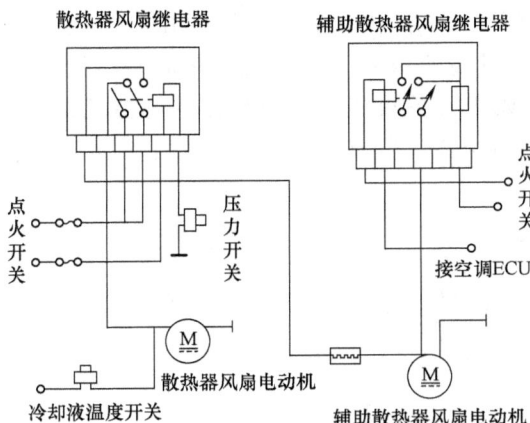

图 4-46　制冷剂压力开关与 ECU 组合控制型

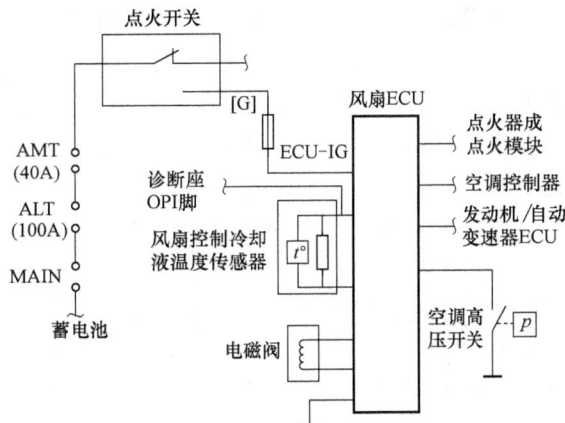

图 4-47　电控液力电动机冷却风扇控制型

液力泵单独设计或与动力转向泵组合为一体，由传动带驱动，建立一定油压，受 ECU 控制，电磁阀调节从液力泵到液力电动机的油量。该电动机直接驱动风扇，已通过液力电动机的压力油回到液力泵。

三、压缩机控制电路

1. 手动空调压缩机控制电路

压缩机控制根据控制开关的位置分为两种：控制电源型和控制搭铁型。电源控制方式由开关直接控制电源。当开关闭合时，大电流流经开关至执行器构成回路，长期工作后容易造成触点烧蚀。所以，现在大多数轿车均不采用这种控制方式。搭铁控制方式，由开关控制继电器线圈的回路，这种控制方法的优点是以小电流信号控制大电流通断，从而有效地防止触点烧蚀，目前大多数轿车采用这种控制方法。

压缩机工作的必备条件是空调开关（A/C 开关）闭合、温度开关闭合、压力开关闭合、鼓风机开关闭合，如图 4-48 所示。此时压缩机电磁离合器继电器工作（冷气继电器），蓄电池电源才能提供给压缩机电磁离合器线圈。

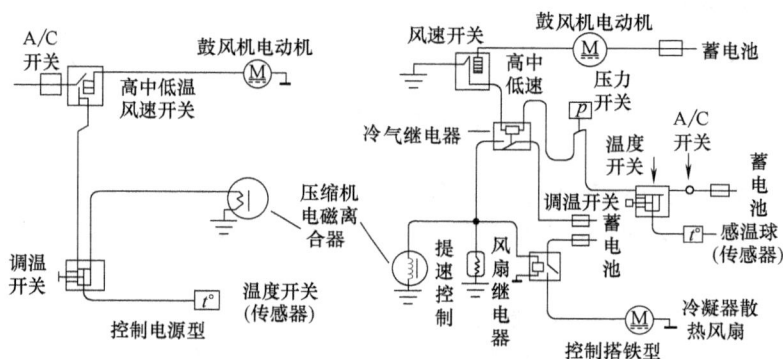

图 4-48 手动空调压缩机控制电路

2. 半自动空调压缩机控制电路

半自动空调压缩机工作的必备条件是空调开关（A/C 开关）闭合、温度开关（热敏电阻）工作、压力开关闭合、鼓风机开关闭合、发动机转速信号、压缩机转速信号、制冷剂温度开关闭合，如图 4-49 所示。当点火开关和鼓风机开关接通时，加热器继电器就接通。如空调器开关此时接通，则压缩机电磁离合器继电器由空调器放大器接通。这就使压缩机电磁离合器接合，压缩机工作。

在下述情况下，电磁离合器脱开，压缩机被关掉。

1）鼓风机开关位于 OFF（断开），热继电器也断开，电源不再传送至空调器。

2）空调器开关位于 OFF（断开），空调器放大器（它控制压缩机电磁离合器继电器）的主电源被切断。

3）蒸发器温度太低，如蒸发器表面温度降至3℃或以下，则空调放大器电源被切断。

4）双重压力开关位于 OFF（断开），如制冷回路高压端压力极高或极低，这开关便断开。空调器放大器检测到这一情况，

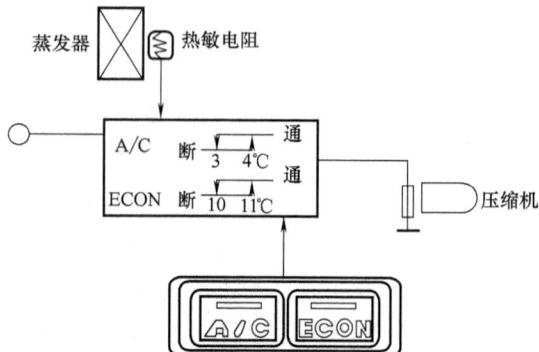

图 4-49 半自动空调压缩机控制电路

就切断电磁离合器继电器。

5）压缩机锁止（仅限某些车型），压缩机与发动机转速差超过一定值，空调放大器就会判断压缩机已锁止，并切断电磁离合器继电器。

四、除霜加热控制电路

汽车车厢内玻璃有霜或有雾时，前风窗玻璃可由暖风机吹热风除霜雾，后风窗玻璃往往吹不到，所以一般采用电热丝加热玻璃，以防结霜，其电路如图4-50所示。加热器由开关K通过断电器控制，K接通时加热器通电，警告灯亮，提醒停车后及时关闭。

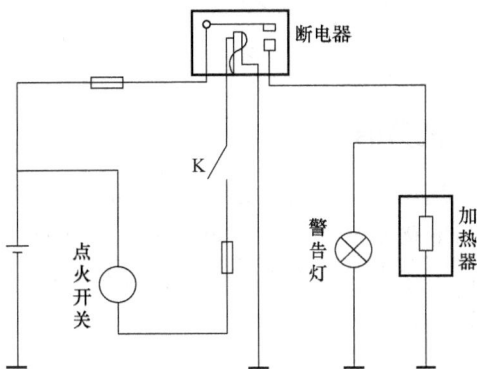

图4-50 汽车除霜电路

除以上所述，汽车空调电路还包括保护电路，如压力保护、过热保护、怠速控制等。

为了保证制冷系统的正常、安全工作，系统控制电路中都有安全保护措施，以防止系统出现温度和压力异常。采用的手段常常是安装压力开关，直接控制电磁离合器电路的通与断。这样，当系统出现温度或压力异常时，可强制使压缩机停止工作。

巩 固 练 习

一、填空题

1. 鼓风机电路主要有三种形式，即鼓风机开关和_____联合控制型，电控模块通过_____控制型，晶体管与_____组合型。

2. 冷凝器风扇控制电路有_____直接型，A/C开关和_____联合控制型，制冷剂压力开关与冷却液温度开关组合型，冷却液温度传感器与_____组合控制型，制冷剂开关与_____组合控制型，电控_____控制型。

3. 手动控调控制电路一般都采用_____的方式，即由A/C开关控制_____，以小电流控制大气流通断，防止触点烧蚀。

4. 在图4-48中，压缩机工作的必备条件是空调开关闭合、_____闭合、压力开关闭合、_____闭合。

5. 在下列情况下，电磁离合器脱开，压缩机被关掉，即鼓风机开关位于_____，空调开关_____、蒸发器表面温度_____、双重压力开关_____。

二、简答题

1. 汽车空调控制电路的任务是对哪些主要部件进行调节和控制？

2. 桑塔纳空调整个系统设有哪些开关？

3. 桑塔纳的空调电路可以分成几大部分？分别是什么？

课题四　检修汽车空调电控系统故障

任务描述

汽车空调控制电路常见的故障可以分为线路故障和控制元器件故障两类。一旦汽车空调控制电路发生故障，将导致电磁离合器、冷凝器风扇电动机、鼓风机电动机等工作不良或不工作。作为一名汽车空调维修人员，必须学会根据电控系统故障现象，进行相应的故障诊断与排除。

任务目标

1. 能运用所学知识结合电控系统故障现象分析导致故障的原因。
2. 知道检修汽车空调控制电路常见故障的方法以及操作注意事项。
3. 能使用汽车维修手册和相关检修设备、工具按专业要求诊断并排除故障。

任务分析

要学会汽车空调电控系统故障的诊断与维修，要求在知道常见汽车空调控制电路的故障现象、检修操作的注意事项的前提下，学会电控元件的检修。

任务实施

一、汽车空调电控系统的常见故障

常见的汽车空调控制电路故障有如下几种：

（1）压缩机不工作或工作不正常　影响压缩机正常工作的故障原因有很多，常见的原因有电磁离合器损坏、空调继电器故障、压缩机线路故障、压力开关故障或者压力不足导致压力开关未闭合、温控开关故障等。在排除压缩机不工作这类故障时，由于故障点及故障范围较大，需要遵循由表及里进行诊断的原则，依照一定的次序逐一排查，才能迅速准确地找出故障点。

（2）鼓风机不工作或工作不正常　在汽车手动空调中，鼓风机故障的最大可能原因是鼓风机调速电阻烧毁，其次是鼓风机开关、鼓风机继电器、鼓风机电路及鼓风机本身存在故障点。

如果鼓风机只有高速档，则是鼓风机调速电阻烧毁。

（3）冷凝器风扇不工作或工作不正常　冷凝器风扇一般由冷却液温度开关、制冷剂压力开关和空调开关三者来综合控制，因此冷凝器风扇的故障原因除去冷凝器风扇本身以及冷凝器风扇继电器、线路、熔断器存在故障点之外，还要综合考虑上述三个元件。

二、部分电气元件的检修

1. 空调调节控制器的检修

（1）检测空调调节控制器各端子的电压或电阻　拔下空调调节控制器插接器，检测其插头（线束侧）各端子的电压或电阻。端子 1 对地电阻为∞；端子 2 与 1 之间的阻值应与

表4-6所示相符；端子 6 对地电阻为 0；在点火开关和空调开关接通时，端子 7 与电压为 12V。

表4-6 蒸发器温度传感器电阻参数

温度/℃	1	3	10	20	25	30
电阻/Ω	15 500	14 000	9250	5800	4600	4000

（2）检测空调调节控制器功能 其检测内容与方法如下：

1）重新接上空调调节器插接器。

2）断开蒸发器温度传感器，空调调节控制器的 1 号与 2 号端子之间用一可变电阻替代。

3）接通点火开关和空调制冷开关，调节可变电阻值，测量空调调节控制器 5 号端子对地电压，应为：当电阻值为 14 000Ω 左右时，空调调节控制器 5 号端子对地电压在 12V 左右（压缩机电磁离合器为通电状态）；当电阻值为 15 000Ω 左右时，空调调节控制器 5 号端子对地电压约为 0（压缩机电磁离合器处于断电状态）。

如果检测结果不正常，则更换空调调节控制器。

2. 蒸发器温度传感器的检修

蒸发器温度传感器的感温元件是一个负温度系数的热敏电阻，通过测量其各温度下的电阻是否符合规定值来判断传感器的好坏。将蒸发器温度传感器置于水中，通过向水中加冰以获得较低的水温。

如果测量值与之不符，则需更换蒸发器温度传感器。

3. 冷却液温度传感器的检修

温控器冷却液温度传感器的感温元件是一个正温度系数的热敏电阻，通过测量其各温度下的电阻是否符合规定值来判断传感器的好坏。将温控器冷却液温度传感器置于冷却液中，通过加热以获得不同的温度。

如果测量值与之不符，则需更换冷却液温度传感器。

4. 鼓风机电动机及控制模块的检修

1）鼓风机电动机两端直接施加蓄电池电压，看鼓风机是否高速旋转。如果鼓风机不转或转速很低，则说明鼓风机电动机有故障，需更换；如果鼓风机能高速旋转，则鼓风机电动机正常。

2）检查鼓风机电动机与控制模块之间的连接，如果接触不良，予以修理；如果接触良好，则检查鼓风机开关及线路，若均良好而鼓风机不转，则需更换鼓风机控制模块。鼓风机电动机与控制模块的分解如图 4-51 所示。

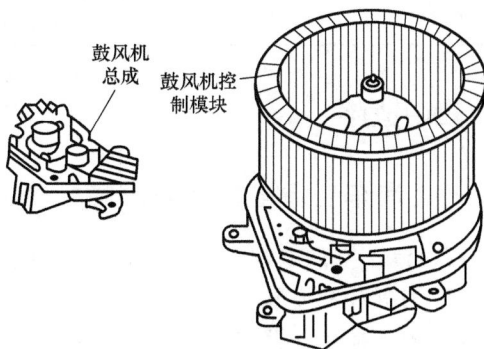

图 4-51 鼓风机电动机与控制模块的分解

三、检修汽车空调电控系统故障实训操作

故障诊断及分析

空调故障现象描述及检查表见表 4-7。

表 4-7　空调故障现象描述及检查表

起动发动机并暖机,再检查相关项目,空调制冷情况产生条件:发动机转速为 2000r/min,温度设置为最冷,鼓风机转速设为高,内循环、车门、窗全部打开	发动机怠速	关闭空调:＿＿＿＿ r/min,开启空调:＿＿＿＿ r/min
	环境温度	
	鼓风机转速	一档:　　二档:　　三档:　　四档:
	空气循环模式	
	送风模式	
	制冷送风温度	MAX COLD :
	暖风送风温度	MAX HOT:
	冷凝器	入口温度:　　,出口温度:
	蒸发器(膨胀阀)	入口温度:　　,出口温度:
描述故障现象及故障初步诊断结果		
电磁离合器的工作情况		
电气元件的检测		
冷凝器风扇的检查		
鼓风机的检查		
确定故障点及其修理方法		

任务评价

考核评价表

序号	考核内容	考核要点	配分	评分标准	扣分	得分
1	检修汽车空调电控系统的常见故障	压缩机不工作或工作不正常、鼓风机不工作或工作不正常、冷凝器风扇不工作或工作不正常的电控故障分析与检修的具体操作	50	检查操作规范、全面,准确得50分;每遗漏一项,或不正确扣10分,扣完为止		
2	部分电气元件的检修	空调调节控制器、蒸发器温度传感器、冷却液温度传感器、鼓风机电动机及控制模块的检修	50	检查操作规范、全面,准确得50分;每遗漏一项,或不正确扣5分,扣完为止		

知识链接

一、汽车空调电控系统故障检修的注意事项

在对汽车空调电控系统进行故障检修时,应注意以下几点:

1) 当拆卸和安装电气元件时,应切断电源。

2) 当更换熔断器时,一定要与原规格相同,切勿用导线替代。

3) 正确拆卸导线插接器(插头与插座)。为了防止插接器在汽车行驶中脱开,所有的插接器均采用了闭锁装置。要拆开插接器,首先要解除闭锁,然后把插接器拉开,不允许在未解除闭锁的情况下用力拉导线,这样会损坏闭锁或连接导线。

4) 在检修传统汽车电器故障时,往往采用"试火"的办法逐一判断故障部位。在装有电子设备的汽车上,不允许使用这种方法,否则会给某些电路和电子元件造成意想不到的损害。

5）在发动机工作时，不要拆下蓄电池接线。对于装有电控装置的车辆也不要采用该办法来判断发电机是否发电。

6）不允许使用欧姆表及万用表的 R×100 以下低阻欧姆档检测小功率晶体管，以免电流过载损坏晶体管。

7）当更换晶体管时，应首先接入基极；当拆卸时，最后拆下基极。

二、电控系统故障诊断与检修一般程序

1. 向车主调查

为了准确判断故障发生的位置，首先询问车主，了解车型、生产年份，故障发生的时间、状况，发生故障时的环境条件，进行了哪些操作，是否已进行检修，动过哪些部位等。同时，还要了解汽车以前是否进行过维修及维修部位。通过信息收集，可以帮助初步估计故障发生的原因和部位，排除不必要的干扰，明确查找的目标。

2. 外部检查

这是故障分析最基本的检查，可以确定前面的估计是否正确，其内容包括：

（1）看 看是否有部件丢失，电线是否脱线，接线器是否接合，有无接错线，各种软管的连接状况等。

（2）听 起动发动机，检查是否有漏气、杂音，可能产生故障的部件能否正常工作等。

（3）摸 通过触摸检查某些部件是否在正常工作，接线是否牢固，软管是否断裂等。

通过以上检查可以帮助确认前面的判断，排除非电控系统故障，并以此作为电控系统故障的辅助检查。此项程序不容忽视，否则会造成故障的根本原因没有找到而进行错误的检查，造成大量时间的浪费。

3. 查阅

在对汽车进行检测前，一定要掌握该车的有关数据、所要检查部件的准确位置、接线图、接线和检测方法，包括检测仪器的使用。进口汽车的车型很多，发展很快，即使同一厂家、同一牌号的汽车，其控制系统也因生产年份不同而大不一样。在不具备第一手材料的情况下，盲目地检查可能带来意料不到的后果。

4. 调取故障码

按照该车所要求的操作程序进入自诊断状态，调取故障码，以作为故障判断的依据。故障码可帮助简捷地找到故障发生的部位，得到故障码后，还要判断所显示的故障是否存在，与当前的故障现象是否有关，是否因没有清除故障码所致。还要注意：并非电控汽车上的所有故障都用故障码显示，还可以采用其他方法进行故障分析。

5. 检测

只有在进行检测后才能最终判定故障的位置和找到产生故障的原因。检测包括的内容很多，如：信号检测、数据检测、压力检测、执行器动作检测等，涉及的检测仪器也较复杂，要求能够正确选择和使用检测仪器，并谨慎、准确地与电控系统连接。

6. 实验

正确地判断出故障，进行修理后还要进行实验，以确认所出现故障已被排除，并检查修理后的效果等。在汽车彻底修好后，要进行故障码的清除工作。

三、电控系统的故障诊断的基本方法

按诊断故障采用的手段，可分为直观诊断、利用故障自诊断系统诊断（随车诊断）、简单仪表诊断和专用诊断仪器诊断。

直观诊断就是通过人的感觉器官对汽车故障现象进行看、问、听、试、嗅等，了解和掌握故障现象的特点，通过人的大脑进行分析、判断得出结论的检测诊断方法。

随车诊断是利用汽车上电控系统所提供的故障自诊断功能进行诊断的方法。目前，发动机电控系统中都具有故障自诊断功能，这就为故障检测与诊断提供了极大的方便。随车故障自诊断系统通常只能提供与本系统有关的电气装置或线路故障，一般只做出初步诊断结论，具体故障原因还需要通过直观诊断和简单仪表进行深入诊断。

利用简单仪表诊断，就是利用万用表为主的通用仪表对故障进行诊断。这种诊断方法主要用于对电控系统和电气装置的诊断，一般可用于对故障进行深入诊断。

汽车的电子化，迫使故障检测诊断的手段进行变革。随着汽车电子化的进程，各种汽车专用诊断仪器应运而生，这些专用诊断仪器大多数为带有微处理器的电控系统，对汽车电控系统故障的检测与诊断十分有效。

四、故障码的调取方法

1. 利用随车自诊断系统调取故障码

1）利用仪表盘上故障指示灯的闪烁规律读取故障码。

2）利用指针式万用表的指针摆动规律或自制二极管灯的闪烁规律读取故障码。

3）利用电控单元上红、绿色发光二极管灯的闪烁规律读取故障码。

4）利用车上显示器读取故障码。

2. 使用故障诊断仪调取故障码

第一代随车诊断系统（OBD-Ⅰ）的汽车，必须使用专用仪器和专用传输线与车上的诊断座对接来调取故障码。第二代随车诊断系统（OBD-Ⅱ）的汽车，具有统一的故障诊断座和统一的故障码，只需用一台仪器即可调取各汽车制造公司生产的各型汽车故障码。

注意：当确认无故障码存在时，从故障现象入手，根据控制系统的工作原理和结构，推断相关数据参数，再用数据分析的方法对相关数据参数进行观察和全面分析。在进行数据分析时，常常需要知道所修车系统的基本原理和结构、基本的控制参数及其在不同工况条件下的正确读值，并经过认真地分析，才有可能得出准确的判断。

巩 固 练 习

一、填空题

1. 汽车空调控制电路常见的故障可以分为_____和_____故障两类。

2. 一旦汽车空调控制电路发生故障，将导致_____、_____、鼓风机电动机等工作不良或不工作。

3. 快速检测鼓风机电动机的办法：拆下鼓风机电动机，将蓄电池正极与鼓风机电动机端子 1 相连，负极与端子 2 相连，鼓风机电动机应＿＿＿＿＿＿＿＿。若不正常，则应更换鼓风机电动机。

4. 在检修传统汽车电器故障时，往往采用"试火"的办法逐一判断故障部位。在装有电子设备的汽车上，＿＿＿＿＿＿＿＿使用这种方法，否则会给某些电路和电子元件造成意想不到的损害。

二、选择题

1. 汽车空调电器线路中常见的故障有：（　　　）。

A. 接触不良　　　　　　B. 断路　　　　　　C. 搭铁

2. 在空调电路中出现搭铁故障，即出现短路，导致烧坏或烧断熔丝时，应采取（　　　）措施。

A. 换上安培数大的熔丝

B. 用细铜丝代替熔丝

C. 先排除搭铁故障，再更换上合适的熔丝

3. 空调压缩机不工作，下列可能的故障原因是（　　　）。

A. 压缩机电磁离合器线圈短路或断路

B. 蒸发器温度传感器不良

C. 压力开关触点接触不良、温控器触点、电动机 ECU 控制继电器触点接触不良

D. 冷却液温度控制器有故障

E. 相关的连接线路、插接器有断路、短路或接触不良

4. 在对汽车空调电控系统进行故障检修时，应注意以下几点（　　　）。

A. 拆卸和安装电器元件时，应切断电源

B. 更换熔断器时，一般要与原规格相同，切勿用导线替代

C. 正确拆卸导线插接器（插头与插座）。为了防止插接器在汽车行驶中脱开，所有的插接器均采用了闭锁装置。要拆开插接器，首先要解除闭锁，然后把插接器拉开，不允许在未解除闭锁的情况下用力拉导线，这样会损坏闭锁或连接导线

D. 在发动机工作时，不要拆下蓄电池正极引线

三、简答题

1. 检修汽车空调电控系统的注意事项有哪些？

2. 叙述冷凝器散热器风扇控制电路原理。

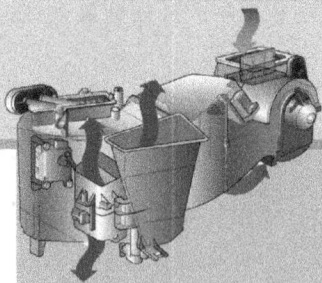

单元五

汽车空调典型故障的诊断与排除

单 元 概 述

汽车空调因其工作条件比较恶劣，经常受到振动、风吹、日晒、灰尘、长期连续运转等严酷条件的考验，因此比较容易发生故障。本单元从汽车空调制冷系统的不制冷、制冷量不足两个典型故障入手，并联系此前掌握的实践经验，学习对汽车空调制冷系统故障的诊断方法。

单元学习目标

知识目标

1. 知道汽车空调不制冷和制冷量不足故障的可能原因。
2. 知道汽车空调不制冷和制冷量不足故障检修的注意事项。

能力目标

能熟练完成汽车空调不制冷和制冷量不足故障的检修操作。

职业道德目标

1. 在完成汽车空调故障的检修过程中进一步养成严格遵守安全、规范操作的职业作风。
2. 在完成汽车空调故障的检修过程中逐步养成思维分析、善于解决问题的职业习惯。

课题一　　排除汽车空调不制冷故障

任务描述

汽车空调在使用过程中，可能会出现一些故障，其中不制冷是典型故障之一。由于制冷系统作为一个独立封闭的系统，结构复杂，影响制冷性能因素多。那么针对汽车空调不制冷的故障，维修人员要由点到面，多方检查，以确认故障，进而将故障排除。

任务目标

1. 掌握汽车空调系统故障诊断与维修的一般流程。
2. 能对汽车空调系统进行基本检测和故障诊断。
3. 能熟练运用工具及设备排除典型的汽车空调故障。
4. 能熟练运用所学的空调知识和维修手册，制订合理的汽车空调维修计划。

任务分析

本任务针对汽车空调制冷现象，按专业维修对该汽车空调系统进行诊断与维修，要求掌握汽车空调系统故障诊断与维修的一般流程，能熟练运用工具及设备排除典型的汽车空调故障。

任务实施

一、排除汽车空调完全不制冷故障

汽车空调完全不制冷故障的维修方法见表 5-1。

表 5-1　汽车空调完全不制冷故障的维修方法

故障症状		故障部位	故障分析	维修方法
完全不制冷故障排除的方法	风量正常压缩机不运转	压缩机损坏	压缩机内部损坏,同样会造成压缩机不能正常工作	检修或更换压缩机
		压缩机传动带断裂或松脱	压缩机传动带断裂或太松,也会造成压缩机不能正常工作,使空调不能制冷	更换压缩机传动带或张紧压缩机传动带
		电磁离合器故障	闭合空调开关,用试灯检查电磁离合器电源,如果试灯亮,说明电磁离合器线圈烧坏,电磁离合器上无电流通过,造成压缩机不工作,如图 5-1 所示	修理或更换电磁离合器线圈
	风量正常压缩机运转	储液干燥器堵塞或装反	储液干燥器堵塞或装反,使制冷剂不能流通,造成制冷系统不能工作	清洗或重新安装储液干燥器
		压缩机油封损坏	压缩机油封损坏导致压缩机漏油,使得系统不密封,导致制冷剂泄漏,使制冷系统不能制冷	更换油封
		制冷剂软管破损或松动	制冷剂软管破损或松动,导致制冷剂的泄漏造成制冷剂严重不足,使制冷系统不能制冷	检漏、补漏、紧固后,重新抽真空、加注制冷剂
		压缩机吸、排气阀损坏	压缩机的吸、排气阀损坏,使制冷剂不能被压缩	检修压缩机的进、排气阀
		蒸发器或管路泄漏	蒸发器或管路泄漏,造成制冷剂严重不足,使制冷系统不能制冷	检漏、补漏
		膨胀阀脏堵	脏堵是指空调制冷系统工作时,脏物随制冷剂流经小截面通道时形成的堵塞现象,如图 5-2 所示,脏堵会导致空调系统制冷能力下降,甚至不制冷	清洗或更换膨胀阀
	鼓风机无风量	鼓风机继电器损坏	鼓风机继电器线圈烧断、触点损坏,使继电器不能工作,从而导致鼓风机不能工作	更换鼓风机继电器
		鼓风机配线松脱或断落	鼓风机控制电路中的配线松脱或断落,将造成无电流流过鼓风机,导致鼓风机不工作	检查各接线柱或搭铁线是否松脱、断落,重新接好各松脱、断落的配线
		鼓风机开关损坏	鼓风机开关接触不良,会导致电流不能通过鼓风机,鼓风机不能转动	更换鼓风机开关
		鼓风机电动架损坏	鼓风机电动架损坏,使得鼓风机的出风方位产生改变,从而不能按照原有设定的出风口出风	调整、更换电动架
		熔丝烧断	鼓风机控制电路的熔丝烧断,造成鼓风机不能正常工作	更换相同规格的新熔丝

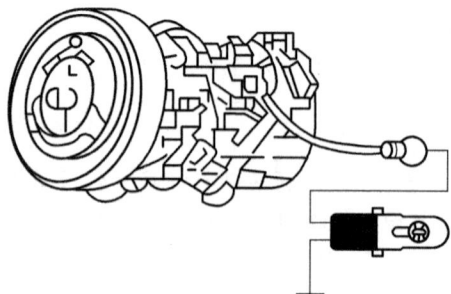

图 5-1　电磁离合器故障

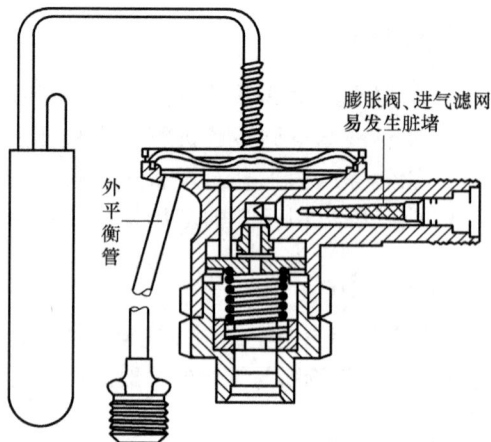

膨胀阀、进气滤网易发生脏堵

外平衡管

图 5-2　膨胀阀脏堵

二、排除间歇不制冷故障

汽车空调间歇不制冷故障的维修方法见表 5-2。

表 5-2　汽车空调间歇不制冷故障的维修方法

故障症状	故障部位	故障分析	维修方法
间歇不制冷故障排除的方法	电磁离合器不良		
	电磁离合器打滑	电磁离合器摩擦面沾有油污或磨损严重,会造成离合器打滑,使压缩机工作不正常,冷气时有时无	清洗离合器摩擦面油渍或重新调整间隙
	电磁离合器电路接触不良	电磁离合器的电路如果接触不良或搭铁松动,将造成离合器过早分离,导致制冷不正常	将接头补焊或将搭铁拧紧
	电磁离合器电压过低	电磁离合器线束连接处接触不良,将导致电磁离合器供电电压达不到规定值,压缩机不能正常工作,制冷效果降低	更换电磁离合器
	电气元件不良		
	继电器不良	空调继电器或继电器触点烧蚀,使供电电路接触不良,电气元件不能正常工作,造成制冷量下降	需要更换继电器
	鼓风机变阻器故障	鼓风机的变阻器故障,将使鼓风机工作失控,造成冷风断断续续	更换鼓风机的变阻器
	鼓风机接触不良	鼓风机接触不良,会造成鼓风机间断性工作,致使供冷不正常	更换鼓风机电动机
	温度控制器故障	温度控制器的断开温度过低,也会造成供冷断断续续	更换或调整温度控制器
	制冷管路不良		
	系统中有水或管路冰堵	系统管路中含水量过大,工作一段时间后,低压侧呈真空状,膨胀阀将结霜、冰堵,导致出风不冷,停机一会儿后工作又会恢复正常,如此反复,造成间歇性制冷	排除空调制冷系统中的水分
	膨胀阀失灵	膨胀阀失灵,也会造成间歇性制冷	检查更换感温包或膨胀阀

三、排除汽车空调不制冷故障的实训操作

按以下顺序完成汽车空调不制冷故障的诊断与维修:

1. 询问故障现象并记录故障信息

了解所提供的车辆故障现象，并记录在表 5-3 中。

表 5-3　汽车空调故障检修记录表

车型		车辆 VIN 码	
车辆入厂日期		里程表读数	
故障现象			
故障发生日期			
故障发生频率	□持续　　　　　　　□间歇(　　　　　次/日)		
环境	□晴朗　　□多云　　□下雪　　□多变/其他 □炎热　　□温暖　　□凉爽　　□寒冷(约　　℃)		
路面状况			
以往修理情况			

2. 维修作业前的准备工作

3. 确认故障现象

4. 制订维修计划

查阅车辆维修手册，制订维修计划，并填写表 5-4。

表 5-4　维修计划表

顺序	检测部位	所需仪器、设备	测得数据	结果分析
1				
2				
3				
4				

（续）

顺序	检测部位	所需仪器、设备	测得数据	结果分析
5				
6				
7				
8				
…				

5. 维修故障

根据检测结果进行维修工作，确认故障、维修故障并填写表 5-5。

表 5-5　维修记录表

确定故障	
维修方法	

6. 性能检查

故障修复后，检查原故障现象是否消除，并填写表 5-6。

表 5-6　故障排除确认表

原故障现象	
故障现象是否消除	

任务评价

考核评价表

序号	考核内容	考核要点	配分	评分标准	扣分	得分
1	检查故障现象	风机工作,压缩机不转动、压缩机转动、风机不转动、风机与压缩机均正常,但不制冷	30	检查操作规范、全面,准确得30分;每遗漏一项,或不正确扣10分,扣完为止		
2	故障分析	电磁离合器故障、压缩机传动带断裂或太松、熔丝烧断、鼓风机继电器损坏等	40	分析合理、全面,清晰准确得40分;每遗漏一项,或不正确扣4分,扣完为止		
3	故障诊断与排除	风量正常,压缩机不工作;鼓风机无风量;风量正常,压缩机工作,但不制冷情况做出正确的故障诊断分析与排除	30	操作规范、全面,记录清晰准确得30分;每遗漏一项,或不正确扣3分,扣完为止		

知识链接

一、鼓风机继电器的检查

鼓风机继电器的检测方法如图 5-3 所示：拆去空调继电器插头，并让蓄电池向线端 1 和线端 2 供电，用万用表检查线端 3 和线端 4 之间是否出现断路。如果万用表测得的电阻为零，说明继电器正常；如果不为零，则需要更换继电器。

二、膨胀阀脏堵的清洗方法

① 放出制冷系统中的制冷剂，对于带有储液干燥器的较大型制冷系统，可将制冷剂抽到储液干燥器中。

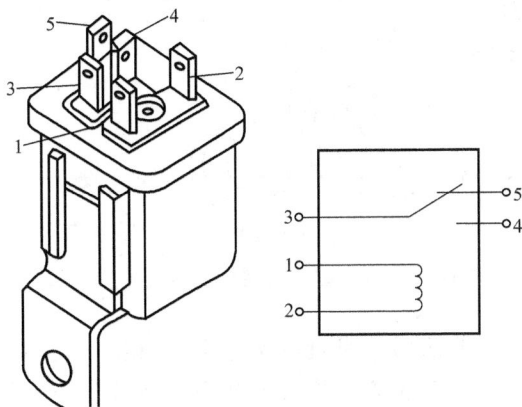

图 5-3　鼓风机继电器的检测方法

② 拆下制冷系统中脏堵的部件进行清洗或更换。

③ 当脏堵严重时，应将制冷系统全部拆卸，并分段清洗，清洗液可用工业汽油或四氯化碳，清洗完全部部件后，经组装即可重新对制冷系统充注制冷剂，然后试车。

三、电磁离合器电压过低的检查

检查电磁离合器供电电路，如图 5-4 所示。检查方法为：

① 测量定子线圈的电阻值，并从压缩机上拆去定子线圈搭铁线，然后拆去插头的电源线。

② 把万用表连接在刚才拆下的导线上测量电阻，注意表上的读数，一般电阻值应为 $3.7\sim4.3\Omega$。

③ 如果电阻值低于规定的标准，说明线圈短路；如果高于规定的标准，就要检查线插头（搭铁线和电源线），如果插头没有问题，说明线圈发生了断路。

四、继电器不良的检查

拆去空调继电器插头，如图 5-5 所示，并把蓄电池（12V）接在继电器线端 1 和线端 2 上，然后用万用表检查线端 3 和线端 4 之间是否存在短路。如果没有，就说明继电器良好；如果出现短路，就需要更换继电器。

五、鼓风机变阻器的检查

检测鼓风机调速器，若各接线端子间的电阻不符合正常要求，则更换变阻器。

鼓风机调速器是通过调节电阻的阻值来控制鼓风机直流电动机转速的，鼓风机直流电动机的转速分为低速、中速和高速三档。用万用表欧姆档检查各接线端子间的电阻，应符合规定值。

六、安装膨胀阀的注意事项

安装膨胀阀前，应注意如下事项：

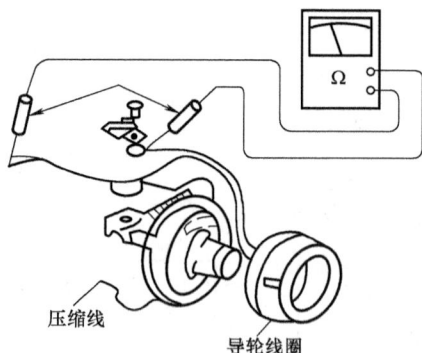

图 5-4 检查电磁离合器供电电路

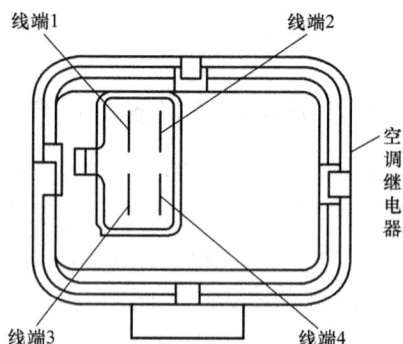

图 5-5 空调继电器

① 膨胀阀应竖直放置，不能斜装，更不可倒装，安装位置应尽可能靠近蒸发器。

② 感温包安装位置要合适，感温包应牢固地装在清洁的吸气管直段上，感温包与吸气管路应有良好的接触并用隔热防潮胶包好。

③ 外平衡式膨胀阀的平衡管应装在蒸发器出口处，但感温包必须装在平衡管前，且应保持适当的距离，两者不能互换位置。

七、汽车空调传动带张紧力的检查

汽车空调传动带张紧力的检查方法：用 100N 的力按下传动带，其偏差如在 12～15mm 范围以内，说明松紧度合适，如图 5-6 所示。

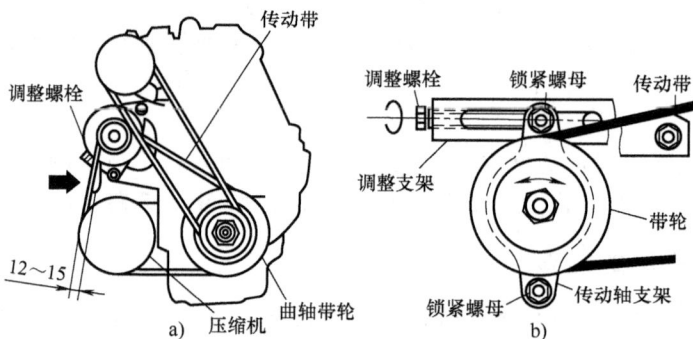

图 5-6 检查传动带

巩 固 练 习

一、填空题

1. 汽车空调系统出现不工作或工作不正常等故障时，会有一些外在的表现。可以通过直观的检查，如_____、_____、_____等，诊断故障所在，迅速排除故障。

2. R134a 空调系统正常工作时，低压侧的压力为_____，高压侧的压力为_____。

R12 空调系统工作时，低压侧压力为＿＿＿＿＿＿＿＿，高压侧为＿＿＿＿＿＿＿。

3. 电磁离合器线圈，正常电阻值为＿＿＿＿＿＿ Ω。

二、选择题

1. 空调出现"完全没有冷气"的故障，若按照"先外，后里；先面，后点；先简，后繁"的原则，则应先检查（　　　）。

A. 压缩机　　　　　　　　　　　　　B. 制冷剂输送系统

C. 熔丝，空调开关　　　　　　　　　D. 离合器电磁线圈

2. 高、低压侧压力表读数均高于正常压力多，且低压管道也不凉，属于下面（　　　）现象。

A. 制冷剂不足或过滤器膨胀阀有堵塞　B. 制冷剂过多

C. 系统中有空气　　　　　　　　　　D. 膨胀阀开度过大

3. 空调系统检修后抽真空，（　　　）步骤是不必要的。

A. 安装压力表组合真空泵　　　　　　B. 起动真空泵

C. 打开歧管压力表组低压侧手动阀　　D. 排空

4. 空调修理时，下面（　　　）说法是错误的。

A. 为了防止修理时出现短路现象，在作业前应拆下蓄电池正极导线。

B. 更换配线时，凡穿过面板或金属部件的导线，都应加装保护塑料套并用专用固定卡固定。

C. 如果需要拆离、移动汽车原线束的位置或分开配线时，修理后应复位。需要更换可焊接的部分应尽量选用原色、原直径导线，焊接点要用胶带包扎

D. 导线不能固定在活动部件、高温部件和发动机燃料系统的管道上

5. 空调修理时，下面（　　　）说法是错误的。

A. 如果对制冷系统的金属管道进行加热弯曲，不得就车加热，且弯曲半径要尽可能大

B. 拆卸任何管理时，都必须立即把管道或接头处堵住，以避免潮气和灰尘进入。截断管子时，应保持管口平整、光洁，并清除管内的金属屑。管口端需要进行喇叭口成形时，应使用专用工具

C. 若需要清洁管道系统，应用压缩空气或水剂进行清洗

D. 在连接金属管道接口处的软管前，应在接头螺母的支承面上滴上润滑油。各管道的接口处有两个螺母，拧松或拧紧都应使用两个扳手。

三、简答题

1. 请简述用耳听、眼看、手摸检查空调系统的方法。

2. 汽车空调制冷系统常见的故障一般有哪些？

3. 简述空调系统不制冷的现象以及原因。

课题二　　排除汽车空调制冷量不足故障

任务描述

空调制冷量不足也是汽车空调的一个典型故障。制冷系统运转正常，制冷量少，达不到

制冷效果，与排除不制冷故障一样，作为一名汽车空调维修人员要对空调系统进行由面到点的检测，以确定故障部位，进而排除故障。

任务目标

1. 知道汽车空调系统制冷不足常见的可能原因。
2. 知道汽车空调系统制冷量不足故障的检修方法。
3. 能熟练完成汽车空调系统制冷不足故障的诊断与维修。

任务分析

想要完成本任务，需利用所学知识，对客户车辆空调压缩机运转但制冷量不足的故障进行原因分析与诊断，即由面到点的了解故障现象的基础上，运用职业思维模式严谨判断故障类型，并按专业操作规范排除。

任务实施

一、排除制冷量不足故障

汽车空调制冷量不足故障的维修方法见表 5-7。

表 5-7　汽车空调制冷量不足故障的维修方法

故障症状		故障部位	故障分析	维修方法
制冷量不足	制冷剂不良	制冷剂过少	若通过观察窗观察到每隔 1~2s 就会有气泡出现，则表明制冷剂不足。制冷剂不足或制冷剂泄漏，都将降低制冷效果	检漏、修补，重新充注制冷剂
		制冷剂过多	如果从观察窗中看到有气泡出现，但看不见液体流动，且高压侧过热、高、低压侧压力均过高，表明制冷剂过多	从低压侧放出多余的制冷剂
		系统中有空气	若从观察窗中观察到大量的气泡，说明有空气进入系统。制冷系统由于抽真空不够，造成管路内有空气，使制冷效果下降	更换储液干燥器，检漏，反复抽真空，加注制冷剂
		系统中有水分	若制冷系统工作一段时间后，低压压力低于标准大气压，出现膨胀阀结霜、冰堵、出风不冷等现象，停机一会儿再打开，工作又正常，不久又重复上述故障，则表明系统中有水分	更换储液干燥器，检漏，反复抽真空，重新加入制冷剂和冷冻机油
		系统中有脏物	若制冷系统中存在杂物、油污时，会在膨胀阀或储液干燥器处产生堵塞情况。如果完全堵死，也会使剂冷剂不足，其主要表现为储液干燥器的前后管子有明显的温度差，或在膨胀阀处结霜，吸气压力降低，甚至出现真空状态	拆下膨胀阀清洗，或者更换储液干燥器

（续）

故障症状	故障部位	故障分析	维修方法
制冷量不足	压缩机损坏	压缩机内部损坏,如压缩机阀片击碎、轴承损坏及密封垫破损等,将造成内部泄漏,导致低压侧压力过高,高压侧压力过低,从而使制冷效果下降	修理或更换压缩机
	压缩机传动带过松	压缩机传动带过松,将导致压缩机转速过低,空调压力也过低,造成制冷效果不良	张紧或更换传动带
	压缩机电磁离合器打滑	压缩机电磁离合器因磨损过量,造成间隙过大,使电磁离合器打滑,从而使压缩机转速下降,制冷效果降低	卸下压缩机电磁离合器,对其进行修理或更换
	冷凝器散热风量过小	冷凝器鼓风机转速过低,使冷凝器散热风量过小,造成高、低压侧压力均过高,从而使制冷效果下降	检查冷凝器鼓风机电路
	冷凝器散热片堵塞	冷凝器散热片被脏物堵住,造成高压过高,散热效果不好,制冷能力下降	清理冷凝器散热片上的脏物
	鼓风机转速不够	鼓风机的转速不够,造成蒸发器大量结霜,出风不冷,使供冷量不足	检查鼓风机开关、继电器或更换鼓风机
	蒸发器翅片堵塞	蒸发器翅片被灰尘堵住,造成送风量减小,供冷量不足	用压缩空气将蒸发器翅片上的灰尘吹净
	蒸发器空气过滤网堵塞	蒸发器空气过滤网被灰尘堵塞,造成送风量减小,供冷量不足	用水和毛刷清洗空气过滤网
	膨胀阀滤网堵塞	膨胀阀中的滤网堵塞,使吸气压力过低,排气压力过高,造成制冷效果下降	排空系统,卸下滤网清洗或更换
	膨胀阀开度过大	膨胀阀开度过大,使高、低压侧压力都过高,过多的制冷剂流过蒸发器而来不及蒸发,造成制冷效果下降	检测并调整膨胀阀的开度
	膨胀阀感温包包扎不好	膨胀阀感温包包扎不好,绝缘层松开,测温不准,达不到制冷要求	重新包扎膨胀阀感温包
	膨胀阀感温包泄漏	当感温包内的制冷剂泄漏后,作用在传动膜片上部的压力就会消失,热力膨胀阀的阀针在弹簧和蒸发压力的作用下就会关死,造成热力膨胀阀不通,制冷剂无法流动	更换膨胀阀
	温度控制器调整不当	温度控制器调整不当,会使其断开温度过高,达不到制冷要求	重新调整温度控制器
	冷冻机油过多	当制冷系统中充入过多的冷冻机油时,从观察窗中可观察到有浑浊的条纹。冷冻机油过多,将导致制冷效果下降	放出多余的冷冻机油
	外循环风门关闭不严	车外循环风门关闭不严,使热风进入冷风通道,制冷效果下降	修理或更换真空驱动器和连接杆
	空调送风管道堵塞	空调送风管道堵塞,造成送风量减小,噪声增大,供冷量不足	清除管道堵塞物
	蒸发器压力调节阀故障	蒸发器压力调节阀安装在蒸发器和压缩机之间的低压管上,阀的进口压力(蒸发压力)通常设定在 151.6～179.2kPa 范围内。蒸发器正常工作时,由于吸入空气温度和吹出风量变化,蒸发器上的凝结水不会结冰	更换或调整蒸发器压力调节阀

（故障部位分组：压缩机不良、冷凝器不良、蒸发器不良、膨胀阀不良、其他原因）

二、汽车空调系统制冷量不足故障的诊断与维修实训操作

按以下步骤完成汽车空调系统制冷量不足故障的诊断与维修：

1. 询问故障现象并记录故障信息

了解车辆的故障现象，并记录在表 5-3 中。

2. 维修作业前的准备工作

3. 初步检查故障现象

初步检查故障现象，并记录在表 5-8 中。

表 5-8　故障初步检查记录表

检查方法	检查内容	检查结果
眼看	观察制冷剂流动是否正常	是□　否□
	低压管路是否有结霜	是□　否□
	管路是否有渗油现象	是□　否□
	压缩机电磁阀接合是否正常	是□　否□
	驱动带是否打滑	是□　否□
	蒸发器是否有水滴出	是□　否□
	冷凝器风扇运转是否正常	是□　否□
耳听	压缩机运转时是否有异响	是□　否□
	鼓风机和冷凝器风扇运转是否有异响	是□　否□
手摸 （应注意安全）	制冷系统高压管路是否烫手？低压管路是否冰冷	是□　否□
	冷凝器前、后管路是否有温差	是□　否□
	储液干燥器前、后管路是否明显温差	是□　否□
	膨胀阀前、后管路是否有明显温差	是□　否□

4. 确认故障现象

根据以上故障初步检查情况，得出具体的故障现象，并填写在表 5-9。

表 5-9　故障现象及故障原因分析表

故障现象	故障原因

5. 制订维修计划

查阅车辆维修手册，制订维修计划，并填写表 5-4。

6. 维修故障

根据检测结果进行维修工作，确认故障、维修故障，并填写表5-5。

7. 性能检查

故障修复后，检查原故障现象是否消除，并填写表5-6。

任务评价

考核评价表

序号	考核内容	考核要点	配分	评分标准	扣分	得分
1	检查故障现象	汽车空调制冷量不足故障现象的检查	25	检查操作规范、全面，记录清晰准确得25分；每遗漏一项，或不正确扣5分，扣完为止		
2	故障分析	制冷剂过少、制冷剂过多、系统中有空气、系统中有水分、系统中有脏物等故障的分析	35	分析规范、全面，清晰准确得35分；每遗漏一项，或不正确扣5分，扣完为止		
3	故障诊断与排除	制冷剂不良，压缩机不良，冷凝器不良，蒸发器不良，膨胀阀不良，或者其他原因，做出正确的故障诊断分析与排除操作	40	检修操作规范、全面准确得40分；每遗漏一项，或不正确扣4分，扣完为止		

知识链接

空调异响故障的诊断与排除

一、故障现象

当空调系统工作时，产生异常声响。

二、故障分析

空调异响故障现象分析如下：

1. 外部异响

1）压缩机噪声。

2）压缩机传动噪声。

3）鼓风机噪声。

4）电磁离合器噪声。

5）护板敲击声。

6）惰轮轴承噪声。

2. 内部异响

1）系统里面有水分。

2）压缩机振动。

3）制冷剂过少。

4）制冷剂过多。

三、故障诊断与排除

1. 外部异响

诊断一：压缩机传动带噪声。

压缩机传动带松动打滑或过度磨损，产生噪声。

排除方法：

第一步：张紧或更换压缩机传动带。

第二步：用手指按压传动带中间，挠曲量应在 10～15mm。

>> **注意** | 不要用旋具等工具按压传动带，以防划伤传动带，缩短传动带的使用寿命。

诊断二：电磁离合器噪声。

电磁离合器打滑发出摩擦声，电磁线圈插头松动发出噪声。

排除方法：视实际情况进行处理。

① 若传动带轮未拧紧，应拧紧固定螺钉。

② 若压缩机轴上的键有故障，应修复或更换。

③ 若电磁离合器打滑，应清洗或更换磨损严重的零件。

④ 若电磁离合器轴承破损，应更换轴承。

⑤ 若电磁离合器间隙过大，应重新调整间隙。

诊断三：压缩机噪声。

压缩机固定件松动发出噪声或压缩机内部零件磨损产生噪声。

排除方法：

① 拧紧压缩机紧固螺钉。

② 修理或更换压缩机。

诊断四：鼓风机噪声。

鼓风机叶片变形、破裂发出噪声，或者鼓风机电动机过度磨损发出噪声。

排除方法：维修或更换鼓风机或鼓风机电动机。

诊断五：护板敲击声。

护板松动，发出敲击声。

排除方法：紧固夹紧卡，消除软管与其他部件的摩擦或碰撞。

诊断六：惰轮轴承噪声。

惰轮轴承磨损严重发出异响。

排除方法：检修惰轮轴承。

2. 内部异响

诊断一：制冷剂过多。

制冷剂过多，造成压缩机负荷加大，导致高压管路发出振动声，压缩机发出捶击声。

排除方法：排出过多制冷剂，直至高压表显示正常。

诊断二：制冷剂过少。

制冷剂过少，蒸发器进口处发出"咝咝"声。

排除方法：检查制冷剂泄漏处，重新充注制冷剂。

诊断三：管路中有水分。

系统管路中水分过多，导致膨胀阀产生噪声。

排除方法：更换储液干燥器，抽真空，重新充注制冷剂。

诊断四：压缩机振动。

系统中制冷剂过量、冷凝器堵塞及系统中制冷剂流动受阻，导致压缩机运转振动。

排除方法：按照要求排放制冷剂，清洗或更换受阻部件。

巩固练习

一、填空题

1. 电磁离合器摩擦面粘有____或____会造成离合器打滑，使压缩机工作不正常，发生断断续续有冷气的现象。

2. 外平衡式膨胀阀的平衡管应装在____处，但____必须装在平衡管前，且应保持适当的距离。两者不能互换位置。

3. 制冷剂过多，引起压缩机____增大，导致高压管路发出振动声，压缩机发出锤击声。

二、选择题

1. 某汽车空调冷气不足，检测发动机在 2400r/min 时，高压侧压力为 2.058MPa，低压侧压力为 0.1078MPa，储液干燥器至蒸发器的冷气管外表结霜，请回答下列问题：

1）此现象表明制冷剂不足。（　　　）

A. 对　　　　　　　　　　　　B. 错

2）在进行空调制冷性能试验时，空调鼓风机应处于____位置，温度设定在冷气位置。

A. 最强风位置　　　　　B. 最弱风位置　　　　　C. 中间位置

3）正常制冷情况下，储液干燥器的观察窗应能见到（　　　）现象。

A. 清激透明　　　　　　　　　B. 初时极少量气泡，后没有气泡

C. 持续大量气泡　　　　　　　D. 初时极少量气泡，后气泡增多

4）在发动机动转工况下，添加制冷剂应从（　　　）端注入。

A. 高压侧　　　　　　　　　　B. 低压侧

5）对此故障的修理办法是（　　　）。

A. 更换储液干燥器　　　　　　B. 更换压缩机

C. 补充、添加剂冷剂　　　　　D. 添加冷冻机油

2. 某 1995 年款本田 2.2L 雅阁轿车，过去空调系统一直工作良好，在刚进入夏天时逐渐感觉制冷效果差，经检测高、低压侧压力均偏高，如下图所示。请回答下列

问题：

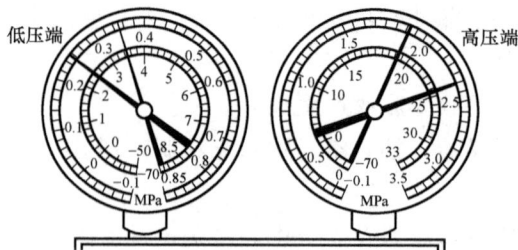

低压端　　　　　　　高压端

1）膨胀阀的作用是（　　　）。

A. 降压　　　　　　　　　　B. 膨胀

C. 除水分及过滤　　　　　　D. 节流

2）在进行空调制冷性能检测时，应控制发动机转速在_____ r/min。

3）此故障说明制冷系统内的制冷剂过多（　　　）。

A. 对　　　　　　　　　　　B. 错

4）当汽车高速行驶时，制冷良好，中、低速制冷效果差可能的原因是（　　　）。

A. 冷凝器散热片堵塞　　　　B. 冷凝器风扇不工作

C. 膨胀阀故障　　　　　　　D. 储液干燥器堵塞

5）对此故障修理的办法是（　　　）。

A. 释放多余的制冷剂　　　　B. 抽真空加新制冷剂

C. 清洗冷凝器外表面　　　　D. 检修冷凝器风扇及电路

3. 某1998年款别克轿车，原来空调制冷效果良好，在停用很长一段时间后，再开空调时即使鼓风机高速运转，仍感觉风量不大，冷气不足。经检修空调系统，确定无泄漏现象，请回答下列问题：

1）造成上述故障是由于鼓风机损坏。（　　　）

A. 对　　　　　　　　　　　B. 错

2）造成本车冷气不足的原因有（　　　）。

A. 蒸发器风道过滤器严重脏堵　　B. 储液干燥器表面脏

C. 蒸发器表面结冰　　　　　　　D. 压缩机阀片损坏

3）冷凝器风扇的运行由（　　　）控制。

A. 发动机冷却液温度开关　　B. 空调管路高压开关

C. 空调管路低压开关　　　　D. 压缩机上转速传感器

三、简答题

1. 简述空调系统制冷不足故障的现象以及原因。

2. 运用所学知识完成下列框图的填写。

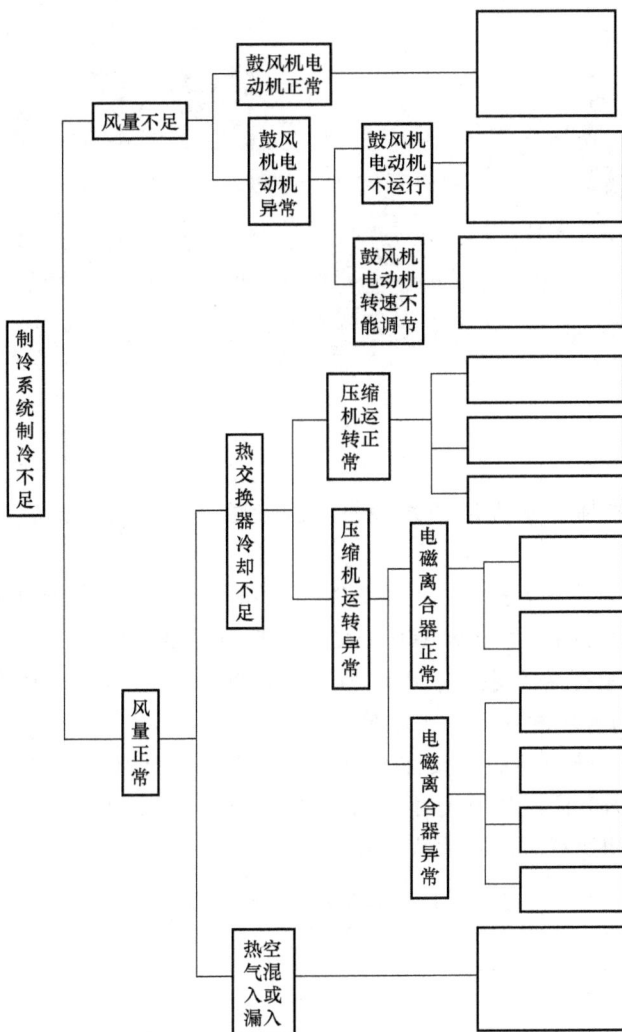

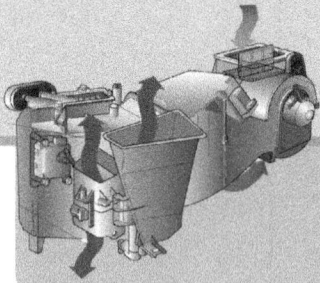

附录A
热力学基础知识

一、温度

温度是用来衡量物体冷热程度的物理量，测量温度的标尺称为温标。工程上常用的温标有：

（1）摄氏温标　用符号 t 表示，单位为℃。它将标准大气压下冰的融点定为0℃，水的沸点定为100℃，两者之间平均分为100分度，每单位分度为摄氏1度，表示为1℃。

（2）华氏温标　用符号 F 表示，单位为℉。它将标准大气压下冰的融点定为32℉，水的沸点定为212℉，两者之间均分为180分度，每单位分度为华氏1度，表示为1℉。

（3）热力学温标　热力学温标又称为绝对温标或开氏温标，用符号 T 表示，单位为K。这个温标所定义的热力学温度以绝对零度（−273.16℃）为基准。

三种温标的比较和换算方法见附表A-1。

附表A-1　三种温标的比较和换算方法

温度标定名称	代　号	单　位	换算公式
摄氏温度	t	℃	$t=\dfrac{5}{9}(F-32)$
华氏温度	F	℉	$F=\dfrac{9}{5}t+32$
热力学温度	T	K	$T(\mathrm{K})=t+273$

用于测量温度的仪表称为温度计。测试汽车空调性能常用的温度计有：压力表式温度计、热电耦式温度计和热敏电阻式温度计（数字式），它们是利用蒸气的饱和压力和饱和温度的对应关系（压力表式温度计）或某些材料的热电效应进行温度测量的。

下面是干球温度、湿球温度、干湿球温差、露点温度、冷凝温度、蒸发温度的相关知识。

1. 干球温度和湿球温度

1）干球温度是指用干球温度计测量空气温度时，干球温度计所指示的温度。它就是通常使用的温度计所测量的空气温度。

2）湿球温度是指在稳定条件下，湿球温度计所指示的温度。如附图A-1所示，在感温球上包上纱布，并把纱布的一端放在水槽里，靠

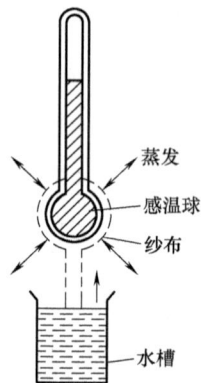

附图 A-1　湿球温度的测定

（标注：蒸发、感温球、纱布、水槽）

毛细管现象把水吸上去，使感温球湿润。由于湿纱布上的水分蒸发需要吸收相应的汽化热，因此湿球温度计上的读数将要比干球温度计上的读数低一些，此时湿球温度计所指示的温度称为湿球温度。

标准湿球温度计应在感温球周围有 $3 \sim 5\text{m/s}$ 的风速。

2. 干湿球温度

用干、湿球温度计分别测量未饱和空气时，干、湿球温度计所显示的温度不同。湿球温度低于干球温度，二者形成的温差称为干湿球温差。这个温差越大，表明空气越干燥，反之，空气越潮湿。

3. 露点温度

将周围一定量的空气冷却后，空气的绝对湿度便降低，当相对湿度达到100%时，即干球温度和湿球温度相同时，空气中所含有的水蒸气便成为饱和状态，再进一步冷却，水蒸气便不能以其原来的状态存在下去，其中一部分凝结成露水。于是，把湿度为100%时的温度称为凝结成露水的温度—露点温度。

4. 冷凝温度

在空调系统中，冷凝器中的制冷剂在一定高压下由气态变为液态时的温度称为冷凝温度。

5. 蒸发温度

在空调系统中，蒸发器中的制冷剂低压汽化时的温度称为蒸发温度。

二、湿度

湿度用来表示空气的干湿程度。1m^3 湿空气中所含水蒸气的重量，称为空气的绝对湿度。由于湿空气是空气和水蒸气的均匀混合物，因此绝对湿度在数值上等于水蒸气的含量，用 r_w 表示。绝对湿度只能说明湿空气在某一温度下实际所含水蒸气的重量，但不能说明湿空气的吸湿能力，因此，采用湿空气的相对湿度来说明空气的潮湿程度，或说明空气接近饱和的程度。相对湿度就是湿空气中实际所含的水蒸气量与同温度下饱和湿空气所含的水蒸气量的比值。用公式表示，即

$$\phi = \frac{r_w}{r_s} = \frac{p_w}{p_s} \times 100\%$$

式中　r_w——空气的绝对湿度；

　　　r_s——饱和湿空气的绝对湿度；

　　　p_w——空气中水蒸气的分压力；

　　　p_s——饱和湿空气中的水蒸气分压力（简称饱和水蒸气压力）。

ϕ 值越小，表示湿空气离饱和状态越远，空气越干燥，还能再吸收水分；反之，若 ϕ 值越大，则表示空气越潮湿，吸收水分的能力越差。当 $\phi = 0$ 时，则为干空气；当 $\phi = 100\%$ 时，则为饱和空气，再也不能吸收水分了。

湿空气在状态变化过程中，由于水分蒸发，水蒸气凝结，其体积重量会发生变化。即使湿空气中的水蒸气含量不变，由于温度变化，其体积也跟着变化，因此绝对湿度也将发生变化。

三、压力与真空度

压力就是固体、液体或气体垂直作用于物体表面上的力。在实际应用中是以作用于物体单位面积上的力来表示的，常用 P 表示，其单位为帕斯卡，简称帕（Pa）。

地球表面包围着一层很厚的空气层，称它为大气层，大气的重量对地球表面物体单位面积上所产生的压力称为大气压力（简称大气压）。把在标准大气条件下，大气对海平面的压力称为标准大气压（atm），它相当于 101.325kPa。通常把 100kPa 定义为一个工程大气压。

表示压力常用的方式有绝对压力、表压力和真空度。

（1）绝对压力　绝对压力表示实际的压力值，是把完全真空状态作为零值。

（2）表压力　通过压力表指示读出的压力值，称为表压力值。它是将标准大气压作为零值，在此基础上进行压力计量的结果。

（3）真空度　低于大气压力的数值称为真空度。

上述三种压力在制冷技术领域中经常应用。绝对压力在设计及查阅制冷剂、特性表时使用，表压力在观察系统运行状况时使用，真空度则在维修系统抽真空时使用。它们之间的关系如附图 A-2 所示，用公式表示如下：

表压力　　$P_\text{表}$ ＝ 绝对压力 $P_\text{绝}$ －大气压力 B

真空度　　$P_\text{真}$ ＝ 大气压力 B －绝对压力 $P_\text{绝}$

四、汽化与冷凝

1. 汽化

物质由液态变为气态的过程称为汽化。1kg 液体转变为气体需要的热量（单位为 J 或 kJ），称为该物质的汽化热。汽化过程有两种形式，即蒸发和沸腾。

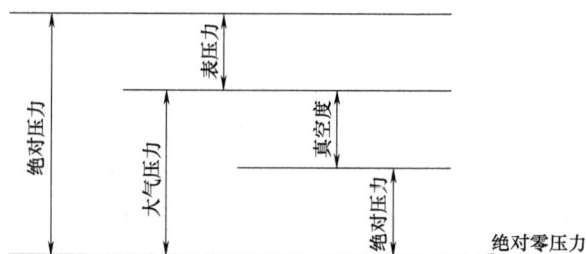

附图 A-2　压力与真空度的关系

蒸发是指在任何温度下液体表面上所发生的汽化过程，蒸发过程一般为吸热过程。沸腾是一种在液体表面和内部同时进行的汽化现象。任何一种液体只有在一定的温度下才能沸腾，沸腾时的温度称为沸点。在一定压力下，蒸发可以在任何温度下进行，而沸腾只能在一定温度下发生。制冷剂在蒸发器内吸收了热量后，由液态汽化为蒸气，这个过程就是沸腾。在制冷技术中，对蒸发一词通常理解为液体的沸腾过程。

在空调制冷系统中，主要是利用制冷剂在蒸发器内的低压下，不断吸收周围空气的热量进行汽化的过程来制冷的。这种过程通常是在蒸发器中以沸腾的方式进行，但习惯上称它为蒸发过程，并把沸腾时的温度称为蒸发温度，沸腾时所保持的压力称为蒸发压力。

2. 冷凝

冷凝是指气态物质经过冷却（通过空气或水等热交换方式）使其转变为液体的过程。冷凝过程一般为放热过程。在汽车空调制冷系统中，制冷剂在冷凝器中由气态凝结为液态的过程就是一个冷凝过程，同时放出热量，放出的热量由冷却空气带走。

五、饱和温度和饱和压力

如果对制冷剂加热，则其中的一部分液体就会变成蒸气；反之，如果制冷剂放出热量，则其中的一部分蒸气又会变成液体（温度不变）。在这种制冷剂液体和蒸气处于共存的状态下，液体和蒸气是可以彼此转换的。处于这种状态的制冷剂蒸气叫作饱和蒸气，这种状态下的制冷剂液体叫作饱和液体。饱和蒸气的温度叫作饱和温度，饱和蒸气的压力叫作饱和压力。在汽化过程中，由饱和液体和饱和蒸气组成的混合物称为湿饱和蒸气，简称湿蒸气。干饱和蒸气是指在容器中的液体全部蒸发成蒸气的状态。

通常所说的沸点都是指液体在一个大气压下的饱和温度。对于不同的液体，在同一大气压下它的饱和温度也是不同的，见附表 A-2。

附表 A-2　不同物质的沸点

液体名称	沸　点/℃	液体名称	沸　点/℃
水	100	R22	-40.8
酒精	78	R134a	-26.15
R12	-29.8	R142b	-9.25
氨	-33.4	R405a	-27.3

六、热量与热容

1. 热量

有热出入，温度就有变化，温度变化的大小和出入的热量成比例，这种热的量称为热量。热量的单位为焦耳（J）。

当温度不同的物体接触时，热量从温度较高的物体传到温度较低的物体，或从同一物体内温度较高的部分传到温度较低的部分，直到温度趋于一致为止。热的传递有传导、对流和辐射三种形式。

（1）传导　在物体（固体）两点之间有温差时，热量将通过物体内部从高温点向低温点移动，这种现象就是热的传导。一般来说，金属是热的良导体；而一些非金属，如木头、石棉等导热能力极差，称为绝热材料。

（2）对流　气体和液体依靠它本身的流动使热量转移，这种热的传递方式称为热的对流。冷凝器就是利用空气对流进行冷却的。

（3）辐射　辐射是指发热源直接向其周围的空间散发热量，通过辐射波将热量传递给其他物体的过程。热辐射和电波的传播很类似，以光速传播，可以不依靠其他物质。其特点是热量由热源表面以光（电磁波）的形式连续发射。

2. 热容

物体温度变化 1K（或 1℃）所需要吸收或放出的热量称为该物体的热容。1kg 物质的热容称为该物质的比热容或质量热容，用符号 c 表示，单位为 J/(kg·K) 或 kJ/(kg·K)。

七、显热与潜热

物体受热，温度就会上升，温度上升到一定程度物体状态就会发生变化。冰加热后融化成水（固体→液体）；水加热，温度上升到 100℃ 开始沸腾汽化（液体→气体），这时即使继续加热,温度也不再升高。在水未达到100℃之前,所加的热能使温度上升,这种热能感觉出来,称为显热,能用温度计测出。达到100℃以后,继续加的热,用于使液体变成气体,这种热称为潜热,是不能用温度计测出的,如附图A-3所示。

潜热按物体状态变化不同,可分为以下几种:

(1)液化潜热:从气体变成液体时放出的热称为液化潜热。

(2)凝固潜热:从液体变成固体时放出的热称为凝固潜热。

(3)熔解潜热:从固体变成液体时吸收的热称为熔解潜热。

(4)蒸发潜热:从液体变成气体时吸收的热称为蒸发潜热。

(5)升华潜热:从固体变成气体时吸收的热称为升华潜热。

八、节流

在流体通路中,通道截面面积突然缩小,流体压力便下降,如果此时产生气体,则总体积还要增大。这种变化只是状态的变化,与外界没有热和功的交换,因此流体的热量不变。这种状态变化称为节流,如附图 A-4 所示。

在空调制冷系统中,制冷剂在膨胀阀中的状态变化就是节流过程。制冷剂被膨胀阀节流后,如果压力下降得比饱和压力还低,部分液体将变成饱和蒸气,体积急剧增大。这时的蒸气发热是由液体本身供给的,所以液体温度下降较大。

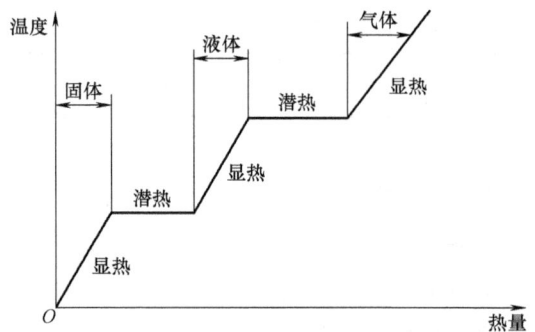

附图 A-3 显热与潜热示意图

九、制冷能力与制冷负荷

1. 制冷能力

制冷机就是把热量不断地从低温物体转移给高温物体的装置。制冷能力的大小是以单位时间内所能转移的热量来表示的,单位为 J/h。

2. 制冷负荷

为了把汽车内部的温度和湿度保持在一定的范围内,必须将来自车外太阳的辐射热和车内人体散发出的热量排出到大气中去,这两种热量的总和就称为制冷负荷。

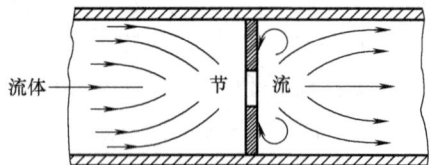

附图 A-4 节流示意图

由于汽车制冷负荷受到车身形状及外界大气温度、湿度、车速等客观条件和乘员数量的影响,因此汽车空调系统的制冷负荷较大。

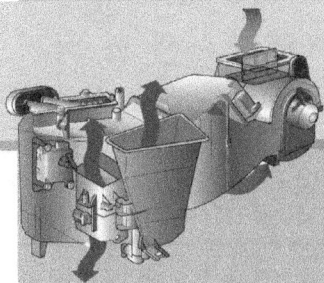

附录B

制冷剂和冷冻机油

一、制冷剂

制冷剂是制冷循环当中的载体，通过状态变化吸收和放出热量，因此要求制冷剂在常温下很容易汽化，加压后很容易液化，在状态变化时尽可能地多吸收和放出热量（潜热大），同时，制冷剂还应当具备以下性质：

1）不易燃易爆。

2）无毒。

3）无腐蚀性。

4）对环境无害。

制冷剂的种类、型号较多，目前，汽车空调制冷系统中使用的制冷剂主要有 R12 和 R134a，冷藏运输制冷系统中还有 R22、R717 和 R502 等。为了适应环保和节能的要求，一些新型工质正在研究开发之中，有些已经实际应用。

1. R134a 的特性

R134a 是一种新型制冷剂，在标准大气压下其蒸发温度为 -26.5℃，所以常温下一旦进入大气就会快速蒸发。R134a 安全性好，无色、无味，不燃烧，不爆炸，基本无毒性，化学性质稳定，对金属腐蚀比较小，不溶于水，汽化热大，具有较好的制冷能力，但不溶于矿物油，目前，是 R12 较好的替代品。由于 R12 对大气层有破坏作用，目前，我国已经停止生产用 R12 作为制冷剂的汽车空调。附图 B-1 是 R134a 蒸气温度—压力曲线，它表示温度和压力与制冷剂状态的关系。应充分理解该图，知道在一定温度和压力下制冷剂的沸点是多少，制冷剂应是液态还是气态。

2. R134a 的使用注意事项

1）制冷剂比空气密度大，其排出时会使局部空间氧的含量下降，造成人的窒息。

2）维护空调系统和加注制冷剂时，要带防护镜，若高压管破裂，制冷剂喷溅到眼睛上会造成严重伤害。当制冷剂进入大气时，蒸发极快，任何东西接触之后都会结冰，而且是一种天然油溶剂，皮肤接触会引起刺激和冻伤。因此要穿好劳保服以免皮肤接触到制冷剂而冻伤。

3）制冷剂罐应放置在阴凉的地方，并避免存放在有腐蚀的地方，如蓄电池酸液附近。

4）在正常大气压和温度下，R134a 是不燃烧的。试验证明压力超过大气压和空气体积分数大于 60% 时，R134a 即为可燃。

二、润滑油

冷冻机油也称为压缩机润滑油，它是一种在高低温工况下均能正常工作的特殊润滑油。

1. 冷冻机油的作用

（1）润滑作用 润滑压缩机的运动副表面，减小阻力和磨损，降低功耗，延长使用寿命。

（2）冷却作用 它能带走运动表面摩擦产生的热量，防止压缩机温升过高而被烧坏。

（3）密封作用 冷冻机油渗入各摩擦件密封面而形成油封，起到阻止制冷剂泄漏的作用。

（4）清洗作用 冷冻机油不断冲洗摩擦表面，带走磨屑，可减少摩擦表面的磨损。

2. 冷冻机油的选用

冷冻机油的选用要根据下列一些原

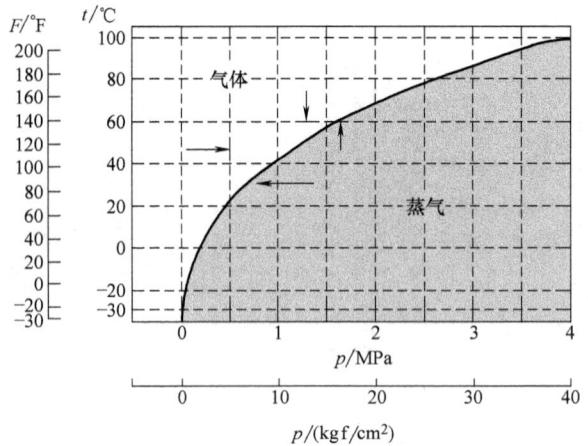

附图 B-1　R134a 蒸气温度—压力曲线

则：黏度要合适，与制冷剂匹配，凝点、浊点、闪点要选择得当，有良好的化学稳定性和氧化安定性，有良好的电气性能等。最重要的是冷冻机油要和制冷剂相溶。目前，汽车采用制冷剂 R12 和 R22 的制冷系统通常选用国产冷冻机油 HD18、HD25 或进口的 SLINISD-SGS。而使用制冷剂 R134a 和 R404a 的制冷系统通常使用脂类油（ESTER）。改性 PAG 用于该系统也取得了较好的润滑效果，并且占据一定的市场份额。目前，澳大利亚出品一种适合于目前所有汽车空调系统并兼容所有制冷剂的全能 AA 系列冷冻机油，性能优良。

3. 冷冻机油的使用注意事项

1）冷冻机油要保存在干燥、密封的容器内，放在阴暗处。

2）使用后的冷冻机油的容器应及时密封，以免吸取空气中的水分。

3）不同型号的冷冻机油不能混用，否则会变质。

4）变质的冷冻机油不能继续使用。如发现颜色变深，可将油滴在白色吸水纸上，发现油滴中央呈黑色就说明已经变质了。

5）在排放制冷剂时一定要缓慢进行，否则冷冻机油会和制冷剂一起喷出。

6）当加注冷冻机油时要按规定适量加入，过多会影响传热效率。

7）当更换制冷部件时要适量补充冷冻机油，见附表 B-1。

附表 B-1　更换制冷部件时补充冷冻机油参考值

更换部件名称		需补加冷冻机油量/mL
压缩机		按换下旧压缩机导出油量再加上 30
蒸发器		10～30
储液干燥器		40～60
冷凝器	无渗漏油迹	10～30
	有渗漏油迹	40～60
软管	无渗漏油迹	可不加量
	有渗漏油迹	60
系统漏气	无渗漏油迹	可不加量
	有渗漏油迹	60
更换全系统管部件		120～150

8）使用 R12 和 R134a 的制冷系统千万不能将使用的冷冻机油相互加错，否则会造成严重后果。

4. 制冷剂 R12 和 R134a 的压焓图

制冷剂 R12 和 R134a 的压焓图如附图 B-2、附图 B-3 所示。

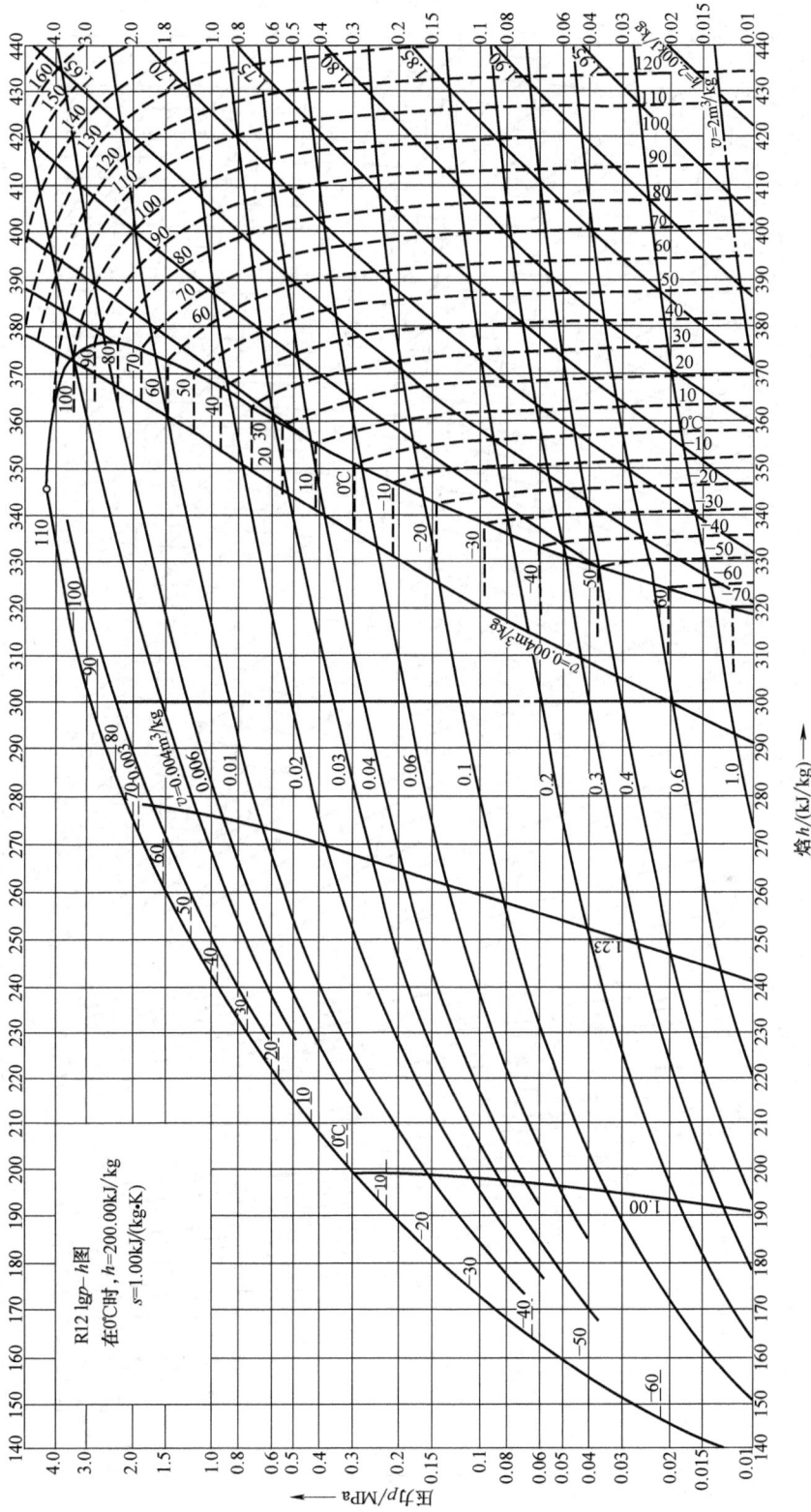

附图 B-2　制冷剂 R12 的压焓图

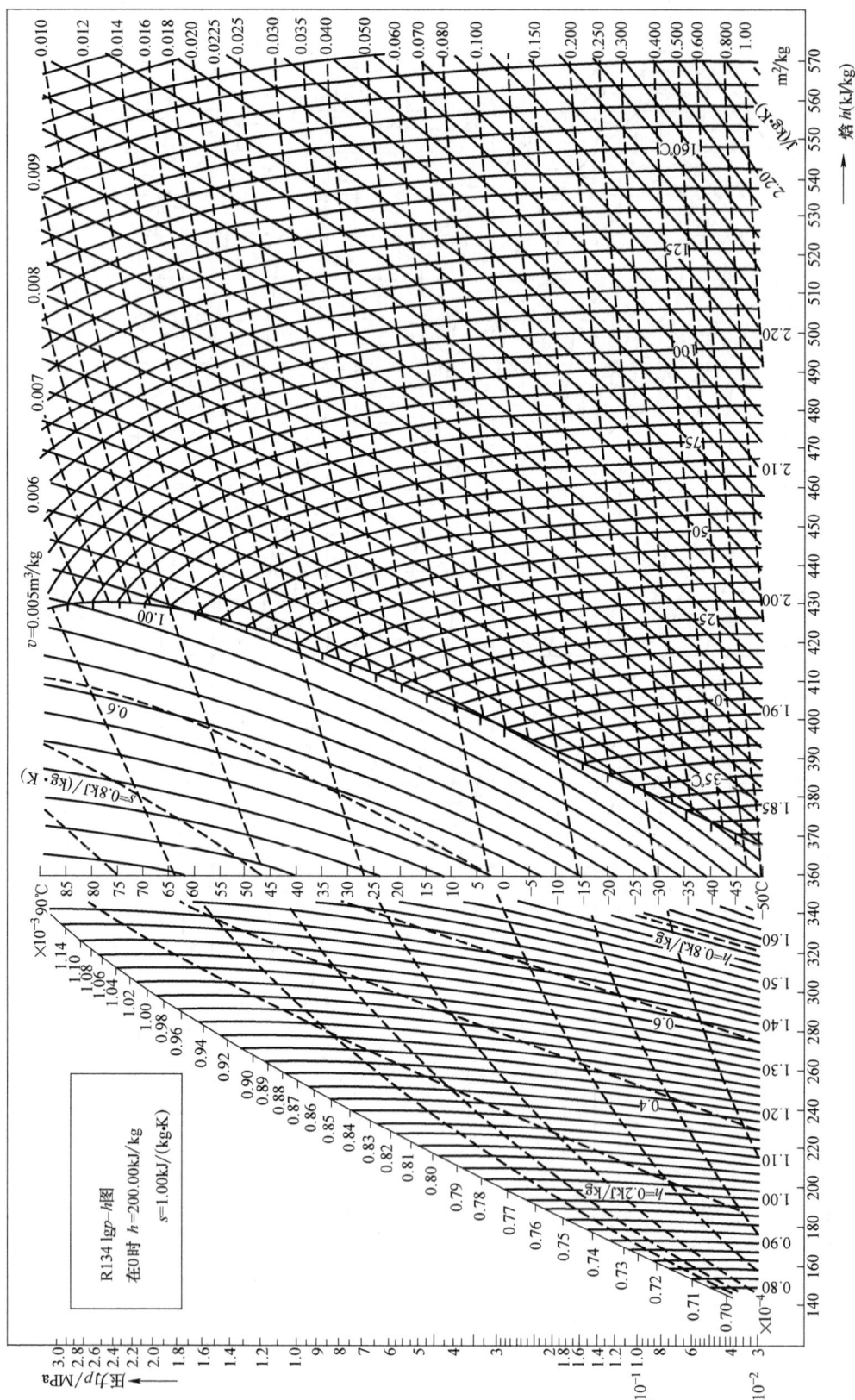

附图 B-3　制冷剂 R134a 的压焓图

附录C

巩固练习参考答案

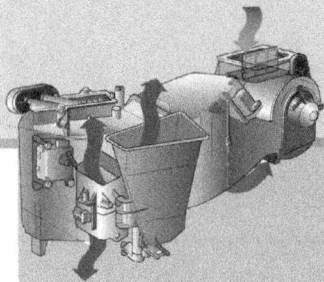

单元一　汽车空调系统组成结构、使用与日常维护

课题一　认识汽车空调的总体结构

一、填空题

1. 制冷系统、供暖系统、配气系统、通风与空气净化系统、电控系统
2. 温度、湿度、气流速度、空气洁净度
3. 压缩机、冷凝器、蒸发器、储液干燥器
4. 风口（风门）、鼓风机、导风管

二、判断题

1. × 　2. √ 　3. × 　4. √ 　5. √

三、简答题

1. 简述汽车空调制冷系统的工作原理。

答：汽车空调工作时，从蒸发器流出的低压气态制冷剂经压缩机变成高压气体，经过冷凝器散热管降温冷却变成高压低温的液体，再经过储液干燥器除湿与缓冲，然后以较稳定的压力和流量流向膨胀阀节流和降压，最后流向蒸发器。制冷剂一遇低压环境即蒸发，同时吸收大量热能。车厢内的空气不断流经蒸发器，车厢内温度也就因此降低。液态制冷剂流经蒸发器后再次变成低压气体，又重新被吸入压缩机进行下一次的循环工作。

2. 简述汽车空调的功能。

答：汽车空调主要有调节车厢内的空气温度、调节车厢内的空气湿度、调节车厢内的空气流速、过滤净化车厢内的空气等功能。

课题二　汽车空调系统的使用与日常维护

一、填空题

1. 人工、半自动、全自动

2. 冷冻机油、视镜、油滤网

3. 0.147~0.2、1.4~1.5

4. 每周、5~10、传动带

5. 看、摸、测

二、判断题

1. √ 2. × 3. √ 4. √ 5. ×

三、简答题

1. 简述汽车空调系统日常维护的注意事项。

答：进行汽车空调系统日常维护时应注意以下事项：

1) 每两周检查一次储液干燥器的观察窗。

2) 每月检查一次压缩机传动带的张紧度。

3) 在不使用汽车空调的季节，应该每周开启汽车空调一次，让其工作 5~10min。不得在使用汽车空调的季节结束后拆下压缩机传动带，但可以使其稍微松弛。

4) 汽车空调系统工作期间，要保持冷凝器、蒸发器表面清洁。

5) 维修汽车空调系统时，要避免制冷剂弄到皮肤、眼睛里，应戴上手套和防护眼镜。如果制冷剂溅到眼睛里或皮肤上，应该立即用大量冷水冲洗，然后在皮肤上涂上清洁的凡士林，并迅速请医生治疗。

6) 维修空调系统应该在通风良好的地方进行。

2. 简述人工操作控制的汽车空调启停程序。

答：人工操作控制的汽车空调启停程序为：

1) 起动发动机，设置温度为 COOL。

2) 打开空调（A/C）开关，压缩机开始工作。

3) 打开鼓风机开关，选择鼓风机转速，随着鼓风机档位变大，鼓风机转速逐步升高。

4) 选择出风口位置，切换送风模式：头部、脚部、脚部/前风窗玻璃除霜送风、强制除霜吹风。

5) 切换空气循环模式。

6) 起动后风窗玻璃除霜功能。

7) 关闭空调。

3. 简述汽车空调的日常检查维护内容。

答：汽车空调的日常检查维护项目主要有：

1) 系统软管有无磨损、老化，各接头是否牢靠，管路是否与其他零部件相碰，接头是否泄漏。

2) 冷凝器翅片是否脏堵或损伤。冷凝器风扇是否运转，运转方向是否正确。

3) 压缩机传动带的张紧度是否合适，压缩机安装支架是否松动。

4) 蒸发器出水管是否堵塞。

5) 空调系统电路连接是否牢靠，是否有脱线，电线绝热层是否破损等。

6) 空调空气滤清器是否阻碍空气流通。

单元二　汽车空调制冷系统的结构与拆装检修

课题一　认识汽车空调的制冷系统

一、填空题

1. 空调压缩机、蒸发器、冷凝器、储液干燥器、膨胀阀
2. 回收
3. 散热器
4. 蒸发器
5. 蒸发器、风机、温度控制器、仪表盘右

二、简答题

简述压缩机的拆卸步骤。

答：1）拆卸空调压缩机上高、低压管，并封闭管口，防止异物进入。

2）拔下电磁离合器线束插头。

3）拆下压缩机传动带。

4）将整车举升到适当高度，旋出压缩机紧固螺栓，从压缩机支架上取下空调压缩机。

课题二　拆装检修汽车空调压缩机

一、填空题

1. 压缩、排气、膨胀、吸气
2. 卡住、泄漏、压缩机不制冷、异响
3. 压力板、带轮总成、定子线圈
4. 固定涡旋、旋转涡旋
5. 转子式、旋叶式、螺杆式、涡旋式

二、判断题

1. ×　2. ×　3. √　4. √　5. ×　6. √

三、简答题

1. 常用压缩机都有哪些类型？

答：汽车空调常用的压缩机有曲轴连杆式、斜盘式、摆盘式、旋叶式、涡旋式等类型。

2. 压缩机的作用是什么？

答：压缩机的作用主要有：将蒸发器内产生的低温低压的制冷剂蒸气吸入，然后压缩成高压气态制冷剂；压力上升使制冷剂温度升高，高温高压的气态制冷剂排到冷凝器中。压缩

机的工作使制冷剂在系统内不断循环，达到制冷目的。变排量压缩机还起着根据热负荷大小调节制冷剂循环量的作用。

3. 试述活塞式压缩机的工作过程。

答：活塞式压缩机主要有压缩、排气、膨胀、吸气四个工作过程。

压缩过程：进气过程结束后，活塞在曲轴连杆机构的带动下开始向上运动，活塞的运动使气缸的容积不断减小，此时进气阀片和排气阀片都关闭。随着气缸容积不断减小，蒸气压力不断升高。

排气过程：活塞继续上移，气缸内压力继续升高到一定值后，排气阀打开，开始排气，直到活塞运动到上止点位置，排气过程结束。

膨胀过程：由于余隙容积的存在，排气过程结束时，残留有高压蒸气。当活塞开始从上止点下移时，高压蒸气首先膨胀，此时排气阀在排气腔内的压力作用下关闭。

吸气过程：当气缸内压力低于一定值后，进气阀门打开，蒸气被吸入气缸内，随着活塞的下移，气缸容积不断扩大，低压蒸气不断吸入。

完成吸气过程后，活塞又从下止点向上止点运动，重新开始压缩过程，如此又进入下一个工作循环。

4. 如何区分压缩机的进、排气口？

答：压缩机进气口粗，排气口细；进气口接蒸发器（或气液分离器），排气口接冷凝器；进气口温度低，排气口温度高。

课题三 拆装检修汽车空调冷凝器与蒸发器

一、选择题

1. A 2. D 3. A 4. A

二、简答题

1. 冷凝器的作用是什么？

答：冷凝器的作用是把来自压缩机的高温高压气态制冷剂通过管壁和翅片将其中的热量传递给冷凝器周围的空气，从而使气态制冷剂冷凝成温度较高的高压液体。

2. 蒸发器的作用是什么？

答：从膨胀阀或节流孔管流出、直接进入蒸发器的制冷剂由于体积突然膨胀而变成低温低压雾状物，这种状态的制冷剂很容易汽化，汽化时将吸收周围大量的热量，而空调风机强制使进入车内的空气从蒸发器表面流过，通过管片将热量传给蒸发器内的制冷剂，通过吸收热量使液体的制冷剂汽化，则车内温度因为热量被带走而变冷。蒸发器进、出口温度差 9～16℃。

3. 蒸发器与冷凝器有什么不同之处？

答：蒸发器与冷凝器的不同之处主要在于：

1）作用不同：蒸发器是吸热的，冷凝器是散热的。

2）安装位置不同。

课题四　拆装检修汽车空调节流膨胀机构与辅助部件

一、填空题

1. 节流降压、调节流量、防止液击及过热的发生
2. 出口滤网、毛细管（节流管）、进口滤网、O形圈、塑料管壳
3. 感温受压装置、阀体、手动调节装置
4. 膨胀阀开度过大、感温包安装不当泄漏、膨胀阀开度过小或失灵、膨胀阀关闭、膨胀阀脏堵或坏堵、膨胀阀冰堵
5. 储液器、干燥器、管接头、滤网、观察窗、易溶栓
6. ①安装位置不同；②作用不同；③体积尺寸不同。
7. 前位、中位、后位
8. 过滤、干燥、储液、液气分离、载体

二、简答题

1. 热力式膨胀阀安装时应注意的问题有哪些？

答：热力式膨胀阀安装时应注意以下问题：

1）检查膨胀阀是否完好，并应特别注意感温机构是否泄漏。

2）膨胀阀一般应直立安装，不宜倾斜安装，更不允许倒置，安装位置要尽量靠近蒸发器。

3）感温包一般安放在蒸发器水平出口管没有积液的位置的上表面，紧贴于管壁，保证两者接触良好。

4）外平衡膨胀阀的平衡管，应安装在感温包后面100mm处回气管的上表面处，并应从管的顶部引出，以防止冷冻机油进入阀内。

2. 叙述节流孔管的拆装步骤。

答：节流孔管的拆装步骤为：

1）排空系统内的制冷剂。

2）拆下固定管的装置（如卡箍等）。

3）从蒸发器上拆下管子。

4）用尖嘴钳或专用工具，从蒸发器入口拆下孔管。

5）安装时使用新O形密封圈，插入孔管时注意箭头方向指向蒸发器，并一直插到位。

3. 拆卸制冷系统管路时应注意哪些事项？

答：拆卸制冷系统管路时应注意：

1）管路需要清洁时，可用无水酒精冲洗，干燥后方能装配，注意不能用压缩空气吹。

2）管路系统开放时，应立即将管接头密封，如无合适的堵塞，可用多层塑料布封好。

3）连接金属管和软管之前，应在接头上滴几滴冷冻机油。

4）安装管道时，注意不要使密封圈掉落，在密封圈上涂上冷冻机油后再拧紧。

5）管件螺纹拧紧力矩要符合要求。

4. 简述集液器的作用及安装位置。

答：集液器的作用是防止液态制冷剂进入压缩机产生液击，储存过多的液态制冷剂，吸收水分，起干燥作用。其安装在蒸发器和压缩机之间。

5. 选用连接管应注意什么？

答：选用连接管时应注意：

1）连接管有高、低压之分。

2）制冷剂不同，选用的软管也不同（用 R12 和 R134a 制冷剂的制冷系统的软管不能混用）。

课题五　检修汽车空调制冷系统故障

一、填空题

1. 104～201kPa、1785～1916kPa、118～215kPa、1378～1668kPa

2. 阀片击碎、轴承损坏、密封垫破损

3. 负荷过大

4. 空气、不凝气体、检漏

5. 10、80kPa、30

6. 高、倒置、低、直立

7. 观察窗、歧管压力表、外表温度

8. 冰堵、接近零或负值

9. 管路堵塞

10. 温差

11. 升高、升高

二、选择题

1. A　2. A　3. B　4. C　5. D　6. B　7. D　8. D

三、判断题

1. ×　2. √　3. √　4. ×　5. ×　6. ×　7. √　8. √　9. ×

四、简答题

1. 如何进行储液干燥器的保养检修？为什么在安装制冷系统管路时，储液干燥器要最后一个安装？

答：1）要保持储液干燥器的外部清洁。用软布擦拭以除去储液干燥器外部的灰尘、油污，保证散热良好和观察方便。

2）对储液干燥器进行定期保养。一般干燥剂使用三个月后，吸湿能力要下降一半，所以每两年要更换一次干燥器。

3）如果是因为储液干燥器的故障而造成的空调制冷不足或不制冷，则必须更换储液干燥器。

4）更换安装完毕后，应确认前后接口无泄漏。

5）检查易熔塞是否熔化，各接头处是否有油污。

6）检查视镜是否有裂纹，周围是否有油污。

7）若储液干燥器进、出口温差很大，则证明过滤网堵塞，可按前述更换方法处理。

在空调系统的安装与维修中，储液干燥器必须最后一个被接到系统中，防止空气进入干燥器，因为空气中的水分及其他不可冷凝的杂质等可能会腐蚀金属，致使小的金属粒子剥落下来，造成系统堵塞。安装前一定要先确定储液干燥器的进口端和出口端，否则容易装错。

2. 如何清洗膨胀阀？

答：1）拆下膜片、毛细管和感温包总成。

2）拆卸过热度调整螺钉，细心地记住拆卸此螺钉时拧下的圈数，以利于安装时寻找正确的安装位置。

3）拆卸过热度弹簧及阀座，卸下阀及推杆。

4）把阀和全部零件浸入洁净的酒精内进行清洗、擦净并吹干。

3. 简述制冷剂回收充注机回收、加注制冷剂的方法和步骤。

答：回收制冷剂的步骤如下：

回收之前先启动空调系统运行几分钟，以便于回收时将杂质和冷冻机油带出。

1）检查设备管路连接是否正确，快速接头是否已装在高低压软管上。将红色高压软管上的接头连接到汽车空调系统的高压侧，将蓝色低压软管上的接头连接到汽车空调系统的低压侧。

2）打开高低压快速接头上的阀门。检查控制面板"HP"和"LP"端的高、低压力表是否指示出正压，如果没有正压，说明没有制冷剂可回收。

3）慢慢打开排油阀，观察油分离器中是否有油排出。如果有，将油排进集油瓶中，然后关闭排油阀。

4）打开工作罐上以及与罐相连接软管上的所有阀门。

5）打开控制面板上"HP"高压阀门和"LP"低压阀门。

6）按状态转换键使回收指示灯亮，然后按启动/停止键。

7）打开回收（绿）阀，回收正式开始，显示屏上将显示回收制冷剂的质量，同时冷凝气体将自动排出，并且可以听到泄压的声音。

8）当压力表指针指到"0"或更少时，关上回收（绿）阀然后按住启动/停止键3s，停止程序。

9）保证回收彻底，停机后静待（保压）约5min，若压力表回升至"0"以上，则重复步骤6~9。正常情况下，如果回收充分，保压时间（指压力表指针指到"0"或更少的时间）应能超过2min。

10）再次打开排油阀排油，仔细观察集油瓶中的油面位置，并把第一次排出的油面高度扣除，记住这一差额。

用制冷剂回收充注机加注制冷剂的方法如下：

1）按下"加注制冷剂"键，进入制冷剂充注菜单。

2）按"数字"键，输入充注制冷剂量。

3）关闭制冷系统低压快速阀，打开制冷系统高压快速阀；然后关闭充注机上的低压阀，打开高压阀，进行单管加注。按下"开始/确认"键，开始加注制冷剂。

4）加注完成后，根据界面提示，关闭快速接头，并取下红、蓝管，按"确认"键，进行管路清理。

5）管路清理完成，按"确认键"退出。至此，制冷剂加注完毕。

单元三　汽车空调供暖系统、配气系统、通风与空气净化系统的结构与拆装检修

课题一　拆装汽车空调的供暖系统

一、填空题

1. 蒸发器
2. 发动机余热、独立燃烧、独立燃烧
3. 内循环、外循环
4. 热交换器、鼓风机、加热器

二、选择题

1. C　2. D　3. D

三、判断题

1. √　2. ×　3. √　4. ×　5. √

四、简答题

1. 简述汽车供暖系统的作用。

答：汽车供暖系统能对即将送入车内的空气进行加热，从而达到取暖的目的。车上玻璃结霜和结雾时，可以输送热风用来除霜和除雾。

2. 简述水暖式暖气系统的工作原理。

答：使用暖气时，经发动机上的冷却液控制阀分流出来的高温冷却液送入暖风机的加热器芯，冷空气在鼓风机的作用下，通过加热器加热后，一部分由不同的出风口吹向乘客，另一部分通过风窗玻璃下面的出风口，吹到风窗玻璃上，以保持风窗玻璃内侧温度在零点之上，防止起雾或结霜。在加热器芯中被冷却的冷却液离开加热器，由发动机水泵抽回发动机，完成一次循环。

课题二　拆装汽车空调的配气系统

一、填空题

1. 新鲜空气和车内空气
2. 传感器、空气质量传感器、气源门
3. 调温门、空气温度

4. 冷湿空气的再加热程度、暖风温度
5. 在风机作用下
6. 进入、混合、分配

二、判断题

1. × 2. × 3. × 4. √ 5. √

三、简答题

1. 汽车空调配气系统空气进入段主要组成部分有哪些？
答：主要由气门源和伺服电动机组成，用来控制新鲜空气和车内再循环空气的进入。
2. 汽车空调配气系统空气混合段主要组成部分有哪些？
答：主要由蒸发器、热交换器和调温门组成。
3. 汽车空调配气系统空气分配段主要组成部分有哪些？
答：主要由各种风门和风道组成，用来控制空气的流向。

课题三　拆装汽车空调的通风与空气净化系统

一、填空题

1. 正压部位、车头位置、内循环空气阀门
2. 空气过滤式、静电集尘式、灰尘杂物、除臭杀菌
3. 后侧面、负压区、顶部吹入

二、判断题

1. √ 2. √ 3. √

三、简答题

1. 简述静电集尘式空气净化装置的工作过程。
答：静电集尘式空气净化装置由粗滤器除去空气中较大的尘粒后，静电除尘器吸附细微尘埃，通过活性炭过滤器除去烟气和臭气，由负离子发生器供给负离子，由风机将净化的空气送入车内。
2. 简述中央风道的拆卸过程。
答：中央风道的拆卸过程为：
1）拆卸驾驶人侧储物箱和前排乘客侧储物箱，然后拆卸仪表板。
2）按箭头所示方向按下照明开关并旋转一角度拆下照明开关，断开相应线束连接。
3）将解锁工具插入锁槽孔中，直至嵌入，将解锁工具拉手柄旁边的收音机从仪表板中拉出，并脱开插头连接。
4）拆下转向轴的转向盘组件和组合仪表，撬下仪表板中央饰板上的各种电器开关，拔下开关上相应的线束插头。
5）拆下空调调节开关饰板。

6）旋出空调调节开关。

7）旋出箭头所指紧固螺栓。

8）用一字螺钉旋具撬出图中箭头所示仪表板两侧的饰盖，旋出紧固螺栓。

9）打开发动机室盖，从前端旋出图中箭头所示的两个紧固螺母。拆下仪表板中央饰板下方的两个紧固螺钉，并拆下仪表板。

课题四　检修供暖系统、通风系统的故障

一、填空题

1. 接触不良、暖风开关损坏或接触不良

2. 暖风机芯漏、连接管未拧紧或风圈损坏

3. 风机电路、散热器水路

二、判断题

1. √　2. ×　3. √

三、简答题

简述花粉滤清器维护的注意事项。

答：维护花粉滤清器时应注意：

1）按照保养计划检查并更换花粉滤清器。在多尘或交通拥挤的地区，可能需要提前更换。

2）如果送风口的气流明显减弱，则花粉滤清器可能堵塞。检查花粉滤清器，如有必要则需进行更换。

3）不要用水清洁花粉滤清器。

4）清洁或更换花粉滤清器时，必须先关闭空调系统。

单元四　汽车空调控制系统的结构与检修

课题一　检测汽车空调控制装置

一、填空题

1. 温度控制、真空控制、速度控制

2. 万用表、正常、已断路、已短路

3. 3.32kPa

4. 波纹管式、双金属片式、热敏电阻式

二、选择题

1. B　2. A　3. B

三、简答题

1. 如何检测温度控制器？

答：检测温度控制器时：

1）将万用表（欧姆档）表笔或者自带电源试灯连接到温度控制器的两个端子上。

2）观察万用表是否显示低电阻或者试灯是否点亮。在室温时，温度控制器一般会闭合。如果显示低电阻或者试灯点亮，将毛细管的端部或者感温包浸入冰水中，观察电阻是否增加或者试灯是否熄灭。当温度降低到低于设定值时，温度控制器触点应打开，若电阻增加或试灯熄灭则进行下一步，否则说明温度控制器有故障。如果不显示低电阻或者试灯不亮，也进行下一步。

3）将温度控制器的毛细管或者感温包浸入热水中。

4）观察万用表指示电阻是否降低或者试灯是否点亮。如果电阻降低了或者试灯点亮了，则说明温度控制器正常。如果电阻不降低或者试灯熄灭，则说明温度控制器有故障，一般故障是触点卡在打开位置。

2. 真空控制装置的功用是什么？

答：汽车手动、半自动、自动空调系统的许多控制系统是由空气（真空或压缩空气）驱动的，而其他控制系统基本是由电动或者电子控制装置驱动的。真空控制装置中的单向阀、真空罐、真空动作器及真空电磁阀等零部件损坏时，将会使空调系统的某些功能无法执行，影响汽车空调的正常使用。

课题二 拆装检查汽车空调压力保护装置

一、填空题

1. 蒸发器表面温度、蒸发器结霜
2. 感温毛细管、波纹管、双金属片、负温度系数的热敏电阻
3. 压力控制、系统保护、压缩机电路、冷却风扇
4. 储液干燥器、常闭型、常开型
5. 制冷系统高压侧、制冷系统低压侧
6. 正常
7. 切断压缩机电磁离合器电路、冷凝器风扇低速运转、冷凝器风扇高速运转
8. 高压泄压阀

二、判断题

1. √ 2. × 3. × 4. × 5. × 6. √ 7. √ 8. ×

三、简答题

在汽车空调控制系统中，哪些元器件出现故障会导致压缩机不能正常工作？

答：高低压保护装置、过热保护装置、温度控制装置出现故障均会导致压缩机不能正常工作。

课题三　识读典型汽车空调控制电路

一、填空题

1. 调速电阻、大功率晶体管、调速电阻器
2. A/C开关、冷却液温度开关、制冷剂压力开关、ECU、液力电动机冷却风扇
3. 搭铁、继电器线圈回路
4. 温度开关、鼓风机开关
5. OFF、断开、3℃或以下、断开

二、简答题

1. 汽车空调控制电路的任务是对哪些主要部件进行调节和控制？

答：汽车空调控制电路的任务是对鼓风机、冷凝器风扇、压缩机、除霜加热主要部件进行控制。

2. 桑塔纳空调整个系统设有哪些开关？

答：桑塔纳空调整个系统设有空调A/C开关、鼓风机开关、蒸发器温度开关、冷却风扇热敏开关、环境温度开关、空调冷却液温度开关、组合开关。

3. 桑塔纳的空调电路可以分成几大部分？分别是什么？

答：桑塔纳的空调电路有电源电路、温度控制电路、鼓风机控制电路、冷凝器风扇电路、怠速控制电路和压力控制电路。

课题四　检修汽车空调电控系统故障

一、填空题

1. 线路故障、控制器件
2. 电磁离合器、冷凝器风扇
3. 高速转动
4. 不允许

二、选择题

1. A　2. C　3. A、B、C、D、E　4. A、B、C、D

三、简答题

1. 检修汽车空调电控系统的注意事项有哪些？

答：检修汽车空调电控系统时应注意：

1）拆卸和安装电器元件时，应切断电源。

2）更换熔断器时，一定要与原规格相同，切勿用导线替代。

3）正确拆卸导线插接器（插头与插座）。为了防止插接器在汽车行驶中脱开，所有的插接器均采用了闭锁装置。要拆开插接器，首先要解除闭锁，然后把插接器拉开，不允许在

未解除闭锁的情况下用力拉导线，这样会损坏闭锁或连接导线。

4）在检修传统汽车电器故障时，往往采用"试火"的办法逐一判断故障部位。在装有电子设备的汽车上，不允许使用这种方法，否则会给某些电路和电子元件造成意想不到的损害。

5）在发动机工作时，不要拆下蓄电池接线。对于装有电控装置的车辆也不要采用该办法来判断发电机是否发电。

6）不允许使用欧姆表及万用表的 R×100 以下低阻欧姆档检测小功率晶体管，以免电流过载损坏晶体管。

2. 叙述冷凝器散热器风扇控制电路原理。

答：为使压缩机排出的高温高压制冷剂蒸气快速冷却、液化，一般在冷凝器前或后增设风扇电动机，主要有两种控制，分别为高速控制和低速控制。高速控制又分为双风扇和单风扇两种控制。

冷凝风扇的运转及对应转速受到发动机冷却液温度及空调运转工况的双重控制。

当发动机冷却液温度达到 95℃ 时，安装在发动机散热器上热敏开关的低温档触点闭合，此时两个风扇均串接了一个电阻，电流较小，冷凝风扇以低速运转。

当发动机冷却液温度达到 105℃ 时，发动机散热器上热敏开关的高温档触点闭合，此时两个风扇直接接电源，电流大，冷凝风扇以高速运转。

当空调开关 A/C 开关接通时，冷凝风扇就会低速运转，以满足空调工作时对冷凝器的散热要求。

运行中的空调系统在高压压力达到 1.77MPa 时，冷凝风扇也会高速旋转。如果运行中的空调系统在高压压力达到 1.77MPa 时，则安装在储液干燥器上的复合压力开关闭合，风扇直接接电源，电流大，冷凝风扇以高速运转，以加大冷凝器的散热速度。直至系统压力降到 1.37MPa 时，复合压力开关断开，冷凝风扇又恢复低速运转。

单元五　汽车空调典型故障的诊断与排除

课题一　排除汽车空调不制冷故障

一、填空题

1. 眼看、耳听、手摸
2. 0.15~0.25MPa、1.37~1.81MPa、0.147~0.196MPa、1.442~1.471MPa
3. 4~5

二、选择题

1. C　2. C　3. D　4. A　5. C

三、简答题

1. 请简述用耳听、眼看、手摸检查空调系统的方法。

答：这是故障分析最基本的检查，可以确定前面的估计是否正确，其内容包括：

1）看。看是否有部件丢失，电线是否脱线，接线器是否接合，有无接错线，各种软管的连接状况等。

2）听。起动发动机，检查是否有漏气、杂音，可能产生故障的部件能否正常工作等。

3）摸。通过触摸检查某些部件是否在正常工作，接线是否牢固，软管是否断裂等。通过以上检查可以帮助确认前面的判断，排除非电控系统故障，并以此作为电控系统故障的辅助检查。此项程序不容忽视，否则会造成故障的根本原因没有找到而进行错误的检查，造成大量时间的浪费。

2. 汽车空调制冷系统常见的故障一般有哪些？

答：汽车空调制冷系统常见的故障一般有：不制冷或制冷不良；不制热或制热不良；声音异常或有噪声等。

3. 简述空调系统不制冷的现象以及原因。

答：空调系统不制冷的现象以及原因有：

1）鼓风机工作正常，但压缩机不转动。故障原因：电磁离合器故障、压缩机传动带断裂或松弛、压缩机故障。

2）压缩机转动，但鼓风机不转动，系统无冷风。故障原因：膨胀阀脏堵，蒸发器管路泄漏，压缩机吸、排气阀破损，制冷剂软管破损或松动，压缩机油封损坏，储液干燥器堵塞或装反。

3）压缩机转动，但鼓风机不转动，系统无冷风。故障原因：熔丝烧断、鼓风机电动机损坏、鼓风机开关损坏、鼓风机配线松脱或断落、鼓风机继电器损坏。

课题二 排除汽车空调制冷量不足故障

一、填空题

1. 油污、磨损严重会

2. 蒸发器出口、感温包

3. 负荷

二、选择题

1. 1）A 2）A 3）B 4）B 5）C

2. 1）A 2）1800 3）A 4）B 5）D

3. 1）A 2）A、B、C 3）A、B、C

三、简答题

1. 简述空调系统制冷不足故障的现象以及原因。

答：制冷不足的主要故障现象和原因主要有以下三个方面：

1）制冷剂不够。制冷剂是吸收热量的媒介，如果制冷循环管路中久未充填制冷剂或管路渗漏、混入空气等都会造成系统中制冷剂不够，从而导致制冷不足。此外，制冷剂过多也会导致制冷不足，而且会增加管路泄漏的可能。

2）压缩机运转不正常。制冷剂在制冷循环管路中的工作循环必须依赖压缩机，假如压缩机因压力异常、线路故障、温度传感器损坏或压缩机电磁离合器烧毁而不能正常运转，那么就会导致制冷不足。

3）冷凝器散热不佳。制冷剂经压缩机压缩后为高温、高压气体，需依赖冷凝器的冷却和膨胀阀的降压方能成为低压、低温的液态制冷剂，最后到达蒸发器吸收车厢内的热量而蒸发。倘若冷凝器（位于散热器前方）散热效果不好，例如风扇不运转、冷凝器散热片被尘垢阻塞等，便会使制冷剂液化不良，降低制冷能力。

2. 运用所学知识完成下列框图的填写。（略）

参 考 文 献

[1]   曹永明. 汽车空调构造与维修 [M]. 北京：机械工业出版社，2013.

[2]   杨罗成，刘迎春. 汽车空调维修与检测 [M]. 北京：电子工业出版社，2013.

[3]   胡立光，李淑浩. 汽车空调系统故障诊断与维修 [M]. 北京：高等教育出版社，2013.

[4]   储诚东，明邦平. 汽车空调构造与维修 [M]. 北京：人民邮电出版社，2013.

[5]   潘伟荣. 汽车空调系统构造与检修 [M]. 北京：人民交通出版社，2013.

[6]   林志伟. 汽车空调系统维修工作页 [M]. 北京：人民交通出版社，2013.

[7]   冯玉琪，卢道卿. 实用空调、制冷设备维修大全 [M]. 北京：电子工业出版社，1997.

[8]   辜小兵. 制冷技术基础与技能 [M]. 重庆：重庆大学出版社，2010.